治校理念

和睦相处　和衷共济
和而不同　和谐发展

————黄进

法治天下

黄进教授访谈录

黄进 编著

人民出版社

2011 年 10 月 13 日，第一批国家人权教育与培训基地授牌仪式在北京举行。全国政协原副主席、中国人权研究会会长罗豪才（左二）、教育部副部长李卫红（左四）、中央对外宣传办公室副主任董云虎（左一）为黄进校长（左三）授牌。

做一个卓越的法大人

中国政法大学2010-2011学年度
"中伦·榜样法大"奖学金评优颁奖典礼

　　2011年12月20日，黄进校长为中国政法大学2010—2011学年度"中伦·榜样法大"奖学金获奖学生颁奖。

2011年11月10日，加拿大蒙特利尔大学秋季学期毕业典礼暨学位授予仪式在该校隆重举行，黄进校长被授予该校名誉博士学位。图为该校校长居伊·布雷顿教授（Guy Breton）（左一）为黄进校长（中）颁发名誉博士学位证书。

　　2010 年 9 月 7 日，法国前总理、波尔多市市长阿兰·朱佩先生访问中国政法大学。图为黄进校长（左一）与朱佩亲切握手。

2015 年 7 月 14 日，黄进校长（右一）视察中国政法大学本科招生录取现场。

    2011 年 11 月 24 日，德国驻华大使施明贤博士（二排左六）在中国政法大学"大使论坛"发表题为"社会福利法治国家作为和谐社会的基础"的主旨演讲。图为黄进校长（二排左五）同主讲嘉宾及与会师生合影。

2009 年 12 月 3 日，欧盟驻华大使赛日·安博（Serge Abou）（一排左三）访问中国政法大学中欧法学院。图为黄进校长（一排右三）与大使及中欧法学院师生合影。

2010 年 9 月 23 日，中国政法大学 2010 级本科新生军训结业仪式在北京八达岭学生军训基地举行。图为黄进校长（右二）检阅参训学生。

目　录

法治国家之路　/1

> "法治"或者说"依法治国",虽然不是一个全新的话题,但却是一个亘古常新的话题。正是法律的神圣和法治的理想,成就了我们这个世界井然有序的生活。今天,无论是西方,还是东方,无论是北半球,还是南半球,无论是发达国家,还是发展中国家,法律都成了一个国家制度体系中最具权威的部分,法治都成了一个国家中人民最向往的理想。人类历史已经证明,"国无法不治,民无法不安",法治是最好的社会治理形态。中国历史,尤其是近现代史,则更加清楚地告诉我们:法治衰,则国弱民穷;法治兴,则国强民富。法治是实现中华民族伟大复兴的必由之路。

现代大学之治 /101

在经济全球化、政治多极化、文化多元化、社会网络化的今天,人类已步入以知识为驱动力的社会,国际交往越来越频繁。高等教育国际化在世界各地区以各种各样的方式广泛而波澜壮阔地上演。在全球化背景下,大学要国际化是我国高校的一个共识。国际化已经成为现代大学的一种生存方式。从一个国家的优秀大学向世界性的优秀大学转变,是中国大学面临的挑战,当然也是机遇。

人才培养之道 /229

　　　　法治工作队伍是中国特色社会主义法治体系与社会主义法治国家重要的建设者，是实现全面推进依法治国总目标的强有力的人才保障。加强法治工作队伍建设，为加快建设社会主义法治国家提供强有力的组织和人才保障。法学教育与法治人才培养是法治工作队伍建设的基础性工作。创新法学人才培养机制，培养造就一批熟悉和坚持中国特色社会主义法治体系的法治人才和后备力量，是法学教育肩负的重要历史使命。

法治国家之路

　　"法治"或者说"依法治国",虽然不是一个全新的话题,但却是一个亘古常新的话题。正是法律的神圣和法治的理想,成就了我们这个世界井然有序的生活。今天,无论是西方,还是东方,无论是北半球,还是南半球,无论是发达国家,还是发展中国家,法律都成了一个国家制度体系中最具权威的部分,法治都成了一个国家中人民最向往的理想。人类历史已经证明,"国无法不治,民无法不安",法治是最好的社会治理形态。中国历史,尤其是近现代史,则更加清楚地告诉我们:法治衰,则国弱民穷;法治兴,则国强民富。法治是实现中华民族伟大复兴的必由之路。

中国法治建设与中华民族的伟大复兴

　　人类历史已经证明,"国无法不治,民无法不安",法治是最好的社会治理形态。中国历史,尤其是近现代史,则更加清楚地告诉我们:法治衰,则国弱民穷;法治兴,则国强民富,法治是实现中华民族伟大复兴的必由之路。

　　首先,法治是维护社会稳定,实现国家长治久安的前提与基础。国家强大、民族复兴,其前提是社会稳定,是各种社会矛盾能够得到有效、及时的化解,而这必然要求构建法治化的社会。应该指出的是,法律的产生不是为了斗争,而是为了化解矛盾,消弭矛盾,使社会归于平和、稳定。法律的完善与法治的加强,对于当代中国社会尤其重要。这是因为我国的改革目前已经进入攻坚阶段,整个社会正处于快速转型期,在此期间,整个社会系统不断地变动、分解和重组,产生了不同的利益群体,形成了多元化的利益格局。在此背景下,不同利益群体之间的矛盾大量出现,各类纠纷与冲突层出不穷,而法律,作为所有社会规范中最具明确性、确定性和强制性的规范,是解决社会矛盾、保障社会公平、维护社会稳定的最有效手段。因此,只有建立了以法律作为主要形式进行治理的社会秩序,才能妥善地处理各种社会关系、调整各项社会利益、解决各类社会矛盾,才能创造出良好、公平的社会环境,才能为国家的富强与民族的复兴打下坚实的基础。

　　其次,法治是建立、健全社会主义市场经济体制,实现经济又好又快发展与全民族共享繁荣的制度保障。从党的十四大开始,我国开启了市场经济的大门,这是一个伟大的历史性跨越。随着社会主义市场经济体制逐渐确立与完善,我国的经济建设进入了一个高速发展时期,取得了惊人的进步。事实已经雄辩地证明,市场经济对于优化资源配置、刺激全社会的创造力并进而实现社会财富总量的快速增长具有无与伦比的优越性;欲实现经济的持续快速发展与民族的伟大复兴,舍此之外,别无他途。市场经济作为一种以市场为基础配置社会资源的经济运行方式,具有开放性、平等性、契约性、竞争性、国际性等特征,它的有效运转,必须以良好、完善的法律规则为基础,以公平、高效的行政与司法救济机制为保障。

第三,法治是实现社会全面进步、构建和谐社会的基本途径。纵观人类历史,尤其是近当代史,我们可以看出,国家强大、民族复兴,绝不是一个单纯的经济概念,而是包括经济发展在内的社会全面进步,是物质文明、精神文明、政治文明和生态文明的并驾齐驱,其最终目的是社会各个层面获得全面提升,从而变得更加自由和符合人性,并进而实现"人的全面发展"。社会主义和谐社会在本质上是民主法治社会;完善法律,加强法治,推进民主,是构建社会主义和谐社会的基本途径。其实,维护稳定、控制秩序只是法律功能的一部分,除此以外,法律更为根本和重要的功能在于协调利益、制约权力。也就是说,法律既是"稳定器",更是"协调器"。

(原载于《陕西日报》2009 年 4 月 5 日)

法治，民族复兴的必由之路

开　篇

回首近现代中国历史不难看出，追寻民族复兴、国家富强，始终是中华儿女传承不绝的主题，始终是无数仁人志士坚定不移的志向。在追寻民族复兴、国家富强的征程中，我们逐渐形成了这样一个共识，那就是：只有实现法治，社会才能安定，人民才能幸福，中华民族才能获得生生不息的发展动力与坚强有力的发展保障，才能实现国家的繁荣富强、社会的长治久安与民族的伟大复兴。

中华民族历史悠久，文化深厚。在人类历史上，中华民族不仅在经济、文化方面曾长期居于领先地位，而且在法制领域，亦曾取得辉煌的历史成就。

在人类文明史上，中华法系源远流长，气象雄伟，曾巍然矗立于世界主要法系之林。中华民族制定成文法典的历史渊源，可追溯至2300多年前战国时代魏国的李悝所编纂的《法经》六篇（后经改编成为《秦律》）。从世界法制史的角度来看，这是古代法制的重大成就。

到了汉代，我们的祖先发展出关于法理的解说和注释的"律学"，这是一门精确、细致的学问，代表了当时世界上最为先进的法学研究水平。盛唐时代颁布的《唐律》以及《唐律疏议》，更是举世闻名，标志着中华古代法律文明达到巅峰。

然而，到了近代，封建文化与制度逐渐走向衰败，法纪松弛，社会动荡，经济凋敝，人民困苦。1840年鸦片战争以后，中国更是逐渐沦为半殖民地、半封建社会，开始了近代的屈辱史。为了改变国家和民族的苦难命运，一些民族精英曾试图将近代西方国家的法治模式移植到中国，以实现变法图强的梦想。但由于各种历史原因，他们的努力最终是无果而殇。

开国，中国法治启动新纪元

新中国的建立，宣告中华民族近代屈辱史的结束，也开启了中国法治建设的新纪元。1954年，我国制定了第一部社会主义类型的宪法。此后，根据宪法的规定，国家陆续制定了一批法律、法规，确立了一些基本法律制度，有力地促进了生产关系的变革和生产力的发展，从而保障了我国社会主义改造的顺利实现和社会主义事业的迅速发展。然而，令人遗憾的是，从1957年起，国家的民主法治进程逐渐停顿下来，"文革"十年动乱，更是对法治造成了毁灭性的破坏。

严格讲，中国特色社会主义法治建设始于20世纪70年代末，到现在正好30年时间。从法治建设演变的角度看，我认为，这段历史可以用"进入新时期""揭开新篇章"和"做出新部署"这"三个新"来加以概括。

一曰进入新时期。

1978年12月，中国历史上发生了一件划时代的大事，这就是中国共产党十一届三中全会的召开，会议确立了"以经济建设为中心""发展社会主义民主，健全社会主义法制"的方针，开启了改革开放的崭新时代。国人通过总结历史经验，特别是吸取"文革"的惨痛教训，悟出了法治的重要。当时，改革开放的"总设计师"邓小平同志深刻指出："为了保障人民民主，必须加强法制。必须使民主制度化、法律化，使这种制度和法律不因领导人的改变而改变，不因领导人看法和注意力的改变而改变。"这一语道破了法治的真谛。在发展社会主义民主、健全社会主义法制的方针指引下,现行宪法以及刑法、刑事诉讼法、民事诉讼法、民法通则、行政诉讼法等一批基本法律相继出台,中国的法治建设进入了新时期。

二曰揭开新篇章。

20世纪90年代,中国开始全面推进社会主义市场经济建设,由此进一步奠定了法治建设的经济基础,也对法治建设提出了更高的要求。1997年召开的中国共产党第十五次全国代表大会,将"依法治国"确立为治国基本方略,将"建设社会主义法治国家"确定为社会主义现代化的重要目标,并提出了建设中国特色社会主义法律体系的重大任务。1999年,通过修宪,将"中华人民共和国实行依法治国,建设社会主义法治国家"的条文载入宪法。中国的法治建设揭开了新篇章。

三曰做出新部署。

进入21世纪,中国的法治建设继续向前推进。2002年召开的中国共产党第十六次全国代表大会,将社会主义民主更加完善,社会主义法制更加完备,依法治国基本方略得到全面落实,作为全面建设小康社会的重要目标。2004年,将"国家尊重和保障人权"载入宪法。2007年召开的中国共产党第十七次全国代表大会,充分肯定中国特色社会主义法律体系基本形成,明确提出全面落实依法治国的基本方略,加快建设社会主义法治国家,特别强调依法治国是社会主义民主政治的基本要求,并对进一步加强中国的法治建设做出了新部署。

简言之,近30年来,在建设中国特色社会主义的伟大实践中,中国的法治建设取得了举世瞩目的成就,在我国的历史长河中留下了辉煌的篇章。而且,这一时期所积累下来的成果,也为我国社会的长治久安,为经济的全面、协调、可持续发展,为实现中华民族的伟大复兴,奠定了坚实的基础。

当然,我们也应该清醒地认识到,要在一个有着两千余年封建专制统治和13亿人口的大国建成法治国家,实现民族的伟大复兴,其任务之艰巨,其道路之曲折,是不言而喻的,可谓"路漫漫其修远兮"。就目前来看,我国的法治建设仍面临诸多困难,仍有不少问题亟待解决,中国特色社会主义法治建设依然任重而道远。我认为,在当前的形势下,进一步加强法治,在全社会形成维护法治、崇尚法治的良好风尚,是建设强大国家、实现民族复兴尤为重要和迫切的任务。

复兴,中华民族选择了法治

"法治"或者说"依法治国",虽然不是一个全新的话题,但却是一个亘古常新的话题。可以这样说,正是法律的神圣和法治的理想,成就了我们这个世界井然有序的生活。今天,无论是西方,还是东方,无论是北半球,还是南半球,无论是发达国家,还是发展中国家,法律都成了一个国家制度体系中最具权威的部分,法治都成了一个国家中人民最向往的理想。

人类历史已经证明,"国无法不治,民无法不安",法治是最好的社会治理形态。中国历史,尤其是近现代史,则更加清楚地告诉我们:法治衰,则国弱民穷;法治兴,则国强民富,法治是实现中华民族伟大复兴的必由之路。

首先,法治是维护社会稳定、实现国家长治久安的前提与基础。国家强大、民族复兴,其前提是社会稳定,是各种社会矛盾能够得到有效、及时地化解,而这必然要求构建法治化的社会。应该指出的是,法律的产生不是为了斗争,而是为了化解矛盾。据我国历史上第一部字典——东汉许慎所著的《说文解字》记载,"法"的古体字是"灋"。他指出:"法者,刑也,平之如水,从水;廌,所以触不直者去之,从去。"翻译成白话就是,古代的"法"字,左边以水作偏旁,比喻"平之如水",代表公平;法字中右边的"廌",是一种头长独角,秉性公正的奇兽,是裁判人间纠纷的裁判官,起着平息争讼的作用,故而"古者决讼,令触不值"。可见,"法"字最早的含义及产生就是要解决纠纷、化解矛盾、裁判是非。管子对"法"的论述也颇为精辟,他认为:"法者所以兴功拒暴也,律者所以定分止争也,令者所以令人知事也。"

由此可见,法律的产生,是为了化解争端,消弭矛盾,使社会归于平和、稳定。这一点,古今中外,概莫能外。需要强调的是,法律的完善与法治的加强,对于当代中国社会尤其重要。这是因为我国的改革目前已经进入攻坚阶段,整个社会正处于快速转型期,在此期间,整个社会系统不断地变动、分解和重组,产生了不同的利益群体,形成了多元化的利益格局。在此背景下,不同利益群体之间的矛盾大量出现,各类纠纷与冲突层出不穷,而法律,作为所有社会规范中最具明确性、确定性和强制性的规范,是化解社会矛盾、保障社会公平、维护社会稳定的最有效手段。因此,只有建立了以法律作为主要手段进行治理的社会秩序,才能妥善地处理各种社会关系、调整各项社会利益、解决各类社会矛盾,才能创造出良好、公平的社会环境,才能为国家的富强与民族的复兴打下坚实的基础。

其次,法治是建立、健全社会主义市场经济体制,实现经济又好又快发展与全民族共享繁荣的制度保障。从党的十四大开始,我国开启了市场经济的大门,这是一个伟大的历史性跨越。随着社会主义市场经济体制逐渐确立与完善,我国的经济建设进入了一个高速发展时期,取得了惊人的进步。事实已经充分证明,市场经济对于优化资源配置、刺激全社会的创造力并进而实现社会财富总量的快速增长具有无与伦比的优越性;欲实现经济的持续快速发展与民族的伟大复兴,舍此之外,别无他途。市场经济作为一种以市场为基础配置社会资源的经济运行方式,具有开放性、平等性、契约性、竞争性、国际性等特征,它的有效运转,必须以良好、完善的法律规则为基础,以公平、高效的行政与司法救济机制为保障。

由此可见,市场经济与法治之间具有一种天然的亲和性:一方面,市场经济为法治的生成与壮大提供丰厚的土壤,为国家推进政治体制改革提供动力与资源;另一方面,法治为市场经济的发展铺平道路,并不断为其拓展生存与发展的现实空间;如果失去了法治的依托与制度性保障,市场经济只会走向畸形和变异,而永远不会走向成熟。从这个意义上说,市场经济就是法治经济,法治是建立、健全社会主义市场经济体制、实现民族复兴的制度保障。

第三,法治是实现社会全面进步、构建和谐社会的基本途径。纵观人类历史,尤其是近当代史,我们可以看出,国家强大、民族复兴,绝不是一个单纯的经济概念,而是包括经济发展在内的社会全面进步,是物质文明、精神文明、政治文明和生态文明的并驾齐驱,其最终目的是社会各个层面获得全面提升,从而变得更加自由和符合人性,并进而实现"人的自由而全面发展"。改革开放30年来,我国的经济建设取得了举世瞩目的成就,但在发展的进程中,各种各样的困难与矛盾也在困扰着我们:经济发展模式遇到挑战,城乡、地区差距不断加大、制度性腐败未能得到有效遏制,生态环境频频告急……

就是在这样的历史背景下,党中央提出了深入贯彻落实科学发展观,"构建社会主义和谐社会"的战略任务,并将之作为全面建设小康社会,实现中华民族伟大复兴的重要目标。胡锦涛同志强调,"我们所要建设的社会主义和谐社会应该是民主法治、公平正义、诚信友爱、充满活力、安定有序、人与自然和谐相处的社会"。这一重要论述表明,社会主义和谐社会在本质上是民主法治社会;完善法律,加强法治,推进民主,是构建社会主义和谐社会的基本途径。应该指出的是,"法律工具论"在很长时期控制着我们的思想,表现在我们长期仅仅强调法律维护社会稳定的作用,尤其把法律当作控制社会秩序的工具。其实,维护稳定、控制秩序只是法律功能的一部分,除此以外,法律更为根本和重要的功能在于协调利益、制约权力。也就是说,法律既是"稳定器",更是"协调器""衡平器"。

结 束 语

我们中华民族，历经五千年沧桑岁月，曾长期雄踞世界领先地位，只是到近代才开始衰落。从鸦片战争到 21 世纪中叶基本实现现代化，这二百年是中华民族从衰落走向伟大复兴的漫长、艰苦而又辉煌的奋斗历程。现在，二百年的历史进程，我们已经走过一百五十年。邓小平同志设计的"三步走"的发展战略，已经完成两步。中华民族实现复兴的大业能否如期实现，新世纪、新阶段的发展尤为重要。在此阶段，我们既要继承中华文明的传统与精华，更要积极吸收世界上一切先进的文明成果，尤其要大力弘扬法治精神，加强法治建设。

法治兴，则民族兴；法治强，则国家强。法治，是包括中华民族在内的世界各民族的共同理想，只有真正实现法治，我们每一个人才能平等享受应有的权利，社会才能和谐、稳定；中华民族的伟大复兴，才能获得坚实有力的制度保障。不可否认，由于各国历史文化背景不同、经济社会发展差异，法治的发展进程并不平衡。但是，毫无疑问，作为人类政治文明的重要成果，法治已经成为世界各国人民的向往和追求，是一个国家实现富强的必由之路，这是不以任何人的意志为转移的客观规律。

"天下兴亡，匹夫有责。"依法治国，建设社会主义法治国家，实现中华民族的伟大复兴，是全体中华儿女的共同责任。不论前面的道路有多么崎岖，只要我们坚定信心，秉持法治理念，坚持依法治国的基本方略不动摇，我们就一定能克服前进途中的艰难险阻，实现中华民族的伟大复兴！法治之光必将照耀我们阔步向前！

（原载于《法制日报》2009 年 10 月 1 日）

将舆论监督和法律监督结合起来

　　《检察日报》自创刊以来，坚持解放思想、实事求是、与时俱进、开拓创新，不断发展壮大，现已发展成为一家集报纸、杂志、网络、影视于一体的复合型法治报业传媒，其取得的成绩真是令人感佩。我代表中国政法大学对《检察日报》创刊20周年表示祝贺！对检察日报社20年来所取得的成绩表示由衷的敬意。

　　《检察日报》20年的发展和成就给我们许多重要启示，有三点值得一提——

　　首先，媒体一定要有社会责任感。媒体是社会公器。20年来，《检察日报》坚持检察机关报和法治专业报双重责任定位，发挥检察机关报和法治专业报的优势，将舆论监督和法律监督有机结合起来，不断为国家法治建设、反腐倡廉建设、检察事业建设鼓与呼，为依法治国、建设社会主义法治国家作出了应有的贡献，充分体现一个主流法治媒体的社会责任。目前，不负责任的媒体、不客观真实的报道，甚至制造虚假新闻、利用媒体造谣诽谤等现象，我们不时能从媒体上看到，令人不解，令人痛心，令人担忧。出现这种现象就是极少数媒体没有社会责任感所致。而《检察日报》始终坚持正确的舆论导向，匡扶正义，关注民生，树立了一个很好的有社会责任感的法治媒体形象。

　　其次，媒体一定要做到客观公正。新闻的力量在于客观公正。客观就是实事求是,真实报道,所以,客观公正是新闻的良知和底线。公正就是恪守公平正义的良知,《检察日报》在这方面做得很好,发挥了很好的舆论导向作用。但我们也看到,有的媒体关注的是吸引眼球,产生轰动效应。这样的报道,误导了公众,实际上是侵害了公众的知情权,尽管产生了轰动效应,但由于偏离了客观公正的立场,偏离了事实,实际上只是一个闹剧,一个笑话。

第三,媒体一定要发挥好舆论监督作用。舆论监督就是社会公众通过新闻媒体,发表自己的意见和看法,形成舆论,从而对国家政党、社会团体、企事业单位、公职人员的公务行为进行监督,对社会上一切有悖于法律和道德的行为实行监督。舆论监督是社会主义民主法治的重要内容,也是社会主义法治文明的重要标志。《检察日报》注意发挥检察机关报和法治专业报的优势,将舆论监督与法律监督结合起来,突出新闻报道的客观真实性、理性、建设性,起到了很好的效果。

中国政法大学建校 50 多年来,以"推动中国社会政治进步和法制昌明"、建设"社会主义法治国家"为理想,严谨治学,砥砺人才,在教学、科研和学科建设等各个方面都形成了自己的办学特色,在法学领域具有突出的整体优势。我们愿更好地与《检察日报》合作,共同培养人才,共同进行科学研究,服务社会、引领舆论。

祝贺《检察日报》越办越好!

(原载于《检察日报》2011 年 7 月 8 日)

社会矛盾该如何化解

——怎么看多元纠纷解决机制(节选)

改革三十余年来,中国在旧体制改造与新市场培育的相互作用下处于一个复杂艰难的治理时期:既是一个社会稳定、秩序和谐的时期,也是一个形势严峻、矛盾层出不穷的时期;既是一个制度建构与规则破坏并存的时期,也是一个立法完善与执法、司法滞后共生的时期。总之,以计划经济为主导的传统体制已经被瓦解,以市场经济为主导的新兴体制仍在培育之中。在这个转型过程中,中国社会所诱发的社会矛盾以及秩序的不稳定因素也骤然增多,这对中国当代社会治理提出了新的要求。多元纠纷解决机制是以法治为轴心,容纳了多种纠纷解决智慧与策略的系统化、立体性、全方位的纠纷解决方式,且其中的多种方式互补互动,有机组合形成化解社会矛盾的强大治理力量,它以社会价值与手段的多样化为基本理念,其目的在于为化解社会矛盾提供足够多元的选择可能性,以综合运用各种手段为选择者提供指导和支持。

多元纠纷解决机制在司法领域的探索

我国的民间纠纷解决机制以"仲裁"和"调解"为重要支柱,近年来,民间纠纷解决机制作为社会矛盾化解的重要力量重新获得重视,迎来新的发展契机。在国家政策层面,民间调解化解社会矛盾纠纷的功能再次获得重视,其进一步发展具有坚实的政策依据。

在我国,民间纠纷解决机制已逐步纳入法制化规范轨道。应该说,民间纠纷解决机制以其特有的灵活性获得广大民众的认同,另一方面,其程序设计、机构人员等因素的随意与松散所导致的不确定性,又使其难以适应现代社会对其规范性的需求。

改革开放以来,特别是进入到新世纪以来,国家已经意识到民间纠纷解决机制的这种"先天不足",开始有针对性地将民间纠纷解决机制纳入法制化的规范轨道。

目前,民间纠纷解决机制已实现了与诉讼的良好衔接。

2009 年 8 月,最高人民法院公布了《关于建立健全诉讼与非诉讼相衔接的矛盾纠纷解决机制的若干意见》,对各类调解与诉讼的衔接机制、各类仲裁与诉讼的衔接机制进行了规范,扩大了赋予合同效力的调解协议的范围,允许当事人申请确认和执行调解协议。

2010 年 8 月,在司法部的积极推动下,人民调解法出台,该法规定"当事人可以向人民法院申请确认经人民调解委员会达成的调解协议,协议经人民法院确认有效后,一方当事人拒绝履行或未全部履行的,对方当事人可以向人民法院申请强制执行"。这样,在法律层面上,该法第一次明确规定了人民调解与诉讼的衔接。

2011 年 3 月 29 日,最高人民法院发布了《关于人民调解协议司法确认程序的若干规定》,对调解协议司法确认过程中的具体问题进行了明确规定,在立法技术层面实现了人民调解与诉讼的良好衔接。

从实践层面上看,近年来,民间纠纷调处在社会矛盾化解中发挥了重要作用。据司法部发布的数据,目前中国有人民调解员 494 万人,人民调解组织每年调解各类矛盾纠纷都保持在数百万件,2009 年达 767.6 万件,调解成功率达 96%,当事人反悔起诉到法院的仅占 0.7%,被法院判决维持原调解协议的近 90%。

然而,面对纠纷数量的激增与社会矛盾化解的新需求,司法机关仍然在积极探索多元纠纷解决机制,主要表现在如下三个方面:

第一,多元纠纷解决机制写入司法体制改革规划。2007 年中央政法委与全国人大法工委牵头,最高人民法院、国务院法制办、司法部等共同参与的多元纠纷解决机制改革项目启动。2008 年最高人民法院将建立和完善多元纠纷解决机制列为年度改革项目,作为司法改革的重要内容。2009 年《人民法院第三个五年改革纲要(2009—2013)》中将建立多元纠纷解决机制作为健全"司法为民"的重要内容,明确要求建立"党委领导、政府支持、多方参与、司法推动"的多元纠纷解决机制,同时完善多元纠纷解决方式之间的协调机制。

第二,多元纠纷解决在民事审判领域内化为"调解优先、调判结合"。2009 年,《最高人民法院工作报告》提出了"调解优先、调判结合"的工作原则,并在同年 7 月的法院调解工作经验交流会中予以重申,各地法院随后通过各种方式积极贯彻该工作原则,2010 年,全国法院一审民商事案件调解率达到 65.29%。2010 年 6 月,最高人民法院出台了《关于进一步贯彻"调解优先、调判结合"工作原则的若干意见》,要求各级法院进一步完善调解工作制度。

第三,在刑事司法领域注重矛盾化解与"宽严相济"。刑事犯罪是社会矛盾的集中反映和极端表现,近年来,对于犯罪后社会秩序的恢复越来越多地受到实务界与理论界的重视,化解社会矛盾作为刑事审判功能的延伸开始被赋予重要地位,同时"宽严相济"这一刑事政策的贯彻执行也要求开始重视刑事审判中的社会矛盾化解。在这种大背景下,各地司法机关开始结合各自实际展开对社会矛盾化解的探索,如在刑事附带民事诉讼中引入调解机制、尝试刑事和解制度、引入社区矫正等。

多元纠纷解决机制存在的六大问题

在多元纠纷解决机制发展的同时，依然存在不少问题。

其一，尚未建立系统、完整的多元纠纷解决体系。近年来，虽然在立法层面形成了人民调解与诉讼的良好衔接，但目前人民调解等非司法救济方式与司法救济方式在化解社会矛盾中的分工与层次仍不够清晰，存在着职能替代与程序设计上的重复、繁复，大大降低了多元纠纷解决在化解社会矛盾中的效用。比如，劳动争议处理中的劳动仲裁与诉讼程序之间的重复，医疗事故纠纷处置中事故鉴定介入诉讼等制度设计上的缺陷等，这些都是近年来凸显的劳资纠纷、医患关系紧张导致社会矛盾难以化解的重要方面。

其二，缺乏必要的上位法依据。在多元纠纷解决方式探索遍地开花的同时，对于其中某些程序设计是否突破了现有法律规定的范围存在着质疑。比如，针对人民调解协议效力的确认与民事诉讼法和仲裁法的制度设计之间的协调问题、各地法院展开的委托调解在民事诉讼法中缺少充足依据、现有的刑事诉讼法中并没有刑事和解的相关设计等。

其三，社会目标辨识不清。多元纠纷解决机制的探索与"人本"理念、"为民"理念密切联系，以是否有利于化解社会矛盾、体现人民根本利益作为判断纠纷解决机制良莠的重要指标。在司法与政治关系十分密切的情况下，如何识别出哪些是司法应当追求的社会目标，成为实践难题。这容易引发部分人对于多元纠纷解决机制与法治理想之间的模糊性认识。在这种情况下，能否对"为大局服务、为人民服务"、司法人文关怀和司法社会矛盾化解功能延伸给予正确的理解，有可能影响到多元纠纷解决在化解社会矛盾中的效用。

其四，如何平衡好依法调解与灵活调解之间的冲突。"依法调解"是多元纠纷解决机制所确立的基本原则之一，被各种中央文件与法律法规不断强调，然而，不拘泥于法律法规、注重灵活性又恰恰是人民调解的独有优势，如何平衡好"依法"与"灵活"之间的关系是摆在我们面前的一个课题。在仲裁领域，也有"依法仲裁"与"友好仲裁"这样类似的问题。

其五，地方实践中出现"各自为政"。在中央文件精神和"两高"出台的若干意见的指导下，各地司法机关发挥主动性，展开了多种多样的多元纠纷解决机制的探索。在肯定地方经验的同时，也对司法制度的统一性形成了冲击。以刑事和解的范围为例，"是否将其限定在轻微刑事案件的范围内"，各地有着不同做法：有的地方主张在故意杀人案件中，对双方当事人达成和解、被告人真诚悔罪的案件，也应当适用刑事和解；而有的地方则持相反意见。这种情形的出现影响了司法制度的统一，容易引发部分群众对于司法机关的不满，不利于社会矛盾的化解与社会秩序的和谐稳定。

其六，现有多元纠纷解决机制存在"真空地带"。对于某些社会矛盾，现有的纠纷解决机制难以织就一张密实的"网络"。例如，申诉案件程序复查完毕，申诉人不服向上级申诉，申诉后依然维持原判，在这种情况下，由于不满维持原判的结果，当事人依然上访不止，对于如何解决此类纠纷，并无可行的操作性规定。

多元纠纷解决体系六个方面的建构

就目前我国多元纠纷解决机制发展所面临的问题，结合当下我国司法的实践，我认为，多元纠纷解决机制的建构应在如下几个方面下工夫：

一是以法治为轴心，在法院的职权范围内充分发挥"能动司法"的作用，努力实现化解社会矛盾依法、合理、有情。多元纠纷解决机制的落实要发挥"能动司法"的作用。2009 年，针对新时期人民法院工作面临的形势和任务，最高人民法院明确提出"能动司法"的司法政策。"能动司法"的最大功能是整合纠纷解决的各种智慧，形成系统、完整的多元纠纷解决体系。"能动司法"可以组织民间与国家司法机关力量，建立联动机制，寻求高绩效的纠纷解决途径。

二是注重综合调处,诉讼调解、仲裁调解、行政调解、人民调解与行业调解相互配合、取长补短,实现各种调解的对接,平衡好"依法调解"与"灵活调解"的关系,实现法律效果、社会效果的统一。如何将各种调解有机结合,并实现相互平衡协调?我认为,重庆市荣昌县的"纠纷综合调处机制"可以作为我们学习借鉴的成功范例。荣昌县创新社会矛盾治理方式,整合司法、调解、仲裁、行政等多方力量,创设了以"党委领导、综治协调、法院主导、各界配合、社会参与"为特色的纠纷综合调处机制,设立了"综调室"。它由法院主导,专职调处涉诉信访、民事和行政纠纷。由于门槛低、无费用、效果好,"有纠纷找综调室"已经成为越来越多荣昌人的共识。

三是完善利益诉求表达机制,构筑民意表达的"高速公路",填补"真空地带"。多元纠纷解决机制的实现需要更多听取人民群众的意见与建议,在这方面,重庆法院系统的"院长信箱"值得借鉴。重庆高院将所辖各级法院院长的邮箱公布于众,要求"来则必批、批则必办、办则必复、复则必快",并将办理情况纳入政务督查范畴,作为年度目标考核指标之一,及时催办督办,定期予以通报。

四是集中优势司法资源,互动会商,分段集约,有效化解涉诉信访难题。推进涉诉信访案件化解工作是实现多元纠纷解决机制的又一重要组成部分。信访案件的形成是当事人怨气不断积累的结果,提前预防并及时化解信访苗头,对解决信访难题就显得非常重要。这需要"推动领导干部接待群众制度,完善信访工作责任制度,建立全国信访信息系统,搭建多种形式的沟通平台,把群众利益诉求纳入制度化、规范化、法制化轨道"。2009 年,青岛李沧区法院创建案件社会稳定风险评估防范机制,办案人员自案件立案之初,即收集、分析可能存在的风险隐患,将隐患及处理情况记录在案,随卷宗流转,案件稳定风险在各个工作环节流转时,用抽丝剥茧的方式予以层层化解,取得了良好的效果。

五是借助法律修订的契机,理清多种社会目标的关系,完善上位法依据。借助刑事诉讼法再修订的"东风",将未被纳入法律体系的成熟纠纷解决方式与经验写入法律,确立上位法依据。同时,建议在两大诉讼法的原则部分加入符合"人本""为民"理念和人民根本利益的原则性规定,以理清多种社会目标的关系,为司法实践提供准确的方向。

六是建立统一的社会纠纷信息收集与分析协调机制,以防止"各自为政",及时、准确、全面地掌握社会纠纷解决的发生、发展动向,整合各种社会部门与机构的力量,排除各部门与机构之间的信息障碍,建立快捷的信息分析、评判、处理、协调平台。可以考虑在政法委系统或者司法行政机关建立社会冲突与纠纷解决的有效咨询与疏导机构,加强与民众的互动交流机会,设立专门的信息收集人员、报告人员和整理人员,消除信息控制的盲区,对处于萌芽中的社会纠纷遏制其蔓延的速度、广度和深度,并建立逐层上报的回馈机制。这些专门机构应当成为党委、政府与司法机关的有力助手和重要参谋,应当及时准确地把纠纷相关信息与可能的事态发展状况提供给决策部门,使其提高对这些问题的关注,同时在必要时候及时向社会发布与通报。

(原载于《人民法院报》2012 年 2 月 28 日)

全面解读司法公信　加快建立法治权威

党的十八大报告有两处谈到了司法公信:第一处是报告第三部分"全面建成小康社会和全面深化改革开放的目标",将其作为人民民主不断扩大尤其是依法治国的重要内容,属于政治建设领域;第二处是报告第六部分"扎实推进社会主义文化强国建设",将其作为全面提高公民道德素质的重要内容,属于文化建设领域。在十八大首次提出"经济建设、政治建设、文化建设、社会建设、生态文明建设五位一体总体布局"之时,司法公信与其中两大建设紧密相连,充分体现出党中央对此问题的高度重视,也是第一次将司法公信问题提升到国家建设改革和社会发展的战略层面,进而成为全党、全国、全民在未来十年重点推动和亟待解决的重大问题。

从司法职能来认识司法公信

长期以来,我国法治文化缺失的历史传统和司法实践中的矛盾,尤其是在实践中多表现为司法不公的现状,导致人们有意或无意地更乐于谈论司法的价值,而很少关注司法的职能,进而导致在理论和实践两个层面对司法职能的研究不够,认识不足。司法价值与司法职能是两个完全不同的概念,司法价值的实现并不必然意味着司法职能的完成。党的十八大报告对司法公信的论述和全新要求,推动着法律界、法学界要对司法基本职能进行重新思考。

众所周知,法律的价值决定着司法的价值,并随着社会发展不断进步。在不同的社会形态下,法律体现出的基本价值各不相同,但是法律实现这些基本价值的手段却是相同的——即通过法律的行为规范作用和社会整合作用。司法的基本职能是推进法律有效实施,通过有效的纠纷解决与社会控制,来实现法律的行为规范作用和社会整合作用。所以,虽然司法的价值就当代而言在于对公平正义的追求,但司法的职能一直以来则专注于维护社会秩序。

实现司法定分止争、维持社会秩序的职能,有赖于民众对司法的信任和对司法裁判的遵从,有赖于司法公信的建立,有赖于司法权威的树立。有专家指出:"对社会控制来说,尤其对现代文明条件下的社会控制来说,大概没有什么比造就一个法律权威更加有效和更经济了。因为一个社会一旦树立起权威,那就意味着人们的行为不需太多的社会压力,就会取向于理性的社会合作,在一定意义上说,现代社会控制的核心问题就是营造一个现实的法律权威。而司法对社会的控制总体上来说也是通过确立法律权威来起作用的。"如果司法缺乏公信力和权威,就不能实现其推进法律实施、维护社会秩序、保障社会公平正义的职责与功能,就不能维护国家法制的统一、尊严和权威。司法公信与司法权威维持社会秩序的作用的最好例证,就是2000年美国总统大选计票争议,面对足以引发社会割裂的族群冲突,美国最高法院最后一锤定音,迅速平息了巨大的社会争议。

按照马克斯·韦伯的观点,权威的获得途径主要有三种,即基于传统的权威、基于个人魅力的权威以及基于理性的权威。司法权威就是基于理性的权威,是一种构建在制度基础上,并通过制度而获得的公信力。一般认为,这种司法公信包括两方面内容,一是国家司法机关通过其职权活动在整个社会中建立的公共信用;二是社会公众普遍地对司法主体、司法行为、司法过程、司法结果、司法制度等所具有的心理信任和心理认同,并对司法结果自觉尊重、遵从的一种社会状态和社会现象。司法公信与司法权威是一个事物的两种发展层次,只有量的不同,没有质的区别,司法公信是司法权威的基础,司法权威是司法公信的自然结果。

从司法公正来认识司法公信

英国哲学家培根在《论司法》中曾言:"一次不公正的审判比多次不当的举动为祸尤烈,因为后者不过弄脏了水流,而前者败坏了水源。"司法公正不仅是实现和维护社会公平正义的最后阵地,更是保障社会公平正义的根基。一般认为,司法公正包括实体公正和程序公正两个方面。但这两个方面的评价标准都有无法解决的局限性,容易让民众对其产生不信任感。

实体公正是结果的公正,其评判标准具有不确定性。首先,司法公正作为一种理念,必然受到人们认知水平的制约,人们的认知水平又受制于社会物质存在的发展水平。尤其是我国社会处在高速发展阶段,公正的评价标准变化很快。例如,1987 年国务院颁布《投机倒把行政处罚暂行条例》,人们觉得"投机倒把"是犯罪行为,1997 年修改刑法时就取消了投机倒把罪,认为对"投机倒把"行为定罪是有失公允的,这就是实体公正理念的时代性。其次,公正是概括一类事物属性的抽象性概念,法律公正是一个抽象的法律模式的构建要素,要将其运用到具体的审判活动中,变成可感知的司法结果,并非易事。最后,司法活动和司法结果的评判标准具有社会性。一个案件,涉及复杂的利益因素,面对着多重评判标准——当事人的评价标准主要是看审判结果是否符合自己的心理预期;社会公众的评价标准主要是看审判结果是否符合道德评价;专家学者的评判标准主要是看审判程序和审判结果是否符合学理分析;政府领导的评判标准主要是看审判结果是否达到良好的社会效果,以上就是实体公正理念的相对性。

程序公正是过程的公正,其评判标准具有自相矛盾性。司法程序是否公正,仅从其本身看,很难作出判断,需要借助于根据程序导出的司法结果,去反证程序是否公正。审判机关为了实现司法公正,在诉讼过程中作出判决,并非依据当事人各方所感知的客观事实,而是根据程序性的证据规则模拟出来的案件事实。但是,这种模拟事实能否与客观事实相一致,受制于证据规则所设定的举证责任分配和当事人举证能力大小等因素,这就可能会出现客观事实认定不准确的情况。上述情况正鲜明地揭示了程序公正理念评判标准的自相矛盾性——程序公正是为了正确选择和适用法律,但正是程序设计公正、严格遵守程序导致存在实体不公的可能性,而程序是否公正反过来又需要实体结果来验证。此自相矛盾性的著名现实案例之一,就是美国的辛普森杀妻案。此案曾在美国引起轩然大波,引发了民众对美国司法制度的抨击和嘲弄。

司法公正的局限性影响着司法平息纠纷、维护社会秩序职能的实现,这就需要司法权威,需要司法不可抗拒、不可侵犯的尊严和神圣,需要民众对司法的内心信服和自觉遵从。我们必须深知:司法公正的单一完善并不必然会产生司法权威,司法权威不是司法公正的副产品,而是具有独立的存在价值。

在司法活动中,分别与司法的价值和司法的职能相对应的就是司法公正和司法权威。司法既要实现其价值,又要完成其职能,所以,司法活动既需要司法公正,又需要司法权威,这是司法的性质、特点和职能所决定的。在司法实践中,二者也是相辅相成的,共同实现着社会公正,共同支撑着社会稳定。

从司法实践来认识司法公信

在近年的司法实践中,我们在"司法公正是司法工作的最高理念"的指导下,一直偏重于司法公正方面的建设。无论是以司法独立为主要内容的司法体制改革,还是以司法公开为主要内容的司法监督制度构建,其出发点和落脚点均在于司法公正。但是,长期以来我们对树立司法权威的制度和体制建设重视不够,尤其是随着中国特色社会主义法律体系的形成,我国依法治国战略进入了科学立法、严格执法、公正司法、全民守法,建设法治文化的新阶段,司法权威缺失的问题已成为司法实践的主要问题之一，这就需要我们调整视角，在司法权威建设方面更加有所作为，解决司法权威建设存在的诸多体制性障碍。

首先，权力监督与司法权威之间的关系没有平衡好。党的十八大报告再次强调，要"进一步深化司法体制改革，确保审判机关、检察机关依法独立公正行使审判权、检察权"。之所以再次强调，是因为我们还没有真正、完全做到。"司法部门既无军权，又无财权，不能支配社会的力量与财富，不能采取任何主动行动。故正确断言：司法部门既无强制，又无意志，而只有判断。""司法部门绝对无从成功地反对其他两个部门；故应要求使它能以自保，免受其他两方面的侵犯。"第一，虽然加强党对司法机关和司法事业在思想、组织、政治上的领导是必须坚持的方向，但是政法委对司法机关的工作指导、纪委对司法机关的纪律监督还需要不断完善和改进，能够让司法机关依法在审判业务上保持独立性、权威性。第二，宪法虽然规定了立法权对司法权的监督，但是没有明确人大监督司法工作的机构、方式、程序、效力等问题，既不具有可操作性，也容易造成人大代表对具体案件的干涉。第三，行政权一方面在"地方保护主义"的驱动下，通过其控制的人事权、财政权，难免不对法院依法独立审判施加影响；另一方面，司法审判的终局性本来是司法权威的重要来源，而涉法涉讼信访系统的存在，信访终结制的存在，否定了司法判决的终局性和既判力，严重冲击了法律的权威和法院的权威。

其次，社会监督与司法权威之间的关系缺少规范。党的十八大报告提出，要完善"司法公开制度"，"让人民监督权力，让权力在阳光下运行"。司法公开是司法民主的基本内容，是实现司法公正的必要条件，是树立司法权威的重要形式。社会监督是一把双刃剑，既可以传达民众意愿，监督司法权力的运行，也可能受到不同利益主体及其价值取向的影响，左右司法审判。当前较为紧迫的现实问题：一是政协等人民团体作为国家政治生活的重要参与者，其对司法权的民主监督并没有纳入法制轨道,既不能做到依法监督,也有可能造成其对具体案件的干涉。二是尚未建立完善的舆论媒体等对司法权的社会监督制度,一方面,媒体舆论对司法权的监督力度还不够,对司法权的社会监督可以说还处在发展初期;另一方面,媒体舆论对司法权的监督在个别情况下存在"舆论审判"现象,损害了司法的公正性、独立性和中立性。虽然2009年《中国新闻工作者职业道德准则》在修订时明确提出"维护司法尊严,依法做好案件报道,不干预依法进行的司法审判活动,在法庭判决前不做定性、定罪的报道和评论。"最高人民法院也出台了《关于人民法院接受新闻媒体舆论监督的若干规定》。但是,如何规范媒体对司法权的监督,既发挥媒体的监督作用,又保障司法权威,仍是一个亟待解决的现实问题。

第三,司法机关自身建设与司法权威之间还存在一些差距。一是上下级法院及法院内部审判组织之间的关系没有处理好,下级法院、法院内部合议庭的权威没有得到保障。上下级法院之间是通过诉讼程序来实现的监督与被监督的关系,上级法院在实践中存在"上下通气""二审给一审定调子"等做法,上下级法院之间还存在请示制度,法院系统存在行政化倾向,下级法院缺乏审判的独立性和权威性。司法独立的核心是审判权依法独立行使,在审判组织上,合议庭审判权的依法独立行使与审判委员会的审理范围之间还存在一些冲突,合议庭的权威并未得到有效保障。二是法官队伍的专业化职业化建设不够,法官的素质有待提高。法官素质对司法权威具有最直接的影响,法官徇私枉法是对司法权威的最大戕害。"法律是一门艺术,它需要长期的学习和实践才能掌握,在未达到这一水平之前,任何人都不能从事案件的审判。"法官是法院运行体制的最核心部分,是公正司法的最关键因素,法官的素质高低直接影响着司法公正和司法权威。三是法院执行难题影响着司法权威的树立。司法权威的缺失导致了执行难问题,执行难问题反过来又损害了司法权威,这是司法实践中的一个恶性循环。

　　"人民对美好生活的向往，就是我们的奋斗目标"——这是新当选的中共中央总书记、中央军委主席习近平同志在中外记者见面会上传递出的强烈人本理念。实现这一奋斗目标的重要途径之一，就是要加强司法公信，树立司法权威，这也是建立法治权威的主要途径，是依法治国、建设社会主义法治国家的重要内容与主要标志。每一个法律工作者、法学教育者，都要从中获取理念力量和精神动力，在今后的研究、实践中，从司法职能的独立存在价值上来认识司法权威，从司法权威与司法公正的辩证关系上来认识司法权威，从司法实践中存在的具体困难上来认识司法权威，从而更加有力地加强司法公信建设，树立司法权威，为实现中华民族的新跨越奉献我们的智慧与力量。

（原载于《人民法院报》2012 年 12 月 5 日）

深化司法体制改革 强力推进公正司法

党的十八大报告再次强调了"全面推进依法治国",指出"法治是治国理政的基本方式",并提出了"科学立法、严格执法、公正司法、全民守法"新的法治十六字方针,"公正司法"作为依法治国的重要理念和价值目标得到进一步强化。这是对社会主义法治理念的进一步丰富,是对我国依法治国战略的继续完善。英国哲学家培根在《论司法》中曾就公正司法讲过一段著名的话:"一次不公正的审判比多次不当的举动为祸尤烈,因为后者不过弄脏了水流,而前者败坏了水源。"可以肯定地说,公正司法不仅是实现和维护社会公平正义的最后防线,更是保障社会公平正义的根基。

我个人认为,公正司法不应仅仅是司法理念,更重要的是要成为司法实践。公正司法的内涵具有时代性,在当下,公正司法的内涵至少包括两个层面:一个是司法理念层面,要求在司法活动过程和结果中体现公平正义,实现实体公正和程序公正;另一个是司法实践层面,国家要构建独立科学的司法体制,确立公平高效的司法机制,打造专业廉洁的司法队伍,树立权威公正的司法形象。

从党的十六大作出"推进司法体制改革"的战略决策至今,我国已经进行了两轮的司法改革。检视十年来的司改之路,我们不仅要看到司法改革已经取得的巨大进步与成绩,同时,也应该认真总结正反两方面的经验,找出妨碍公正司法的体制性、结构性的障碍,进一步深化司法体制改革,确保司法机关独立行使审判权,完善司法公开制度,强化司法权威,从而更有力地推进公正司法。

有三点具体想法呈现如下:

第一,确保法院依法独立行使审判权,为公正司法奠定体制基础

十八大报告再次强调,要"进一步深化司法体制改革,确保审判机关、检察机关依法独立公正行使审判权、检察权"。之所以再次强调,是因为我们还没有真正、完全做到。为了实现十八大提出的这一目标,我认为要从以下三方面入手。

首先,要完善党对司法机关的领导方式。本来,《中国共产党党章》和1982年宪法已经解决了这个社会主义民主法治的关键问题。党的十二大通过的党章明确规定:"党必须在宪法和法律范围内活动。"1982年宪法也很清楚地规定:"一切国家机关和武装力量、各政党和各社会团体、各企业事业组织都必须遵守宪法和法律。一切违反宪法和法律的行为,必须予以追究","任何组织或者个人都不得有超越宪法和法律的特权"。这次十八大报告再次强调了这一点。但现在,全社会从思想到行动并没有真正解决这个问题,还有人在怀疑、质疑、混淆是法大还是领导大、是法大还是权大这样的问题。其实,宪法和法律是在党领导下制定的,是党和国家的方针和政策的定型化、规范化和制度化,是经过全国人大及其常委会按照法定程序审议通过的,不仅代表了党和人民的意志和利益,而且已上升为国家意志。所以,我们可以肯定地说,各级司法机关在宪法和法律范围内活动,严格依法办事、只服从法律,依法独立公正行使司法权,就是坚持党的领导,就是讲党性,就是讲政治。所以,要进一步改进和完善党对司法机关的领导方式,理顺各级党组织和法院之间的关系,既确保党在思想、组织、政治上对司法事业的领导,又确保司法机关依法司法的独立性。

其次，要处理好行政权与司法权之间的关系。我国宪法规定："人民法院独立行使审判权，不受行政机关、企事业单位、人民团体和任何个人干涉"。但在实践中，我国各级法院的人事权、财政权都受制于地方政府，行政权在"地方保护主义"的驱动下，难免不对法院依法独立审判施加影响。所以，构建法院系统独立的人事任免制度和财政拨付制度对保证法院依法独立审判具有非常重要的意义。

再次，要处理好上下级法院以及法院内部审判组织之间的关系。上下级法院之间是通过诉讼程序来实现监督与被监督的关系，上级法院在实践中应杜绝"上下通气""二审给一审定调子"等做法，逐步取消请示制度，保证下级法院独立审判，改变法院系统的行政化倾向。司法独立的核心是审判权依法独立行使，在审判组织上，应严格依法保障合议庭审判权的独立行使，尽量缩小审判委员会的审理范围。

第二，健全司法公开制度，为公正司法建立制度保障

十八大报告提出，要完善"司法公开制度"，"让人民监督权力，让权力在阳光下运行。"对此，我也有三点体会：

一是要健全立法权等外部权力对司法权的监督机制。近年来，法院在做好内部监督的同时，通过完善裁判文书上网、案件信息查询等制度，主动接受外部监督，推进了司法权力运行的公开化。今后，在对司法权的外部监督机制方面，一方面应强化宪法规定的立法权对司法权监督的可操作性，在制度上明确人大监督司法工作的机构、方式、程序、效力等问题；另一方面，应将党委的政治监督、纪委的纪律监督、政协的民主监督等党政机关对司法权的外部监督纳入法制轨道，做到依法监督。

二是要建立完善的舆论媒体等对司法权的社会监督制度。传媒的迅速发展使得社会舆论这个"第四种权力"变得空前强大，从实践来看，这种舆论监督还有待规范。一方面，媒体舆论对司法权的监督力度还不够，对司法权的社

会监督还处在发展初期；另一方面，媒体舆论对司法权的监督在个别情况下存在"舆论审判"现象，损害了司法的公正性、独立性和中立性。如何规范媒体对司法权的监督，既发挥媒体的监督作用，又保障公正司法，是一个亟待解决的问题。

三是要完善人民陪审员制度。陪审制度是司法民主的重要实现形式，是人民法院在实践中证明了的行之有效的制度，但陪审制度实行中存在的问题，还未引起我们足够的重视，在实践中存在着"陪审专业户""陪而不审"等现象。所以，应制定专门的人民陪审员法，建立健全激励制约机制，提高陪审员的业务能力，增加制度的科学性和可操作性，扩大陪审制度适用案件的范围，促进陪审工作的法制化，彰显司法民主与司法公正。

第三，强化司法权威，为公正司法增强社会效应

十八大报告提出，要加强"司法公信建设"，实现"司法公信力不断提高"。对于提高司法公信力，我的建议是：

1. 推进法官队伍的专业化职业化建设。法官素质对司法权威具有最直接的影响，法官徇私枉法是对司法权威的最大戕害。记得有一位知名法官曾说："法律是一门艺术，它需要长期的学习和实践才能掌握，在未达到这一水平之前，任何人都不能从事案件的审判。"法官是法院运行体制的最核心部分，是公正司法的最关键因素，法官的素质高低直接影响着司法公正。国家应严把法官的准入关，加大法官的培训力度，健全法官的考核机制，完善法官的职业保障体系，大力推进法官的专业化职业化建设。

2. 解决审判终局性与信访终结制之间的矛盾。按照马克斯·韦伯的观点，权威的获得途径主要有三种：即基于传统的权威、基于个人魅力的权威以及基于理性的权威。司法的权威就是基于理性的权威，给人以形式上公平的感觉和审判结果的可预见性，容易让人们感受到司法公正。司法审判的终局性是司法权威的重要来源，但在实践中，涉法涉讼信访系统的存在，又否定了

司法判决的终局性和既判力,严重冲击了法律的权威和法院的权威。是出台信访法把信访纳入法制轨道,还是把"上访"导入"上诉"回归司法程序,是一个需要认真研究解决的大问题。

3.破解执行难题。司法权威的缺失导致了执行难问题,执行难问题反过来又损害了司法权威,这是我们司法实践中的一个恶性循环。现在,法院系统强化了立案、审判、执行等部门之间的协调配合和监督制约,政法系统也推出了联动机制和专项治理,虽然取得了一定的效果,但尚未从根本上破解执行难题。因此,应针对执行难问题进行单独立法,建立专门的执行机构,构建科学合理的执行体制机制,强化司法公信力。

（原载于《人民法院报》2013 年 3 月 20 日）

坚持走法治社会主义道路

一、 解读十八大报告展示的法治社会主义

党的十八大报告在回首近代以来中国波澜壮阔的历史,展望中华民族充满希望的未来时得出一个坚定的结论,就是:"全面建成小康社会,加快推进社会主义现代化,实现中华民族伟大复兴,必须坚定不移走中国特色社会主义道路。"①而且明确指出:"中国特色社会主义道路,中国特色社会主义理论体系,中国特色社会主义制度,是党和人民九十多年奋斗、创造、积累的根本成就,必须倍加珍惜、始终坚持、不断发展。"②十八大报告还回答了什么是中国特色社会主义道路、中国特色社会主义理论体系和中国特色社会主义制度,要求"全党要坚定这样的道路自信、理论自信、制度自信"③。

十八大报告确立了两个明确的目标:一是在中国共产党成立一百年时全面建成小康社会;另一是在新中国成立一百年时建成富强民主文明和谐的社

① 胡锦涛:《坚定不移沿着中国特色社会主义道路前进 为全面建成小康社会而奋斗——在中国共产党第十八次全国代表大会上的报告》,人民出版社2012年版,第10页。
② 胡锦涛:《坚定不移沿着中国特色社会主义道路前进 为全面建成小康社会而奋斗——在中国共产党第十八次全国代表大会上的报告》,人民出版社2012年版,第12页。
③ 胡锦涛:《坚定不移沿着中国特色社会主义道路前进 为全面建成小康社会而奋斗——在中国共产党第十八次全国代表大会上的报告》,人民出版社2012年版,第16页。

会主义现代化国家。从后一个目标来看,在某种意义上说,中国特色社会主义是富强社会主义、民主社会主义、文明社会主义、和谐社会主义。我想强调的是,无论是中国特色社会主义道路,中国特色社会主义理论体系,还是中国特色社会主义制度,实际上都离不开法治,都必须坚持依法治国这个党领导人民治理国家的基本方略。可以这样说,中国特色社会主义道路是法治道路,中国特色社会主义理论体系包含法治理论,中国特色社会主义制度的表现形式是中国特色社会主义法律制度。中国特色社会主义在某种意义上讲也是法治社会主义。

在法治建设方面,十八大报告对过去五年的工作和十年的基本总结是三句话:一是中国特色社会主义法律体系形成,二是社会主义法治国家建设成绩显著,三是行政体制改革深化,司法体制和工作机制改革取得新进展。而存在的不足、困难和问题是执法司法等关系群众切身利益的问题较多。

2020 年,中国将实现全面建成小康社会宏伟目标,十八大报告将届时的法治目标概括为四句话,即"依法治国基本方略全面落实,法治政府基本建成,司法公信力不断提高,人权得到切实尊重和保障"[1]。这实际上是党的十八大提出的全面推进依法治国的"时间表"和总任务。

为了实现上述法治目标,十八大报告在"坚持走中国特色社会主义政治发展道路和推进政治体制改革"这一节中进一步强调要"全面推进依法治国"、"扩大社会主义民主,加快建设社会主义法治国家,发展社会主义政治文明"、"更加注重发挥法治在国家治理和社会管理中的重要作用,维护国家法制统一、尊严、权威,保证人民依法享有广泛权利和自由"[2]。其中,有几点值

---

① 胡锦涛:《坚定不移沿着中国特色社会主义道路前进 为全面建成小康社会而奋斗——在中国共产党第十八次全国代表大会上的报告》,人民出版社 2012 年版,第 17 页。

② 胡锦涛:《坚定不移沿着中国特色社会主义道路前进 为全面建成小康社会而奋斗——在中国共产党第十八次全国代表大会上的报告》,人民出版社 2012 年版,第 25—30 页。

得我们注意：

一是强调"法治是治国理政的基本方式"，更加注重发挥法治在国家治理和社会管理中的重要作用。

二是在实现法治的路径方面，强调"要推进科学立法、严格执法、公正司法、全民守法，坚持法律面前人人平等，保证有法必依、执法必严、违法必究"。"科学立法、严格执法、公正司法、全民守法"是新的十六字法治方针，对党的十一届三中全会提出的"有法可依、有法必依、执法必严、违法必究"十六字方针没有全部重申，但特别强调了后三者，说明今后法治的重点在法律的实施。

三是在科学立法方面，强调"完善中国特色社会主义法律体系，加强重点领域立法，拓展人民有序参与立法途径"。要善于使党的主张通过法定程序成为国家意志，支持人大及其常委会充分发挥国家权力机关作用，依法行使立法等职权。

四是在严格执法方面，强调"推进依法行政，切实做到严格规范公正文明执法"。

五是在公正司法方面，强调"进一步深化司法体制改革，坚持和完善中国特色社会主义司法制度，确保审判机关、检察机关依法独立公正行使审判权、检察权"。要推进司法公开，提高司法权威，加强司法公信力建设，强化司法基本保障。

五是在全民守法方面，强调"深入开展法制宣传教育，弘扬社会主义法治精神，树立社会主义法治理念，增强全社会学法尊法守法用法意识。提高领导干部运用法治思维和法治方式深化改革、推动发展、化解矛盾、维护稳定能力"。

六是在党的领导和法治的关系方面，强调"党领导人民制定宪法和法律，党必须在宪法和法律范围内活动。任何组织或者个人都不得有超越宪法和法律的特权,绝不允许以言代法、以权压法、徇私枉法"。①

十八大报告在字里行间体现出的突出强调和全新思想,让我们读出了"法治"的分量和报告的真意。"法治"与"人民",不仅共同成为报告中最瞩目的字眼,分别代表"法治理念"和"人本理念",而且也共同成为当前全党、全国、全社会的最大共识。坚持走中国特色社会主义道路,就是走法治社会主义道路。

二、 法治与政治体制改革、市场经济建设和 社会管理创新的关系

十八大报告提出,全面建成小康社会,必须以更大的政治勇气和智慧,不失时机地深化重要领域改革,坚决破除一切妨碍科学发展的思想观念和体制机制弊端,构建系统完备、科学规范、运行有效的制度体系,使各方面的制度更加成熟、更加定型。中国特色社会主义制度是我们党和全国人民夺取中国特色社会主义新胜利的根本保障。十八大报告把制度建设提升到了前所未有的高度,制度建设成为未来十年我们建成小康社会的重要内容、重要指标与根本保障。从历史上国家的竞争来看,决定国家未来走向的不是自然资源的多寡,不是 GDP 的高低,而是制度,是决定市场交易规则环境、保障私人产权的制度,是保护人的各项权利、促进科学发展的制度,是民主、文明、法治、高效的制度。一个国家的制度质量从根本上决定了能否最大限度地调动人的积极性和创造性,决定了能否最大限度地发挥其配置资源的能力和效率。这是决定国家竞争力高低的关键。这里所说的制度,其主要表现形式就是法律制度。可以这么说,我们全面建成小康社会的成败在法治,我们参与世界竞争的关键在法治,我们实现中华民族伟大复兴的出路在法治。

---

① 胡锦涛:《坚定不移沿着中国特色社会主义道路前进 为全面建成小康社会而奋斗——在中国共产党第十八次全国代表大会上的报告》,人民出版社 2012 年版,第 25—30 页。

（一）法治与政治体制改革的关系

我国政治体制改革的长远目标,是建立高度民主、法治健全、富有效率、充满活力的社会主义政治体制。在现阶段,政治体制改革的核心要点,则是扩大人民民主,发展更加广泛、更加充分、更加健全的人民民主。

对于这一共识,其正确实现路径却不易找到。如何扩大民主,不仅是困扰我国的现实问题,也是世界上所有发展中国家面临的"两难困境":不搞民主,就难以调动民众的积极性和创造性,无法实现国富民强;搞民主,万一没搞好,带来的将是无穷尽的混乱、灾难。因此,扩大民主的时机、方式、速度,必须紧密结合自身的政治文化传统、经济发展状况、国际总体局势,既不可操之过急,也不可畏惧不前,这需要政治家和民众的大智慧。

当前,有一种颇具影响力的观点认为,西式民主是普世价值,只要实行西式民主,人民马上就能得到幸福。但不知大家是否注意到,西式民主的若干代表性国家,也是当今世界上少数几个富强的民主法治国家,都是在第一次世界大战前基本完成民主进程的。与之形成南辕北辙的,则是在二战后进行民主改革的国家,要不发展成披着民主外衣的寡头政治,要不就是披着民主外衣的民粹主义,第三种则是眼下陷入乱局的埃及、突尼斯、利比亚、伊拉克、巴基斯坦等一系列国家,没有一个真正实现民主富强。这说明,西式民主并不一定是普世价值。无论哪个国家推进民主,都不能机械地生搬硬套,一定要实事求是,找到适合自己国情的发展道路。

在我国,民主推进是循序渐进的,是谨慎的。我们首先在基层进行了有意义的民主实验。但我们注意到,原本得到国内外普遍好评和赞誉的村民自治制度,现在却在一些地方走入了困局,村级选举遭遇到"贿选""腐败"现象的毁灭性打击,自1998年《村民委员会组织法》颁布至今所进行的基层民主建设实践和尝试努力,面临功亏一篑的极大隐忧。根据最高人民检察院的数据统计,从2008年1月到2011年8月,全国检察机关查办涉农惠民领域贪污贿赂犯罪案件 2.6 万余件、3.7 万余人,占同期贪污贿赂犯罪总人数的 30%;仅 2008 年,全国就有 1739 名村党支部书记、1111 名村委会主任成为涉农职务犯罪案件犯罪嫌疑人。① 最近在网络上热议的深圳龙岗街道南联社区村委会主任,竟然在当地拥有私家住宅、别墅、厂房、大厦超过 80 栋,豪车超过 20 辆,估计资产超过 20 亿元。② 当前,"富人""能人""强人"通过贿选操纵农村基层选举,村干部不受约束监督侵吞农村集体财产,在一定程度上成为比较普遍的现象。2006 年,中纪委、中组部、民政部联合发出《关于认真解决村级组织换届选举中"贿选"问题的通知》,以应对村级选举中"贿选"现象的蔓延趋势。2009 年中办、国办印发的《关于加强和改进村民委员会选举工作的通知》明确指出,"有的地方村民委员会选举竞争行为不规范,贿选现象严重,影响了选举的公正性;有的地方没有严格执行村民委员会选举的法律法规和相关政策,影响了村民的参与热情;有的地方对村民委员会选举中产生的矛盾化解不及时,影响了农村社会稳定。"2012 年 2 月份,最高检在查办和预防涉农惠民领域的贪污贿赂犯罪方面,开展了为期两年的专项行动,以应对涉农职务犯罪明显增多的趋势。

面对这些数据和案例,有人得出结论:中国不适合搞民主,一搞必乱,农村基层民主试验现状就是最好的例证。在这个结论的基础上,他们进而到处兜售所谓"江山易改、本性难移"的"种族优劣论"。孰不知,这个论调,在当今世界上早已没有市场。

此外,还有另一种观点认为:我国不应该在基层试验民主,因为农民文化少、素质低,没有能力搞民主,而应该在素质高的人群中搞民主试验。这种观

① 参见《保农护农从源头抓起 预防涉农惠民领域职务犯罪》,2012 年 5 月 16 日,http://finance.people.com.cn/GB/17897082.html。

② 参见《网友称深圳 1 名社区干部拥有 80 套房产 20 辆豪车》,2012 年 11 月 27 日,http://news.sina.com.cn/s/2012-11-27/021825667298.shtml。

点也是站不住脚的。以高校为例,这个范围的人群,文化程度高、法治意识强,但在学术民主方面却屡遭诟病,例如,职称评审的人情票现象时有发生。实际上,搞民主与公民素质关系不大,而与个人利益紧密相连,至少现在我国公民的受教育程度要好过200多年前英属殖民地的北美地区的人。

在我看来,上述实例,其实仅仅证明了一件事:脱离法治保障的民主追求,不过是一场空想。新中国成立以来,尤其是改革开放至今,随着国家法治的不断完善,"以人为本""私有财产保护""政治体制改革"等曾经忌讳谈论的概念,早已成为全社会的共识,社会在不断进步。但若想做得更好,就必须强化法治保障。

民主与法治,犹如硬币的两面,不可分离,且相辅相成。一方面,法治是民主的保证,民主的实现需要法治的保障与推动;另一方面,法治的真谛在于民主,没有民主的法治,绝不是真正的法治,更不是人民当家作主的社会主义法治,而是容易走向专制的"法治"。无论是领袖权力还是大众权力,都需要受到法治的约束。已故著名法学家韩德培先生曾深刻地论述过这个问题,他说:"说到实质意义的法治,居今日中国而言法治,当不能不以各方面所急切期待的民主政治为其精髓,为其灵魂。我们诚然需要一个'万事皆归于一,百度皆准于法'的法治国家,但我们更需要一个以实行民主政治为主要目的的法治国家。民主政治的真谛,简单说,就是人民能控制政府,尤其不让政府违法侵害人民的利益。假如政府侵害人民的利益,人民就能执法相绳,使政府赔偿损害,或使政府的负责者不得不挂冠下台。法治如不建筑在民主政治之上,则所谓法治云云,定不免成为少数人弄权营私、欺世盗名的工具。唯有在民主政治的保证之下,法治才能成为真正于人民有利的制度。也唯有在民主政治的保证之下,法治才更易求其充分彻底的实施。""民主政治固需要法治,因为没有法治,民主政治就不能巩固,而将成为群魔乱舞的混乱局面。但法治更需要民主政治,因为没有民主政治,法治便要落空,而人民之利益,便无真正有效之保障。"①

对此问题,十八大报告指出:"政治体制改革是我国全面改革的重要组成部分。必须继续积极稳妥推进政治体制改革,发展更加广泛、更加充分、更加健全的人民民主。"②这是我们全面建成小康社会对政治体制改革方面的要求。当前,中国特色社会主义法律体系已经形成,法治理念和精神逐步深入人心,法律的地位和权威逐步提升。在积极扩大民主的同时,也要注重民主的制度化、规范化、程序化。这是 30 多年改革开放实践经验的深刻总结,也是国家科学发展的应有之义。

(二) 法治与市场经济建设的关系

我国建立社会主义市场经济体制已经走过 21 个年头。20 多年来,"市场经济就是法治经济"这个理念在国人中逐步形成共识。所谓"市场经济就是法治经济",一般认为,就是倡导运用法治思维和法律手段解决市场经济发展中的问题,通过立法、执法和司法以及法律服务调整经济关系,规范经济行为,指导经济运行,维护经济秩序,服务经济发展,促使市场经济在法治轨道上健康有序地发展。其核心含义:一是约束政府对经济活动的任意干预,二是约束企业与个人的经济行为对市场秩序的损害。因此,法治经济的显著特征,就是市场运行机制与宏观调控机制都通过法治规制而达到相得益彰的效果,就是市场经济与现代法治的有机融合。现代市场经济,就是要以市场为中心,通过法治途径,把政府、企业和个人三者的活动与市场经济的各个环节紧密广泛地连结在一起,以实现经济活动的最大效益。

对于这一历久弥新的重要理论命题,十八大报告提出:"经济体制改革的

---

① 韩德培:《我们所需要的"法治"》,见《韩德培文集》下,武汉大学出版社 2007 年版,第137—140 页。

② 胡锦涛:《坚定不移沿着中国特色社会主义道路前进 为全面建成小康社会而奋斗——在中国共产党第十八次全国代表大会上的报告》,人民出版社 2012 年版,第25 页。

核心问题是处理好政府和市场的关系,必须更加尊重市场规律,更好发挥政府作用。"①这个科学论断,抓住了我们完善社会主义市场经济体制的核心和关键。这可从理论和实践两个方面进行解读。

首先,从理论上看,处理好政府和市场的关系、有效约束政府是经济体制改革的核心问题。这是因为:第一,政府的权力天然地大于个人,处于强势地位;第二,政府对经济随意干预的倾向是不可自我抑制的,权力永远不会自我约束;第三,普通民众的理性能够预测政府的这种行为,不愿投资,或做短平快的扭曲投资,或贿赂官员,这是经济没有活力的原因之一。在这种"双输"的情况下,政府的税收反而会减少,经济学家称之为"不可信承诺问题"。反过来,通过法治约束政府行为,可以达到"可信的承诺",并实现"双赢"的结果:第一,政府权力受到法律约束,不能随意干预经济;第二,形成了"政策稳定"的投资环境,企业与个人可以放心投资;第三,由于经济增长,政府可以收取更多的税赋,得到更多的好处。这就是"权力的悖论",政府的权力越大,越是我行我素,它的许诺就越不可信,结果是老百姓不相信你,没有生产的积极性;反过来,法治限制政府的权力,使得政府的承诺可信,结果是政府也因此受益。②处理好政府与市场的关系,最重要的就是约束政府的权力,使政府的宏观调控向市场规律低头,使政府的管理权力向市场法律低头。

其次,从实践上看,历史上的中国政府就是"全能政府",从宏观经济到微观经济,从农业发展到家庭生活,从官办产业到职业选择,从国家税赋到生老病死,方方面面,无一不包。至今,我们的一些政府部门还在过多地干涉微观经济层面的事,例如,打着"规范市场"的旗号,出台许多不必要的规章制度,印发各种不必要的许可证书,这就违反了市场经济自由竞争的本质,违反了法治精神,增加

---

① 胡锦涛:《坚定不移沿着中国特色社会主义道路前进 为全面建成小康社会而奋斗——在中国共产党第十八次全国代表大会上的报告》,人民出版社 2012 年版,第 20 页。
② 参见钱颖一:《现代市场经济的法治基础》,《财经》2000 年第 3 期。

了权力寻租的可能。我们的一些管理部门,本应该是代表消费者的利益,鼓励竞争,但在现实中却往往站在经营者一方,或者成为经营者,理直气壮地搞价格垄断、行业垄断。我们的一些地方政府,在市场资源分配和市场准入方面牵涉了诸多利益,比如,土地、矿产资源等都是政府在操盘,政府完全按照自己的意思进行资源分配。这种深度介入市场的行为,使得政府进入市场,成为主体利益的一方,违背了其本应扮演的监管者的角色。更有甚者,有的地方政府为了减轻税收减收压力,向企业预征来年的税收,企业不能如期上交,就安排公安、工商等部门严查偷税漏税、打假罚款,一度导致整个城市的上千家商铺停业关门躲避风头,全国舆论为之哗然。现在许多企业、个人不堪重负,根本原因之一就是政府在"加强市场管理力度"的旗号下,开展大规模的"造租运动"。长此下去,很容易会出现诸如拉美或印度"制度性腐败"那样的后果。

因此,十八大报告再次强调,政府看得见的手和市场看不见的手要顺势手拉手,而不是逆势扭着较劲,这完全切中了当前市场经济体制改革的要害。加快发展方式转变,深入推进重点领域改革,是当前乃至今后更长时间的工作重心,只有以法治之舵引导市场经济之舟,把政府和市场的关系改善好,经济体制改革的路径和方向才能简单明晰,经济体制改革才能取得成功,这是深层次的变革。

法治不仅是市场经济的基础,法治本身也能产生 GDP,这已经不再是一个纯粹的理论推测,而是为国内外经济学界的研究所证明了的事实。通过分析不同收入水平国家财富构成差别的原因,世界银行的研究发现,在决定一个国家的无形资本份额大小的决定因素中,法治是最重要的决定因素之一。研究结果显示,法治程度可决定一国 57% 的无形资本价值。司法制度越是健全、财产权保护越是明确、政府运作越是顺畅,整体财富价值也就越高。①

---

① 参见韦森:《一个经济学家眼中的中国 2007》,《文汇报》2008 年 1 月 2 日;2008 年 1 月 7 日,http://theory.people.com.cn/GB/49154/49155/6741412.html。

（三）法治与社会管理创新的关系

党的十七大报告曾提出要"建立健全党委领导、政府负责、社会协同、公众参与的社会管理格局"。十七大以来，全国各地在创新社会管理方面取得了一定的成效，化解了诸多社会矛盾，促进了社会公平正义，维护了社会和谐稳定，但新问题仍在形势好转中不断出现。2011年2月，胡锦涛同志在省部级主要领导干部社会管理及其创新专题研讨班上，进一步阐述了加强和创新社会管理的重要性和紧迫性。加强和创新社会管理，已经成为事关党和国家的事业、事关社会主义和谐社会建设、事关广大人民的根本利益、事关全面建成小康社会的宏伟目标与党和国家的长治久安的重要事情。

有人的地方就有社会，有社会的地方就需要秩序，有秩序的地方就需要有维护秩序的权力，或者称之为权威。人们服从秩序的道理就构成了权威。任何一种社会，都是以某种形式的权威为基础的，权威能消除混乱，带来秩序，实现社会目标，推进社会发展。按照马克斯·韦伯在其《政治作为一种职业》一文中的观点，权威的获得途径主要有三种，即基于传统的权威、基于个人魅力的权威以及基于法理的权威。传统型权威是一种最古老的权威形式，来自于习俗、惯例、经验、祖训等，其支配下的社会组织有三种亚形态，即族长制、世袭制与封建制，本质是"顺从"。魅力型权威来自于对领袖个人魅力的崇拜，本质是"敬仰"。而法理型权威是建立在相信法律规章制度和行为规则的合法性基础之上的，其本质是"理性"。与前两种权威相比较，基于法理的权威有两个特点：一是它的有限性和受制约性，是不易扩张为淫威的权威，是更值得信赖的权威；二是它又并非是天然造就的，是有可能被蔑视和挑战的。所以，有专家指出："对社会控制来说，尤其对现代文明条件下的社会控制来说，大概没有什么比造就一个法律权威更加有效和更为经济的了。因为一个社会一旦树立起权威，那就意味着人们的行为不需太多的社会压力，就会取向于理性的社会合作，在一定意义上说，现代社会控制的核心问题就是营造一个现实的法律权威。"①

当前,我国社会已经进入了利益多元化时代,在社会的高速发展中,社会纠纷和社会矛盾层出不穷。在化解社会矛盾的过程中,既要讲效果,也要讲法治。和谐社会并不是一个没有矛盾的社会,而是矛盾得到有效化解的社会。我国社会管理总体形势不错,但也存在一些严重的问题和不足,比如,在我们的领导干部中,有相当一部分领导干部运用法治思维和法治方式破解社会管理难题的意识不强,认为法治不能化解社会矛盾;认为运用法治思维、法治方式处理事情,程序繁琐,效率低下;惯于使用行政手段,对法治方式比较陌生;推动工作习惯借重个人威信,不知道树立法治权威;处理问题善于酝酿和把握政策,不善于制定和推行法律规则。此外,我们对司法终局性和信访终结制之间的认识还存在误区。司法审判的终局性本来是司法权威的重要来源,而涉法涉诉信访系统的存在,信访终结制的存在,又否定了司法判决的终局性和既定力,严重冲击了法律的权威。

十八大报告一个最重大的变化是,"法治保障"这四个字第一次写入了加强和创新社会管理的大政方针中。报告提出,要围绕构建中国特色社会主义管理体系,加快形成"党委领导、政府负责、社会协同、公众参与、法治保障"的社会管理体系。其实,为了落实2011年2月胡锦涛同志在省部级主要领导干部社会管理及其创新专题研讨班上的讲话精神,2011年7月,中共中央和国务院联合下发了《中共中央、国务院关于加强和创新社会管理的意见》,文件的核心内容概括起来就是党委领导、政府负责、社会协同、公众参与四个方面。"党委领导、政府负责"主要讲的是要加快形成政府主导、覆盖城乡、可持续的基本公共服务体系。"社会协同"就是十八大报告中提出的要加快形成政社分开、权责明确、依法自治的现代社会组织体制。"公众参与"是指社会管理

---

① 程竹汝:《司法改革与政治发展》,中国社会科学出版社2001年版,第194页。

需要调动全社会的积极性,需要创造条件、创新机制来保障社会公众的有效参与。这次,十八大报告中增加了"法治保障",增加这四个字具有重要的现实意义,充分体现了十八大报告对社会管理工作的科学把握和高度重视,强化了法治在社会管理中的重要作用,这是中央首次明确提出要实现"社会管理法治化"。

三、 全面推进依法治国的路径

十八大报告提出要"全面推进依法治国",要提高依法执政水平,"要推进科学立法、严格执法、公正司法、全民守法,坚持法律面前人人平等,保证有法必依、执法必严、违法必究"。这是我们在新的历史阶段贯彻落实依法治国基本方略的具体路径。

(一) 坚持依法执政

中国共产党在我国是执政党。十八大报告指出,新形势下,党面临的执政考验、改革开放考验、市场经济考验、外部环境考验是长期的、复杂的、严峻的,精神懈怠危险、能力不足危险、脱离群众危险、消极腐败危险更加尖锐地摆在全党面前。不断提高党的领导水平和执政水平、提高拒腐防变和抵御风险能力,是党巩固执政地位、实现执政使命必须解决好的重大课题。

如何解决这一重大课题? 很重要的一点就是坚持依法治国、依法执政、依法行政共同推进,坚持法治国家、法治政府、法治社会一体建设。党的十六大将坚持依法执政明确为党的领导的重要内容,十六届四中全会对"依法执政"作了深入阐述,并把它确定为新的历史条件下马克思主义政党执政的基本方式。十八大报告再次提到了党的依法执政问题,提出要提高党科学执政、民主执政、依法执政水平,并着重强调,"党领导人民制定宪法和法律,党必须在宪法和法律范围内活动。任何组织或者个人都不得有超越宪法和法律的特权,绝不允许以言代法、以权压法、徇私枉法。"

本来,《中国共产党党章》和我国 1982 年宪法已经解决了这个社会主义民主法治的关键问题。党的十二大通过的党章明确规定:"党必须在宪法和法律范围内活动。"1982 年宪法也很清楚地规定:"一切国家机关和武装力量、各政党和各社会团体、各企业事业组织都必须遵守宪法和法律。一切违反宪法和法律的行为,必须予以追究","任何组织或者个人都不得有超越宪法和法律的特权"。十八大报告之所以再次强调这一点,是因为现在全社会从思想到行动并没有真正解决这个问题。比如,还有人在怀疑、质疑、混淆法大还是领导大、法大还是权大这样的问题。其实,宪法和法律是在党领导下制定的,是党和国家的方针和政策的定型化、规范化和制度化,是经过全国人大及其常委会按照法定程序审议通过的,不仅代表了党和人民的意志和利益,而且已上升为国家意志。所以,我们可以肯定地说,立法机关、行政机关、司法机关在宪法和法律范围内活动,严格依法办事、只服从法律,就是坚持党的领导,就是讲党性,就是讲政治。任何将"党"和"法"割裂开去讨论,或者非要排出先后的做法,都是不符合我国国情的。

依法执政,就是党坚持依法治国的基本方略,领导人民制定法律,自觉带头遵守法律,采取措施保证法律的实施,不断推进国家经济、政治、文化、社会生活的法制化、规范化,以法治的理念、法治的体制、法治的程序,保证党领导人民有效治理国家。依法执政,是党从革命党到执政党转变的必然结果,是党从完成革命任务的执政党到领导国家建设的执政党转变的实践成果,是党深刻认识执政规律,迎接在新的历史条件下的新变化、新挑战、新考验,对执政方式做出的必然选择。

在党对立法工作的领导方面,一是将党的路线方针政策纳入法治轨道,通过立法程序使之成为法律,具有法律效力,并依靠国家强制力保证实施,这是党依法执政的核心思路和首要内容。二是建立开放、透明的立法监督工作体制,进一步加强对立法工作的监督,最重要的是成为各级立法机关的强大后盾与保障,保证它们独立运行,减少行政干预对其的影响,使各级立法机关能切实发挥维护国家法律统一、尊严和权威的职责,尤其是确保地方立法机关不制定与国家法律相违背的地方性法规。三是建立既坚持中央统一领导又扩大立法参与面的多层次的立法体制,使各级立法机关尤其是地方立法机关都能充分发挥积极作用。

在党确保严格依法行政方面,首先要建设透明、诚信、负责、理性的法治政府。只有将一切政府行为置于法治轨道,使人民能有效监督政府,才能保证政府正确、及时、高效地执行法律。其次要进一步强化对行政权力的监督制约。行政权力涉及领域广、自由裁量度大,最容易被违法滥用,只有坚决控权、限权,勇于放权,坚决做到有法可依、有法必依、执法必严、违法必究,杜绝地方和部门保护主义,才能真正确保党不断坚持和推进依法执政。

在党确保公正司法方面,一是要积极推进司法体制改革,确保党在思想、组织、政治上对司法机关和司法事业的领导,这是党坚持依法执政的重要内容。另一是要进一步改进和完善党对司法机关的领导方式,理顺各级党组织和司法机关之间的关系,不断完善和改进政法委对司法机关的工作指导、纪委对司法机关的纪律监督,确保司法机关依法在审判上的独立性和权威性。

(二)坚持科学立法

2011 年 3 月 10 日,在十一届全国人大四次会议上,时任全国人大常委会委员长吴邦国宣布,中国特色社会主义法律体系已经形成。通过三十余年的努力和建设,我们在国家的经济建设、政治建设、文化建设、社会建设以及生态文明建设的各个方面出台了大量法律法规,实现了有法可依,形成了"一个立足中国国情和实际、适应改革开放和社会主义现代化建设需要、集中体现党和人民意志的,以宪法为统帅,以宪法相关法、民法商法等多个法律部门的法律为主干,由法律、行政法规、地方性法规等多个层次的法律规范构成的中国特色社会主义法律体系",如期完成了党的十五大提出的到 2010 年形成中国特色社会主义法律体系的立法工作目标。①

中国特色社会主义法律体系的形成,是中国共产党领导全国各族人民进行中国特色社会主义建设和实践所取得的伟大成就之一。截至 2011 年 12 月底,中国除通过了现行宪法外,还制定了现行有效的法律 239 件,行政法规 714 件,地方性法规、自治条例、单行条例 8921 件。②

中国特色社会主义法律体系的形成,表明我国法律制度的框架结构已经搭建完成,但并不意味着我们的法律体系和法律制度是十全十美的。事实上,现有的法律体系还有很多不完善的地方,有的法律制度需要修订,有的法律制度需要补充,有的法律制度尚付阙如。因此,如何进一步调整和优化法律体系的框架结构,充实和完善法律内容,仍然是我国立法工作的艰巨任务,仍然是建设社会主义法治国家的重要任务。2011 年是中国特色社会主义法律体系形成后的第一年,仅一年中,全国人大及其常委会审议法律和有关法律问题的决定草案共 22 件,通过了其中的 15 件;国务院制定行政法规 26 件;有立法权的地方人大及其常委会制定并向全国人大常委会备案的地方性法规、自治条例、单行条例 917 件。③

十八大报告提出,要"完善中国特色社会主义法律体系,加强重点领域立法,拓展人民有序参与立法途径",要"科学立法",这对当前我国各级立法机关的立法工作提出了更高的要求。一是要逐步完善多元法律法规草案起草机制,通过公开征集立法项目和法律法规草案,不断拓宽民主立法渠道;二是要逐步实现立法前论证和立法后评估制度化、常态化,通过座谈会、论证会、听证会等多种方式,加强立法调研,不断提高立法的科学化水平。其实,这些年来,

---

① 参见《吴邦国在十一届全国人大四次会议上作的常委会工作报告(摘登)》,2011 年 3 月 11 日,http://cpc.people.com.cn/GB/64093/64094/14114417.html。
② 中国法学会:《中国法治建设年度报告(2011)》,新华出版社 2012 年版,第 2 页。
③ 中国法学会:《中国法治建设年度报告(2011)》,新华出版社 2012 年版,第 2 页。

我们在民主立法、科学立法上作了很多尝试，取得了一定成效。比如，在 2011 年的个人所得税法修改过程中，全国人大常委会启动法律草案公布机制，将提请审议的税法草案通过互联网向全国公众征求意见，根据绝大多数人希望上调起征点的意见和建议，最终将原草案规定起征点上调了 500 元。2011 年，全国人大常委会对《科学技术进步法》《农业机械化促进法》两部法律的科学性、可操作性以及法律执行的有效性等方面，开展立法后评估。通过这次试点工作，在总结经验的基础上，进一步完善了立法后评估工作机制。这对于今后加强和改进立法科学性、提高立法质量、确保法律有效实施具有重要意义。

但是，我们的法律在精细化、科学化、与时俱进方面，和现实生活需求还有一定的差距。这里，以交通为例，以澳大利亚的一些做法作为参照来加以说明。澳大利亚在道路交通规则上，一是错峰调整行车方向。假如高速公路上共有 6 条车道，早上上班进城的车辆较多，而出城的车辆较少，那么在上班时，进城的车道调整为 4 条，出城的车道调整为 2 条，下班时则相反。这在一定程度上盘活了道路资源，优化了交通秩序，避免了道路拥堵。现在这个办法在上海等少数城市也开始试行。二是设置 T2 规则。在公路上划有 T2 专线，只有车上超过两个人的车辆才能够在 T2 专线上行驶，在有些特别拥堵的路段还设置 T3 专线，以此激励人们多拼车、多搭车，减少上路车辆。相比我国城市道路只设有公共汽车专线，此举更能有效利用道路资源。三是重典治车。澳大利亚对于违反交通规则的处罚力度很大，小车超速一般罚款 2200 澳元，并处暂停驾驶 3 个月；大货车和长途客车则罚款 3300 澳元，并处暂停驾驶 3 个月。这个罚款额度相当于当地一个蓝领的月工资。而在中国，超速 10% 的，给予警告；超过 50% 的，罚款 200 元以上 2000 元以下。四是便衣执法。澳大利亚通过便衣警察和摩托交警广泛适用流动测速仪来治理超速，通过增加执法的隐蔽性和流动性，来实现法律的威慑性。五是严格治警。澳大利亚警察驾驶警车在执行公务时超速，如果他们不能提供证据证明超速的必要性，那就要面临与普通违规司机一样的处罚。仅 2007 年就有 1433 名开快车的警官被处以罚款。最后,我们来看一下结果,2011 年,中国车祸死亡人数 6.2 万人,澳大利亚车祸死亡人数 1292 人。需要说明的是,澳大利亚城市的汽车密度远远高于中国。① 从这个对比中我们可以看出,我国法律的精细化、科学化还有很长的路要走。

(三)坚持严格执法

十八大报告提出,全面推进依法治国,要推进严格执法,要推进依法行政,切实做到严格规范公正文明执法。严格执法的关键和最主要内容,就是依法行政,要求各级政府、各个政府部门及其工作人员按照法治思维、遵循法律规定、依照法定程序、运用法治方式处理各项行政事务,建设法治政府。2004 年国务院发布了《全面推进依法行政实施纲要》,2010 年又发布《国务院关于加强法治政府建设的意见》,要求全面推进依法行政,进一步加强法治政府建设。

依法行政,加强法治政府建设,就必须进一步加强对行政权的制约,这是世界性的普遍规律。"不在制约中完善,就在扩大中失控",别无他途。纵而观之,行政权在资本主义国家经历了这样一个发展历程:资本主义自由竞争时期提出了三权分立,并明确将行政权置于法律之下,即所有权力都必须通过法律赋予,否则行政机关不得享有和行使任何权力,与此同时,任何权力都必须通过法律来制约和控制。随着经济社会发展,在资本主义垄断时期行政权进行了适当扩大,政府在原有的行政执法权之外,同时拥有了行政立法权和行政司法权,较原来言之可谓"急剧扩张"。二战后,随着一部分有识之士的倡导

---

① 参见《澳大利亚警官超速驾驶照样挨罚》,2008 年 12 月 15 日,http://news. xinhuanet. com/world/2008-12/15/content_10508283. htm;《去年全国车祸死亡人数 60 年来最低》,2012 年 1 月 25 日,http://www. xkb. com. au/html/news/shehui/2012/0125/74910. html;《2011 年中国因交通事故死亡 62000 人》,2012 年 7 月 31 日,http://news. 163. com/12/0731/16/87QLMKST0001124J. html。

公正司法不仅是实现和维护社会公平正义的最后阵地,更是保障社会公平正义的根基。十八大报告再次强调,要"进一步深化司法体制改革,确保审判机关、检察机关依法独立公正行使审判权、检察权"。之所以再次强调,是因为我们还没有真正、完全做到。同时,我们也应该看到整个社会对司法权威重视不够,司法公信没有很好地建立起来。司法权威是维护法律权威的权威,没有司法权威,法律权威就树立不起来,因为司法是法治的"最后一道防波堤"。十八大报告专门谈到了加强司法公信建设,第一次将司法公信建设提升到了社会主义文化强国建设的战略层面。只有公正司法,确立司法权威,司法公信力才会不断提升。随着中国特色社会主义法律体系的形成,我国依法治国战略进入了科学立法、严格执法、公正司法、全民守法,建设法治文化的新阶段,司法公正和司法权威的问题已成为司法实践中最主要的问题。

其一,要平衡好权力监督与司法公正、司法权威之间的关系。司法权同立法权、行政权一样,是治理国家的一种权力,但"司法部门既无军权,又无财权,不能支配社会的力量与财富,不能采取任何主动行动。故正确断言:司法部门既无强制,又无意志,而只有判断。""司法部门绝对无从成功地反对其他两个部门;故应要求使它能以自保,免受其他两方面的侵犯。"①平衡好权力监督与司法公正、司法权威之间的关系,首先要处理好党的领导与司法权之间的关系,就是要加强和完善党对司法机关和司法事业的领导方式,这一点前面已经讲过。其次要处理好立法权与司法权之间的关系。我国宪法虽然规定了立法权对司法权的监督,但是没有明确人大监督司法工作的机构、方式、程序、效力等问题,可操作性不强,也容易造成人大代表对具体案件的干涉,这是尤其要加以改进的。第三要处理好行政权与司法权之间的关系。在一些地方,一方面,行政权在"地方保护主义"的驱动下,通过其控制的人事权、财政权,难

① [美]汉密尔顿等:《联邦党人文集》,程逢如等译,商务印书馆1982年版,第390—394页。

免不对法院依法独立审判施加影响;另一方面,如前所述,行政权力体系中涉法涉讼信访系统的存在,信访终结制的存在,否定了司法判决的终局性和既定力,严重冲击了司法独立和司法权威。这些问题应当引起注意。

其二,要平衡好社会监督与司法公正、司法权威之间的关系。十八大报告提出,要完善"司法公开制度","让人民监督权力,让权力在阳光下运行"。司法公开是司法民主的基本内容,是实现司法公正的必要条件,是树立司法权威的重要形式。社会监督是一把双刃剑,既可以传达民众意愿,监督司法权力的运行,也可能受到不同利益主体及其价值取向的影响,左右司法审判。当前较为紧迫的现实问题:一是政协和人民团体作为国家政治生活的重要参与者,其对司法权的民主监督并没有被纳入法治轨道,既不能做到依法监督,也有可能造成对具体案件的干涉。二是尚未建立完善的对司法权的舆论媒体监督等社会监督制度。一方面,媒体舆论对司法权的监督力度还不够,对司法权的社会监督可以说还处在发展初期;另一方面,媒体舆论对司法权的监督在个别情况下存在"舆论审判"现象,损害了司法的公正性、独立性和中立性。虽然2009年《中国新闻工作者职业道德准则》在修订时明确提出,"维护司法尊严,依法做好案件报道,不干预依法进行的司法审判活动,在法庭判决前不做定性、定罪的报道和评论",最高人民法院也出台了《关于人民法院接受新闻媒体舆论监督的若干规定》,但是,如何规范媒体对司法权的监督,既发挥媒体的监督作用,又保障司法公正与司法权威,仍是一个亟待解决的现实问题。

其三,要平衡好司法机关自身建设与司法公正、司法权威之间的关系。一是处理好上下级法院及法院内部审判组织之间的关系,让下级法院、法院内部合议庭的权威得到保障。目前,有些上下级法院之间不是通过诉讼程序来实现监督与被监督的关系,而是存在"上下通气""二审给一审定调子"等做法。上下级法院之间还存在请示制度,法院系统还存在行政化倾向,下级法院缺乏审判的独立性和权威性。司法独立的核心是审判权依法独立行使,但在实践中,在审判组织方面,合议庭审判权的依法独立行使与审判委员会的审理范围之间还存在一些冲突,合议庭的独立与权威并未得到有效保障。二是加强法官队伍的专业化、职业化建设,提高法官的素质。法官素质对司法公正、司法权威具有最直接的影响,法官徇私枉法是对司法公正、司法权威的最大戕害。"法律是一门艺术,它需要长期的学习和实践才能掌握,在未达到这一水平之前,任何人都不能从事案件的审判。"①法官是法院运行体制的最核心部分,是公正司法的最关键因素,法官的素质高低直接影响着司法公正和司法权威。三是破解法院执行难的问题,树立司法权威。司法权威的缺失导致了执行难问题,执行难问题反过来又损害了司法权威,这是司法实践中的一个恶性循环。

在司法实践中,司法的价值在于维护社会公平正义,实现司法公正,而司法的职能是维护社会秩序,又需要司法权威。司法既要实现其价值,又要完成其职能,所以,司法活动既需要司法公正,又需要司法权威,这是司法的性质、特点和职能所决定的。在司法实践中,二者也是相辅相成,共同实现着社会公正,共同支撑着社会稳定。正如耶林所言:"法不只是单纯的理想,而是有生命的力量。因此,正义之神一手提着天平,用它衡量法;另一手握着剑,用它维护法。剑如果不带着天平,就是赤裸裸的暴力;天平如果不带着剑,就意味着软弱无力。两者是相辅相成的,只有在正义之神操剑的力量和掌握天平的技巧并驾齐驱的时候,一种完善的法治状态才能占统治地位。"②

(五)坚持全民守法

十八大报告提出,要深入开展法制宣传教育,弘扬社会主义法治精神,树立社会主义法治理念,增强全社会学法尊法守法用法意识。中国特色社会主义法律体系的形成,在我国基本实现了"有法可依"的目标,但并没有解决"有

---

① 17世纪英国普通上诉法院首席大法官爱德华·柯克的名言。
② [法]鲁道夫·冯·耶林:《权利斗争论》,潘汉典译,《法学译丛》1985年第2期。

法必依、执法必严、违法必究"的问题,并没有解决全民守法的问题以及法治文化建设的问题。要让法治成为中国人民的生活方式,让法治成为中国社会的文化,还任重而道远。目前,我们在法治文化的建设中还存在三个方面的困难,一是我们对法治传统的问题认识模糊,二是我们对法律信仰的问题没有共识,三是党政领导干部、社会精英、法律人带头守法的问题比较突出。

我国法学理论界普遍认为,法治是西方的产物,萌生于古希腊,初成于古罗马,完善于近现代;人治是中国的传统,它与儒家的礼治与德治紧密相联、互为表里。

回顾一下中国的历史可以发现,这种观点是值得商榷的。秦国从商鞅变法到秦始皇统一中国的 160 年间,汉民族建立了一个古典法治国家,这是中国历史上唯一一个自觉的古典法治时代,在中国文明史上有着不可替代的历史地位。汉初的地主阶级思想家在总结秦亡的经验教训时,提出既要继承秦制,又要饰以儒家的仁义德化,所谓"文武并用,长久之术也",这就是法制史上著名的由董仲舒提出的"儒法合流"思想。梁启超先生认为,"法家以为君也者,有权利无义务,民也者有义务无权利。儒家以为君也者,有权利有义务,民也者有义务无权利。其言君之有义务也,是其所以为优也。虽然,义务必期于实行,不然,则与无义务等耳。夫其所以能实行者何也? 必赖对待者之权利以监督之。今民之权利,既怵于学说而不敢自有,则君之义务,其何附焉? 此中国数千年政体所以儒其名而法其实也。"①中国自汉以后,进入了一个"儒表法里"的社会,中国两千年的封建社会主要是靠法制来维持的。钱穆先生在《中国历代政治得失》中也提出了相同的看法:"由历史事实平心客观地看,中国政治,实在一向是偏重于法治的,即制度化的;而西方近代政治,则比较偏重在人治的事实化。何以呢? 因为他们一切政治,均决定于选举,选举出来的多数

---

① 梁启超:《儒学统一时代(节选)》,见王德峰编选:《梁启超文选》,上海远东出版社 2011 年版,第 74 页。

党,就可决定一切了。法制随多数意见而决定、而变动,故说它重人、重事实。我们的传统政治,往往一个制度经历几百年老不变,这当然只说是法治,是制度化。"①当然,中国古代的法治,是建立在专制基础上的法治,是帝王利用法律的强制力来实行自己的统治的法治,而不是建立在民主基础上的现代意义上的法治。但我们可以说,法治不是西方的专利,它既无关于基督文化"人性恶"的假设,也无关于儒家文化"人性善"的假设,这是由人性中的趋利避害的特点所决定的,从这个意义上说,法治是普世的,一直就在我们中国人身边。可以这么说,所谓"中国不存在法治传统"这个命题,本身就是个伪命题。

坚持全民守法,培养法治文化,在全民心中确立法律信仰十分必要。法律信仰是指一定主体笃信与敬畏法律的确定性心理状态。法律信仰问题在理论界一直存在争议,在实践上大家又有些讳莫如深,认为法律信仰是西方社会的价值取向。人们对法律的信仰,实际上是对法律的敬畏和遵行,是对社会运行中最重要的社会行为规范的信仰,是对依据这些规范构建的社会秩序的信仰。第一,法律信仰不具有统一性。法律信仰内容宽泛,包含法律权威、法律制度、法律强制力以及法律的其他,所以,作为自然人的信仰主体之间具有较大的差异性。这种差异性进而又导致社会组织的法律信仰具有不统一性(即使有某种社会组织的法律信仰存在)。第二,法律信仰不具有强迫性。法律信仰的特点决定了信仰主体的自主性,这种自主性是信仰主体支持法律和法治的坚决性与内在性的心理基础,是社会大众崇尚法治的心理基础。第三,法律信仰不具有排他性。法律信仰和宗教信仰不同,法律信仰不仅可以和其他异质信仰共存,而且还可以实现良性互动与有益互补。第四,法律信仰来自于价值论。法律信仰更多来自于信仰主体对法律的价值与道义的考量,属于价值论的产物,不属于认识论范畴,不会改变人们对客观世界的认识。第五,法律信

---

① 钱穆:《中国历代政治得失》,九州出版社 2011 年版,第 168 页。

仰是法治文化的内核。法律信仰具有深刻的心理依据,对于全社会立法、执法、司法与守法具有重要意义,对于全社会营造法治文化具有重要意义。

坚持全民守法,严格依法办事,党政领导干部、社会精英和法律人是关键。形象地讲,党政领导干部、社会精英和法律人是风,普通民众是草,风往哪边刮,草就会向哪边倒,只有党政领导干部、社会精英和法律人带头学法、尊法、知法、守法、用法,敬畏法律,才能引领全社会严格地依法办事。当前,有少数党政领导干部对运用法治方式做事情的效果还认识不清、信心不足。一是认为运用法治方式开展工作不能创造 GDP,对法治程度决定一个国家无形资本价值的情况不了解。二是认为运用法治方式化解社会矛盾缺乏力度,对法治在维护社会秩序上的功能不了解。三是认为运用法治方式会导致工作效率低下,对法治在程序正义上的价值不了解。如何推动党政领导干部带头学法、尊法、知法、守法、用法,发挥表率作用,是我们法治文化建设的核心问题。十八大报告提出要提高领导干部运用法治思维和法治方式深化改革、推动发展、化解矛盾、维护稳定能力,是真正抓住了在新的历史阶段推进"依法治国"方略的关键。

从 100 多年前,清政府按照正统的大陆法系的模式,以日、德宪法、民事、刑事等法典为蓝本,着手起草近现代意义上的法律算起,中华民族的"法治中国"梦想至今已逾百年。时至今日,我们依旧怀着这个梦想,尽管任重而道远,但我们要像屈原所说的那样去做:"路漫漫其修远兮,吾将上下而求索"。在全面推进依法治国的伟大征程中,我们要注意培养好自己的法治思维、法治意识、法治能力。我们要记住,未来,我们这一代人能够带给国家的改变,已不在于建了更多的高楼,更宽的马路,而在于倡导和践行富强、民主、文明、和谐的核心价值,倡导和践行自由、平等、公正、法治的核心价值,倡导和践行爱国、敬业、诚信、友善的核心价值。在这些核心价值中,"法治"是最为关键的一个词。让我们共同努力,坚定不移地走在法治社会主义的大道上,为维护国家法治的统一、尊严、权威,为全面建成小康社会和社会主义法治国家而不懈奋斗吧。

（原载于《中国高校社会科学》2013 年第 1 期）

实现司法公正的重要保证

——谈完善人权司法保障制度

中共十八届三中全会《关于全面深化改革若干重大问题的决定》提出，"完善人权司法保障制度"，把人权的司法保障作为落实国家尊重和保障人权方针的具体措施，把完善人权的司法保障制度作为全面深化改革的一项重要内容。中国政法大学校长、教授、博士生导师黄进就此接受了本刊记者专访。

记者：在法学界，对人权的司法保障持什么态度？请您谈谈对人权司法保障的认识。

黄进：我想，我们应该高度关注人权的司法保障。大家都知道，人权是人因其为人而应该享有的权利，它包括公民权利、政治权利和经济、社会和文化权利等。在当今世界，尊重和保障人权，不仅是国家的法律义务，也是一个道义原则。现在，人权保障在全世界各个国家已经形成了一个保护体系，而人权的司法保障，我认为是整个人权保护体系的重要部分。

人权的司法保障到底是什么意思，我认为，它是指在司法实践活动中，或者是在司法程序当中，依法保障当事人应有的权利，维护当事人的合法权利不受侵犯。它应该是司法活动当中、司法程序当中对人权的保护。人权的司法保障不仅是人权保障的最重要的、最基本的方式，是整个人权保护体系的重要组成部分，而且是衡量一个国家法治建设程度、人权保障状况的重要标志，更是遏制司法腐败、实现司法公正的重要保证。

记者：在完善人权的司法保障制度这一改革过程中，会遇到什么困难和挑战？

黄进：当前，我觉得我们中国在人权的司法保障方面还存在着不少的问题。比如说，司法实践中的确还存在司法腐败和司法不公现象，而司法腐败、司法不公肯定会影响到司法过程当中人权的保障。不遵守法定的司法程序来审理案件，也是一个问题。再比如说，刑讯逼供、体罚虐待。这是在司法过程中对人权最粗暴的一种侵犯。对于刑讯逼供、体罚虐待问题，我也觉得非常奇怪，现在司法机关大多数人都是学过法律的，他们明明知道刑讯逼供、体罚虐待是不对的，但是为什么还要去做？这个问题对我触动最深的是前几年在我家乡发生的一起案件。我的家乡有一位副检察长，也做过反贪局局长，是学法律的，后来被纪委双规，双规一段时间以后移送到另外一个县的检察院，去了三天就因刑讯逼供死亡，酿成了一起群体性事件。检察院的那两个办案人员就是刚刚从法学院毕业不久的工作人员，工作才两三年。学习法律的人为什么还要搞刑讯逼供，不遵守法律？值得我们深思。再比如说，没有严格实行非法证据排除，轻信口供，过于重视以当事人的口供来定案。此外，在人权的司法保障中，司法救助、法律援助制度不健全也是一个很重要的问题。

记者：面对问题和挑战，应该如何应对？

黄进：关于如何进一步完善人权司法保障制度，十八届三中全会文件里面提了具体解决办法和举措，其中包括进一步规范查封、扣押、冻结、处理涉案财物的司法程序；健全错案的防止、纠正、责任追究机制；严禁刑讯逼供、体罚虐待；严格实行非法证据排除；逐步减少适用死刑的罪名；废除劳动教养制度；健全社区矫正制度；健全和完善国家司法救助制度、法律援助制度；完善律师制度等。这是十八届三中全会决定提出来的进一步完善人权司法制度的具体举措。我们要按照十八届三中全会的决定来进一步落实、进一步细化、进一步实施。我觉得,人权司法保障的目标,就是建立完善的司法法律制度,真正在司法实践中能体现公平公开公正,能够依法保障司法实践、司法程序、司法活动中当事人的合法权益,实现司法领域对人权的全面保障。为此,我认为要坚持几个原则:第一是依法司法原则;第二是法律面前人人平等的原则;第三个原则就是司法机关要独立行使司法权,只服从法律;第四个原则就是我们要很好地落实无罪推定的原则;第五个就是要落实疑罪从无的原则,做到宁可放过一个坏人,也不要冤枉一个好人;第六个就是要真正做到严禁刑讯逼供、体罚虐待;第七个就是要严格执行非法证据的排除;第八个原则就是要建立错案的纠正和追究制度。我觉得要从这样八个方面来推进、监督、完善人权的司法保障制度。

记者:要完善人权的司法保障制度,高校学者及高校应发挥什么作用?

黄进:首先是人权教育。人权教育,不能仅仅理解为专业教育,它实际上涵盖了人权的普及教育。因为人权和每个人都息息相关,但是大家对人权的认识如果不通过教育,就可能会比较模糊,比较片面,因此要发挥人权教育的作用,通过教育让大家对于人权有一个基本的认识,让我们每个人在社会中知道该怎么做,不该怎么做,当自己的权益受到侵害的时候,也可以通过有序途径,依法去维护自己的合法权益。那么我们中国政法大学呢,在人权教育方面,一是要面向自己的学生,开设人权教育的通识选修课程,让学校的本科生有机会学习到人权的基础知识和理论。二是要专门培养人权法专业的学生,培养了人权方面的硕士生和博士生等专门人才。他们毕业以后,走向社会,可以为国家的人权事业做出自己的贡献。三是要面向高校的教师进行人权教育方面的培训。因为人权教育还是要靠教师,要有一支专门从事人权教育的师资队伍,推进人权教育的发展。四是要面向国内外的大学生进行人权教育的暑期培训,从2009年至今,中国政法大学已经开展此类培训四年了。五是面向司法机关,针对法官开展人权培训。最后是开展世界人权日的纪念活动,这是人权宣传教育的一个特别活动。另外,我们还参与起草国家的一些人权方面的文件,出版一些人权方面的刊物著作。通过这些,也可以起到人权宣传教育的作用。

记者:中国政法大学把人权作为校园的核心文化之一,法大人文精神就是以人为本,尊重人权。请您谈一谈,新的一年里,法大在人权教育与宣传方面的新思路。

黄进:法大高度重视人权学科专业的建设,在全国率先建立了人权法的硕士点和博士点,所以我们首先要把人权法学科专业建设好,把它建设成为国内一流的人权法的学科专业。第二,法大要在人权法专业人才的培养方面进一步下工夫,真正培养一批具有深厚的人权理论知识,能够很好的处理人权事务,今后能自愿投身到公益事业中去的为国家和社会的人权建设做出自己的贡献。第三,法大要成为人权研究的学术高地,今后在人权建设方面要出思想,出理论,出理念,出学术成果。在理论学术思想方面能够发挥引领作用,为国家的人权建设做出学术贡献。第四,要加强人权的智库建设,因为国家高度重视人权的发展和建设。"尊重和保障人权"的原则庄严载入宪法,国家还发布国家人权行动计划,发布人权白皮书等。因为人权涉及面很广,比如涉及宪法、行政法、刑法、诉讼法等,经济社会文化权利也涉及民法商法,所以法大要打造人权建设智库,为国家的人权发展和建设,提供智力支援。第五,中国政法大学是国家人权教育培训基地,所以在人权教育宣传培训方面,除了我们刚才提到的方面,还要在深度、广度方面下更大的功夫。要通过一些很好的方式手段来开展人权教育,让老百姓喜闻乐见,让大家很自然地接受,从而对人权保障有一个充分的认识。人权是一个很宏伟的人类的一个理想,在实践中是一个不断发展的过程,人权建设的发展进步要和社会经济发展阶段相适应,既不能落后于时代,也不能超越时代。现代信息技术发展很快,怎么通过它来加强人权的宣传教育,比如通过慕课(MOOC)、公开课、app、微信、微博、动漫和漫画等,值得我们探究。

(原载于《人权》2014 年 01 期)

让法治成为中国人的生活方式

法治文化是社会主义先进文化的重要组成部分

什么是文化？这是一个仁者见仁、智者见智的问题。文化，是一个内涵丰富、外延宽广的多维概念。比如，有人主张，文化是人类在社会历史发展过程中所创造的物质财富和精神财富的总和。而我个人比较赞成文化是人的生存、生产、生活方式，或者说是人的活法，或者说是人生活样式的观点。所以我们说，文化是民族的血脉，文化是人民的精神家园。

我们今天所讲的社会主义文化应该是指在社会主义中国我们中国人的生活样式，主要表现为精神、思想、传统、习俗、价值观、思维方式、文学艺术、风土人情、行为规范，等等。在现代社会，法治也是一种文化，也是一种生活方式。可以这样说，法治文化就是国家依法治国、政府依法行政、司法机关依法司法、所有社会成员依法行为的生活方式。随着中国特色社会主义法律体系形成，全面落实依法治国方略进入了新的历史阶段，那就是从法律制度层面深入到法治培育和建设。国家长治久安的根本在法治，市场经济的本质是法治经济，社会管理创新的关键也在法治。社会主义法治文化的培育和建设对国家的经济发展、政治进步、法治昌明、文化繁荣、社会和谐、生态文明具有基础性和根本性的作用，是全面落实依法治国方略的当务之急。社会主义法治理念的完善,是社会主义核心价值体系建设的重要内容;法治文化是社会主义先进文化的重要组成部分,社会主义文化大发展大繁荣离不开社会主义法治文化的培育和建设;社会主义先进文化建设和社会主义文化强国建设离不开法治建设和法治文化建设。

由于宪法在我国法律体系和法治建设中居于根本大法的地位,培育和建设我国的社会主义法治文化离不开宪法及其实施。法治文化的本质就是依法办事的生活方式,而依法办事的核心是依宪法行事。所以说,依宪行事的生活方式,是法治文化的核心。

让法治成为中国人的生活方式

既然我们认为文化是一种生活方式,而法治是文化的一种,那么,法治也是一种生活方式,尤其应该是当代中国人的生活方式。让法治成为中国人的生活方式,简而言之,就是我们在生活中严格依法办事,就是让中国人按照法治的精神、思维和方式来生活,就是让法治成为中国社会的一种文化。

中国特色社会主义法律体系的形成只能说我国在通往法治国家的道路上向前迈进了一步,实际上,依法治国,建设社会主义法治国家依然任重而道远。今后,我们可以从如下四个方面来强化中国人的法治生活方式。

首先,严格依法办事。严格依法办事仍然是建设社会主义法治国家的重中之重。中国特色社会主义法律体系的形成,在我国基本实现了"有法可依"的目标,但并没有解决"有法必依、执法必严、违法必究"的问题。所以,今后一个时期,首要的任务是如何在已基本实现"有法可依"的基础上,进一步解决现实中有法不依、执法不严和违法不究的问题,真正实现国家坚守依法治国,政府必须依法行政,司法机关严格依法司法,企事业单位和民众自觉依法行为,整个社会都依法办事,也就是真正做到科学立法、严格执法、公正司法和全民守法,让法治真正成为中国人的生活方式,让法治真正成为中国社会的文化。

其次,完善法律制度。进一步健全和完善法律制度仍然是建设社会主义法治国家的重要任务。中国特色社会主义法律体系的形成,表明我国法律制度的框架结构已经搭建完成,但还有很多不完善的地方,有的法律制度需要修订,有的法律制度需要补充,有的法律制度尚付阙如。因此,如何进一步调整和优化法律体系的框架结构,充实和完善法律内容仍然是我国立法工作的艰巨任务。完善法律制度在于强调,法治是良法之治、善法之治,法治是良治和善治。

第三,重塑中华法系。重塑中华法系是建设社会主义法治国家的伟大使命。中国特色社会主义法律体系的形成,是中华法治文明的巨大进步。但中国特色社会主义法律体系建设不能因此固步自封,要在兼收并蓄、吸收世界一切法治文明成果的基础上继续走自主创新之路,伴随中华民族走向伟大复兴,推动重塑中华法系、复兴中华法系。

第四,造就法治专才。造就一大批高素质的法律专门人才是建设社会主义法治国家的重要保障。中国特色社会主义法律体系的形成,对法律人才提出了新的更高的要求,我们需要更多更高质量的立法人才、执法人才、司法人才以及在社会各领域活动的法律人才,这就要求更加重视法学教育的改革与创新,更加重视法律人才培养的质量与水平,更加重视法学教育与法治建设的同步与互动。国家教育部已启动实施"卓越法律人才教育培养计划"。该计划有两个关键词:一是提高质量;二是满足需要。其目的就是要培养造就一大批能够坚持社会主义法治理念,自觉弘扬社会主义法治精神,具有系统、扎实的法学理论知识,较强的法律实务技能与高尚的法律职业道德的高素质法律专门人才。

当下,要实现依法治国,最重要的不仅在于完善法律制度,更在于全社会严格地依法办事,让法治成为中国人民的生活方式,让法治成为中国社会的文化。这就要求党政机关、司法机关、国家公务员和社会精英带头知法守法，敬畏法律。法律人也要从我做起，引领全社会敬畏法律，遵法守法，把法律真正作为社会生活的基本准则。

通过法学教育推进法治文化建设

大学法学院系担负着在法学领域培养人才、科学研究、社会服务和文化传承创新的重任，在依法治国，建设社会主义法治国家当中，它们要发挥其法学和所在大学的多学科优质资源，传承优秀法治文化、创新先进法治文化，践行科学法治文化，普及大众法治文化。培育和建设社会主义法治文化是大学法学院系肩负的社会责任和光荣的历史使命。

大学法学院系对培育和建设社会主义法治文化的担当，表现在如下五个方面：

一是要做法治思想的引领者。大学是出思想的地方。一个出不了思想的大学，一定是一个平庸的大学。大学法学院系要结合我国国情，考虑我国经济、社会转型的现实需求，联系中华民族的伟大复兴与国家和平发展的历史使命，组织力量，深入研究，在传承的基础上进行创新，不断出产对法学理论和国家法治建设产生重大影响的思想，推进完善社会主义法治理念，推动中华法系的重塑与复兴。

二是要做法学理论的创新者。大学法学院系要结合我国法治实践，坚持基础研究与应用研究并重，鼓励和支持跨学科研究和学科交叉，坚持以经济社会发展中的全局性、战略性、前瞻性重大理论和现实问题为主攻方向，不断推进法学学术观点、学科体系、科研方法创新，为构建具有中国特色、中国风格、中国气派，与中国特色社会主义法律体系相匹配的法学理论体系做出应有的贡献。

三是要做法律制度的构建者。现有的法律体系还有很多不完善的地方，需要修订,补充。因此,大学法学院系要始终关注和积极参与国家的各项立法工作,为我国法律制度的优化和完善做更大的贡献。

四是要做法学教育的先行者。对培育和建设社会主义法治文化来说,高质量的法律人才的培养至关重要。大学法学院系要率先进行探索,以实施国家"卓越法律人才教育培养计划"为契机,引领我国法学教育教学的改革与创新,构建卓越法律人才培养、法律职业培训与全民普法的新体制与新机制。

五是要做法治生活方式的布道者。大学法学院系要培养学生信仰法治、守护正义,让他们毕业后走向四方,践行法治、弘扬法治、布道法治。要组织专家学者深入研究现实生活中有法不依、执法不严和违法不究等法的运行问题,提出切实可行的解决问题的建议,通过卓越的法律人才培养和法学学术,努力去营造政府依法行政,司法机关严格依法司法,企事业单位和民众自觉依法行为,整个社会都依法办事的环境,引领全社会敬畏法律,信仰法律,遵守法律,让法治真正成为中国人的生活方式,让法治真正成为中国社会的一种文化。

（原载于《检察风云》2014 年 07 期）

依宪治国的深刻意涵

在现代社会,宪法是一个国家的根本大法,是一个国家法治的基石,也是一个国家文化和文明的标志性载体。毋庸置疑,宪法在国家的政治、经济、文化和社会生活中发挥着极为重要的作用。党的十八届四中全会审议通过的《中共中央关于全面推进依法治国若干重大问题的决定》(以下简称"四中全会《决定》")特别强调,坚持依法治国首先要坚持依宪治国,坚持依法执政首先要坚持依宪执政,凸显了宪法在全面推进依法治国中的地位。

我国现行宪法是一部好宪法

新中国成立以后,我国先后制定过四部宪法。1954 年宪法是一部比较好的宪法,1975 年宪法是"文革"的产物,1978 年宪法也受"文革"较大的影响,而 1982 年宪法,也就是我们的现行宪法,是在党的十一届三中全会之后,在改革开放初期修订完成的。我认为,在当时那样一种社会背景下能够制定 1982 年宪法,本身就是一个历史性进步。1982 年宪法是以 1954 年宪法为基础修订的,它继承和发展了 1954 年宪法的优良传统和基本原则。它适应改革开放新时期需要,符合中国国情和实际,具有中国特色,是四部宪法中最完善的一部。从内容上讲,1982 年宪法不仅规定了国家的根本制度和国家生活的基本原则,而且还作了许多开创性规定,比如,把关于公民权利和义务的规定调整置于关于国家机构的规定之前，废除领导职务终身制，确立民族自治地方是中国不可分离的组成部分，为"一国两制"提供宪法依据等。特别是它确立了宪法的最高权威，规定"一切法律、行政法规和地方性法规都不得同宪法相抵触"，"一切国家机关和武装力量、各政党和各社会团体、各企业事业组织都必须遵守宪法和法律。一切违反宪法和法律的行为，必须予以追究"，"任何组织或者个人都不得有超越宪法和法律的特权"。

而且，1982年宪法能够做到与时俱进，不断进步和完善。为了适应中国经济和社会的发展变化，全国人大以宪法修正案的形式分别于1988年、1993年、1999年、2004年对这部宪法逐步进行了修改、完善，这实际上解决了它的进步性、长期性和稳定性问题。所以，四中全会《决定》特别强调，要"坚决维护宪法法律权威"。"任何组织和个人都必须尊重宪法法律权威，都必须在宪法法律范围内活动，都必须依照宪法法律行使权力或权利、履行职责或义务，都不得有超越宪法法律的特权"。我们要充分认识到，维护宪法法律权威就是维护党和人民共同意志的权威，捍卫宪法法律尊严就是捍卫党和人民共同意志的尊严，保证宪法法律实施就是保证党和人民共同意志的实现。我们特别要肯定我国现行宪法颁布实施30多年来对我国极其重要的价值、意义、地位和作用。

我国现行宪法还可以不断完善

世界上没有尽善尽美的宪法，我国现行宪法也不是完美无缺的。这使我想起了美国宪法。美国宪法在很多人看来是世界上最好的宪法之一，历时200多年仍管用，但美国人也并不认为它是完美无缺的。被誉为"美国宪法之父"的詹姆斯·麦迪逊曾说："所有各方面都承认，我们的宪法并不是什么抽象理论的产物，而是我们政治特点所不可或缺的互相尊重忍让、友好敦睦精神的产物。"本杰明·富兰克林曾这样说："我承认，这部宪法有某几个部分我目前是不赞同的,但我不能肯定说我以后也永远不会赞同,因为我活了这么大年纪,曾经历过这样的事例:由于得到了更多的资料,或由于更充分的考虑,我改变了自己的意见,甚至在重大问题上改变了自己的意见。由于这些考虑,我同意这部有各种缺点的宪法。"美国第一任总统华盛顿对美国宪法曾这样评价:"即使对宪法表示最热烈拥护的和支持的人们也并不认为它是完美无缺的。他们发现缺点是不可避免的,且在情理之内。"事实上,美国宪法也并不完美,比如,它起初容忍了奴隶制度,选举权也仅仅赋予白种男人。

我这里不厌其烦地转述上述三个美国历史名人的话是想说明:要有勇气承认我国现行宪法的不足,不然,我国为什么曾经四次修改宪法的相关规定呢?我国现行宪法的确是有不足的,要正视我国现行宪法的不足,不断与时俱进地去修订和完善它。尽管我国现行宪法有不足,你甚至可能不赞同其中的一些规定,但除了要争取修订和完善它之外,你还需要尊重它、遵循它、服从它,要依宪行为、依宪办事,因为它是现行有效的宪法,它是历史和时代的产物,正如詹姆斯·麦迪逊评价美国宪法那样,它也是"我们政治特点所不可或缺的互相尊重忍让、友好敦睦精神的产物",更重要的它是我们依宪治国、依法治国精神的载体。所以,这次四中全会《决定》特别指出,全面推进依法治国的重大任务之一,就是要完善以宪法为核心的中国特色社会主义法律体系。

我国现行宪法应该发挥更大的作用

宪法是根本大法、是母法、是具有最高权威的法律,是治国安邦的总章程,是全体公民维护自己合法权利的武器。但在实际生活中,它还没有得到认真的遵守、执行和实施。现在,人们普遍感到确保宪法和法律的实施还有很大的问题,有法不依,执法不严,违法不究,甚至权大于法、以言代法、以权压法、徇私枉法的现象在一些地方和部门仍然严重存在。所以,这次四中全会《决定》特别强调,全面推进依法治国,要加强宪法实施,"必须维护国家法制统一、尊严、权威,切实保证宪法法律有效实施"。

我以为,解决这个问题,首先要处理好宪法和法律与党的领导的关系。本来,《中国共产党党章》和1982年宪法已经解决了这个社会主义民主法治的关键问题。党的十二大通过的党章明确规定:"党必须在宪法和法律范围内活动。"1982年宪法也很清楚地规定:"一切国家机关和武装力量、各政党和各社会团体、各企业事业组织都必须遵守宪法和法律。一切违反宪法和法律的行为,必须予以追究","任何组织或者个人都不得有超越宪法和法律的特权"。但现在全社会从思想到行动并没有真正解决这个问题,还有人在怀疑、质疑、混淆是法大还是党委大、是法大还是领导大、是法大还是权大这样的问题。其实,宪法和法律是在党领导下制定的,是党和国家的方针和政策的定型化、规范化和制度化,是经过全国人大及其常委会按照法定程序审议通过的,不仅代表了党和人民的意志和利益,而且已上升为国家意志。比如说,1982年宪法的历次修正案都是中共中央政治局原则通过,然后提交全国人大审议通过的。所以,我们可以肯定地说,各级党组织、党员、党政干部严格依法办事、服从法律,在宪法和法律范围内活动,就是坚持党的领导,就是讲党性,就是讲政治。

这次四中全会《决定》十分明确地界定了依法治国与党的领导的关系。它强调,全面推进依法治国必须坚持党的领导,坚持党的领导、人民当家作主、依法治国有机统一,把党的领导贯彻到依法治国全过程和各方面。依法治国与党的领导的一致和统一在于依法执政,而依法执政,既要求党依据宪法法律治国理政,也要求党依据党内法规管党治党。必须坚持党领导立法、保证执法、支持司法、带头守法,把依法治国基本方略同依法执政基本方式统一起来,把党总揽全局、协调各方同人大、政府、政协、审判机关、检察机关依法依章程履行职能、开展工作统一起来,把党领导人民制定和实施宪法法律同党坚持在宪法法律范围内活动统一起来,善于使党的主张通过法定程序成为国家意志,善于使党组织推荐的人选通过法定程序成为国家政权机关的领导人员,善于通过国家政权机关实施党对国家和社会的领导,善于运用民主集中制原则维护中央权威、维护全党全国团结统一。

其次,要建立制度,设计体制机制,把宪法和法律真正交给全体人民掌握,让宪法和法律赋予人民的权利落到实处,让老百姓实实在在感受到宪法和法律的权威,宪法和法律才能得到很好的实施。四中全会《决定》指出,全面推进依法治国,要坚持人民主体地位。"人民是依法治国的主体和力量源泉,人民代表大会制度是保证人民当家作主的根本政治制度。必须坚持法治建设为了人民、依靠人民、造福人民、保护人民,以保障人民根本权益为出发点和落脚点,保证人民依法享有广泛的权利和自由、承担应尽的义务,维护社会公平正义,促进共同富裕"。要实现这一目标,就要让所有公民学习、认识、掌握、遵守宪法和法律,增强其学法尊法守法用法意识,树立法治观念,学会运用法律武器,维护自己的合法权益,敢于同一切违反宪法和法律的行为作斗争。一旦宪法和法律为广大人民群众所掌握,监督国家机关和个人依法办事,就可以有力地保证宪法和法律的实施,就会变成强大的物质力量。

第三,要强化宪法的实施及其监督。徒法不足以自行。宪法的生命力在于实施,宪法的权威也在于实施。但我国现行宪法颁布实施30多年来,其实施及其监督不力的问题长期存在,没有完备的实施和监督制度,没有健全的解释机制,宪法的权威没有完全地树立起来。这次四中全会《决定》反复强调要切实保证宪法法律有效实施,而且明确提出健全宪法实施和监督制度,完善全国人大及其常委会宪法监督制度,健全宪法解释程序机制;提出加强备案审查制度和能力建设,保证每一项立法都符合宪法精神、反映人民意志、得到人民拥护,依法撤销和纠正违宪违法的规范性文件。应该说,这些决定,方向十分明确,举措针对性、可操作性强,解决了长期在实践中存在的与依宪治国、依宪执政要求不相适应、不相符合的问题。

发挥宪法在社会主义法治文化建设中的关键作用

我国正致力于建设富强、民主、文明、和谐的社会主义现代化强国。在文化建设方面,我国始终坚持中国特色社会主义文化发展道路,发展面向现代化、面向世界、面向未来的,民族的科学的大众的社会主义文化,培养高度的文化自觉和文化自信,提高全民族文明素质,增强国家文化软实力,弘扬中华文化,努力建设社会主义文化强国。这对开创中国特色社会主义事业新局面、实现中华民族的伟大复兴,具有重大的现实意义和深远的历史意义。社会主义文化强国的建设,离不开社会主义法治文化的培育和建设。

四中全会《决定》明确提出了建设社会主义法治文化的目标,深刻指出,法律的权威源自人民的内心拥护和真诚信仰。人民权益要靠法律保障,法律权威要靠人民维护。必须弘扬社会主义法治精神,建设社会主义法治文化,增强全社会厉行法治的积极性和主动性,形成守法光荣、违法可耻的社会氛围,使全体人民都成为社会主义法治的忠实崇尚者、自觉遵守者、坚定捍卫者。

什么是文化?这是一个仁者见仁、智者见智的问题。文化,是一个内涵丰富、外延宽广的多维概念。比如,有人主张,文化是人类在社会历史发展过程中所创造的物质财富和精神财富的总和,而我个人比较赞成文化是人的生存、生产、生活方式,或者说是人的活法,或者说是人生活的样式的观点。所以我们说,文化是民族的血脉,是人民的精神家园。我们今天所讲的社会主义文化应该是在社会主义中国我们中国人的生活样式,主要表现为精神、思想、传统、习俗、价值观、思维方式、文学艺术、风土人情、行为规范,等等。而法治也是一种生活方式,尤其应该是当代中国人的生活方式,因此,可以这样说,法治文化是国家依法治国、政府依法行政、司法机关依法司法、所有社会成员依法行为的生活方式。

我们知道,全面推进依法治国的总目标是建设中国特色社会主义法治体系,建设社会主义法治国家,而依法治国是党领导人民治理国家的基本方略。随着中国特色社会主义法律体系的形成和中国特色社会主义法治体系的构建,全面落实依法治国基本方略进入了新的历史阶段,必然从法律制度层面深入到法治精神内核,从法制体系构建升华到法治文化培育和建设。培育和建设社会主义法治文化是全面落实依法治国基本方略的必然选择,因为国家长治久安的根本在法治,市场经济的本质是法治经济,社会管理创新的关键也在法治。可以毫不夸张地说,社会主义法治文化的培育和建设对国家的经济发展、政治进步、法治昌明、文化繁荣、社会和谐、生态文明具有基础性和根本性的作用,是全面推进依法治国的当务之急。所以,我们可以进一步肯定,法治是社会主义文化的重要特征和重要内容;社会主义法治理论的完善,是社会主义核心价值体系建设的重要内容;法治文化是社会主义先进文化的重要组成部分,社会主义文化大发展大繁荣离不开社会主义法治文化的培育和建设;社会主义先进文化建设和社会主义文化强国建设离不开法治建设和法治文化建设。

由于宪法在我国法律体系和法治建设中居于根本大法的地位,培育和建设我国的社会主义法治文化离不开宪法及其实施。法治文化的本质就是依法办事的生活方式,而坚持依法治国首先要坚持依宪治国,坚持依法执政首先要坚持依宪执政,坚持依法办事首先要坚持依宪法行事。所以说,依宪治国、依宪执政、依宪行事的生活方式,是社会主义法治文化的核心。四中全会《决定》将每年12月4日定为国家宪法日,这有利于在全社会普遍开展宪法教育,弘扬宪法精神。四中全会还决定建立宪法宣誓制度,即凡经人大及其常委会选举或者决定任命的国家工作人员正式就职时公开向宪法宣誓。这样做,有利于彰显宪法权威,增强公职人员宪法观念,激励公职人员忠于和维护宪法,也有利于在全社会增强宪法意识、树立宪法权威。这也是借助宪法权威构建社会主义法治文化的有力举措。

（原载于《人民论坛》2014 年 31 期）

全面推进依法治国
走中国特色社会主义法治道路

党的十八届四中全会审议通过的《中共中央关于全面推进依法治国若干重大问题的决定》，指明了中国特色社会主义法治道路，进一步丰富了中国特色社会主义法治理论，强调要完善以宪法为核心的中国特色社会主义法治制度，加快建设中国特色社会主义法治文化，从而坚定了我们的道路自信、理论自信、制度自信、文化自信。

明确中国特色社会主义法治道路

坚定不移走中国特色的社会主义法治道路，是党的十八届四中全会《决定》释放出来的最明确的信号。在一个有着十三亿人口的超大规模国家里，如何完成社会转型的法律治理、如何实现法治自身的现代化，世界上尚无成功先例可资借鉴。为此，中国共产党在治理中国的伟大实践中开创了中国特色社会主义法治道路。

准确理解"中国特色社会主义法治道路"的科学内涵。党的十八届四中全会强调，中国特色社会主义法治道路，是社会主义法治建设成就和经验的集中体现，是建设社会主义法治国家的唯一正确道路。中国特色社会主义法治道路，核心要义包括三个方面：一是坚持党的领导；二是坚持中国特色社会主义制度;三是贯彻中国特色社会主义法治理论。党的领导是中国特色社会主义最本质的特征,是社会主义法治最根本的保证;中国特色社会主义制度是中国特色社会主义法治体系的根本制度基础,是全面推进依法治国的根本制度保障;中国特色社会主义法治理论是中国特色社会主义法治体系的理论指导和学理支撑,是全面推进依法治国的行动指南。只有牢牢把握住这三个方面,才能确保中国特色社会主义法治体系的制度属性和前进方向,才能立足中国实际建设好社会主义法治国家。

必须坚持中国共产党的领导。党的领导是社会主义法治最根本的保证。宪法确立了中国共产党的领导地位,要把党的领导贯彻到社会主义法治建设的全过程和各方面。在全面推进依法治国、加快建设社会主义法治国家的历史进程中,党是最坚强的领导核心,党的领导是最根本的保证,党的作用是最大的法治优势,党领导下的人民群众法治实践是最大的法治本土资源。党的领导地位由宪法确立,这是历史和人民的选择,反映了党带领人民进行革命、建设、改革取得的成果。党是社会主义现代化建设的领导核心,也是建设社会主义法治国家的根本政治保证。从形成中国特色社会主义法律体系到建设中国特色社会主义法治体系,从贯彻依法治国基本方略到把法治作为治国理政的基本方式,建设法治中国的历史经验充分证明,只有在党的领导下依法治国、厉行法治,人民当家作主才能充分实现,国家和社会生活法治化才能有序推进,我们国家作为世界政治文明大国的最终崛起才有政治保障。一方面,要坚持党的领导核心作用,统筹依法治国各领域工作。另一方面,要改善党对依法治国的领导,党员干部要提高法治思维和依法办事能力,不得违法行使权力,更不能以言代法、以权压法、徇私枉法。

必须坚持人民主体地位。坚持人民主体地位的实质是人民当家作主,即人民是国家的主人,国家的一切权力属于人民,人民依法管理国家事务,管理经济和文化事业,管理社会事务。人民当家作主,决定社会主义法治的性质、方向与内涵,社会主义法治是人民当家作主的重要实现方式和手段。要以提高立法质量为重点,在立法过程中,要充分发扬人民民主,拓展人民有序参与立法途径,强化面向人民群众的立法论证、调研和评估,切实增强法律的可执行性和可操作性,坚持科学立法,民主立法。在法律实施过程中,要坚持法律面前人人平等的基本原则,严格执法、公正司法、依法行政,切实尊重人民群众权利,保护人民群众合法财产;加强对法律实施情况的监督,坚决纠正违反宪法和法律的行为;要坚持公正司法,增强司法公信力,让人民群众在每一个司法案件中都感受到公平正义。

必须坚持从中国实际出发。中国特色社会主义法治道路本质不同于西方资本主义法治道路。依法治国,蕴含着基于当代人类法律治理经验的普遍性和基于各国不同国情的特殊性的辩证统一。从中国实际出发全面推进依法治国,就是从中国的历史文化出发、从中国的具体国情出发、从中国革命建设实践出发,创造性地完成中国所面临的法治任务。扎根中国土壤、立足中国实际,吸收和借鉴包括西方文明在内的世界各民族文明的法治思想和法治体系成果,以高度的历史责任感和政治自觉性,要坚持依法治国和以德治国相结合,走出了一条中国特色社会主义法治道路,同时也是中国特色社会主义现代化和中华民族伟大复兴的必由之路。

丰富中国特色社会主义法治理论

十八届四中全会《决定》指出,中国特色社会主义道路、理论体系、制度是全面推进依法治国的根本遵循。必须从我国基本国情出发,同改革开放不断深化相适应,总结和运用党领导人民实行法治的成功经验,围绕社会主义法治建设重大理论和实践问题,推进法治理论创新,发展符合中国实际、具有中国特色、体现社会发展规律的社会主义法治理论,为依法治国提供理论指导和学理支撑。汲取中华法律文化精华,借鉴国外法治有益经验,但决不照搬照抄外国法治理念和模式。可以说十八届四中全会《决定》为进一步丰富中国特色社会主义法治理论指明了新的前进方向，更应成为中国特色社会主义法治理论发展的强劲动力。

首先，丰富中国特色社会主义法治理论，必须从我国的基本国情出发。党的十八大报告指出，我们必须清醒认识到，我国仍处于并将长期处于社会主义初级阶段的基本国情没有变，人民日益增长的物质文化需要同落后的社会生产之间的矛盾这一社会主要矛盾没有变，我国是世界最大发展中国家的国际地位没有变。在任何情况下都要牢牢把握社会主义初级阶段这个最大国情，推进任何方面的改革发展都要牢牢立足社会主义初级阶段这个最大实际。同样，丰富和发展我国的法治理论也离不开这一基本国情，必须立足于社会主义性质和社会主义初级阶段这一最大的实际，认真总结和研究党领导人民建设社会主义法治理论已经取得的成果，并且同改革开放的进程相呼应，不断深化和解决新时期遇到的各种法治建设难题。

其次，丰富中国特色社会主义法治理论，必须推进法治理论的创新。党的十八大报告指出，解放思想、实事求是、与时俱进、求真务实，是科学发展观最鲜明的精神实质。实践发展永无止境，认识真理永无止境，理论创新永无止境。因此，与时俱进、理论创新是我们党一以贯之的优良传统，在法治建设方面，党的十八届四中全会更是明确提出了创新社会主义法治理论的要求。所谓创新，不能脱离中国的实际，而是要围绕社会主义法治建设重大理论和实践问题进行创新。

再次，丰富中国特色社会主义法治理论，必须古为今用、洋为中用。习近平总书记多次深情地指出："博大精深的中华优秀传统文化是我们在世界文化激荡中站稳脚跟的根基。抛弃传统、丢掉根本，就等于割断了自己的精神命脉……我们不仅要了解中国的历史文化，还要睁眼看世界，了解世界上不同民族的历史文化，去其糟粕，取其精华，从中获得启发，为我所用。"可以说，总书记的真情告白,也为我们丰富中国特色社会主义法治理论提供了最为基本的目标模式——即坚持"古为今用、洋为中用"。我国古代蕴含了丰厚的法治思想和治国理念,从国家与法最初产生于夏朝,后经商周时期逐渐完备,再经春秋战国时期法律制度的大变革,到秦朝时法律体系有了雏形,直至隋唐时期发展成熟,从而最终形成了闻名于世的中华法系,代表着人类农业社会时代法律文明的最高成就,其在历史上不但影响了中国古代社会,而且对古代日本、朝鲜和越南的法制也产生了重要影响。因此,丰富中国特色社会主义法治理论必须先从我国古代法律的传统中汲取优秀的素养。同时,我们也要清醒地看到,近代以来,我国在法治建设方面落后了。令人欣喜的是,经过近代的百年动荡,今天的中国重新走上文明发展的追赶路程。

最后,丰富中国特色社会主义法治理论,必须形成中国自己的特色。习总书记指出,中华民族创造了源远流长的中华文化,中华民族也一定能够创造出中华文化新的辉煌。独特的文化传统,独特的历史命运,独特的基本国情,注定了我们必然要走适合自己特点的发展道路。因此,在社会主义法治理论建设方面也不例外,我们既不能走封闭僵化的老路,更不能走改旗易帜的邪路,必须走出一条符合中国实际和中国未来发展的特色之路。具体而言,中国特色社会主义法治理论的形成,必须从坚持我国的基本国情出发,推进法治理论的创新,坚持古为今用、洋为中用的基本思路,只有将这三方面有机结合起来,通过"不断学习他人的好东西,把他人的好东西化成我们自己的东西,这才形成我们的民族特色"。

完善中国特色社会主义法治制度

中国特色社会主义法治制度是坚定不移走中国特色社会主义法治道路的物质基础、制度基础,是实现全面推进依法治国的基本前提之一。对中国特色社会主义法治制度的理解应当是多维度立体的概念:首先,中国特色社会主义法治制度应当是以坚持中国共产党领导为首要原则的法治制度。十八届四中全会公报明确指出党在立法和制度建设中的领导地位："加强党对立法工作的领导,完善党对立法工作中重大问题决策的程序。凡立法涉及重大体制和重大政策调整的,必须报党中央讨论决定。"第二,中国特色社会主义法治制度是以宪法制度为核心建立起来的法治制度。十八届四中全会指出要"完善以宪法为核心的中国特色社会主义法律体系,加强宪法实施","健全宪法实施和监督制度",并强调坚持依法治国首先要坚持依宪治国,坚持依法执政首先要坚持依宪执政。这对全国各族人民、一切国家机关和武装力量、各政党和各社会团体、各企业事业组织均提出了明确要求,坚决维护宪法尊严,保护宪法的实施。因此,在完善中国特色社会主义法治制度的进程中处于核心地位的,当属完善我国的宪法制度,包括宪法的修改、实施和监督制度。同时,十八届四中全会《决定》确定以 12 月 4 日为国家宪法日、建立"宪法宣誓制度",都是维护宪法尊严、完善宪法制度建设、推进宪法实施的重要举措。第三,完善中国特色社会主义法治制度应当是以法律为载体的制度建设完善,有法可依是有法必依的前提,只有不断加强重点领域的立法,实现科学立法、民主立法,才能真正实现良法善治。

中国特色社会主义法治制度的内涵应当是全方位、多维度,适应依法治国需要的制度群概念。从十八届四中全会精神来看,在全面开展完善中国特色社会主义法治制度的同时,应当重点推进以下基础性制度建设。首先,应当在法律层面上完善确保中国共产党在立法、重大事项决策中领导地位的制度,坚持"依法执政"是坚持党的领导的首要原则,完善相关法律制度,可以确保党在领导、参与立法和决策工作时有法可依,带头依法办事。第二,应当完善、落实宪法实施和监督等制度,强调依宪治国是依法治国的前提是十八届四中全会的重要精神,如何将宪法从纸面上落实到党政机关的工作中,深入到人民群众的生活中,则需要依靠切实可行的宪法实施和监督制度以及坚定不移地宪法实践。第三,完善法治政府建设各项工作制度。十八届四中全会《决定》提出"深入推进依法行政,加快建设法治政府",其中明确提出了依法全面履行政府职能,完善行政组织和行政程序法律制度,推进机构、职能、权限、程序、责任法定化的要求。健全依法决策机制是十八届四中全会《决定》的明确要求,公众参与、专家论证、风险评估、合法性审查、集体讨论决定等重大行政决策程序的制度化是实现依法决策的必然路径。同时,责任追究制度是法治政府建设和依法行政的制度保障,行政决策责任制和行政执法责任制的完善、落实同样是十八届四中全会提出的重要要求之一。

完善中国特色社会主义法治制度绝非仅仅停留在上面提出的几点之中,而是应当深入依法治国、依法执政、依法行政的方方面面,是在依法治国实践中不断发展、完善的过程性努力。十八届四中全会为中国今后的法治实践指明了一条由点及面,从重点推进到全面开展的完善中国特色社会主义法治制度的道路。

建设中国特色社会主义法治文化

中国特色社会主义法治文化意指与中国特色社会主义法治紧密关联的,充分体现中国特色社会主义法治精神和理念、原则和制度、运作实践和生活方式,与传统人治文化相对立而存在的一种与时俱进的进步文化形态,其实质和核心是一种在中国共产党领导下、在建设中国特色社会主义法治实践中形成的当代中国人的法治文化共识、价值取向和行为方式。习近平总书记早在召开中央全面深化改革领导小组第六次会议时就强调,"全面深化改革需要法治保障,全面推进依法治国也需要深化改革",而法治离不开与其相适应的法治文化。中国特色社会主义法治文化既是具有人类法治文化共有属性的法治文化,又是从中国国情实际出发,具有中国特殊个性特点的法治文化,必须将其放在与中国特色社会主义法治理念、世界法治文明成果、中华传统文化、五位一体的建设实践、"以人为本"、社会主义初级阶段的具体关联中来加以确定。中国特色社会主义法治文化在法治实践中,坚持在党的领导下全面推进依法治国战略,努力构建完善的中国特色社会主义法治体系;坚持依法治国,落实依宪治国;坚持依法执政,特别是依宪执政;应坚定不移地坚持文化自觉与创新的指导理念,务求实效地继续推进全民法治宣传教育;保障公民人身权、财产权、基本政治权利等各项权利不受侵犯,保障公民经济、文化、社会等各方面权利得到落实。"法治"的本意是法的统治,而不是"使用法律手段进行统治",它不只是一种形式、一套法律规定,更是一种精神,一种文明的精神,一种现代文明的生活方式,体现着人们追求的社会规范和理想。从某种意义上说,十八届四中全会提出全面推进依法治国,就是要遵照公民的共同利益和意志,遵照全体人民共同认定的规则和程序来管理国家,而不是将"法治"作为管理者的工具、手段,甚至是特权。

文化来源于生活,在生活中提炼浓缩;文化也是一个民族精神的泊依。只有当一国国民的生活方式日积月累,积淀为该国国民的一定传统和生活习惯时,它才能称之为真正的文化,才能成为一个民族精神特质的组成部分。中国特色社会主义法治文化的形成,必然会是一个长期的、艰难的过程,而不是几条宣言、几个命令就可以完成的。法治文化的打造,必然最终依赖、表现于法治精神在生活实践的方方面面、事事处处的贯彻和体现。全面推行依法治国,就是坚持法治国家、法治政府、法治社会一体建设,实现科学立法、严格执法、公正司法、全民守法,促进国家治理体系和治理能力现代化。每一个公民都应该做社会主义法治的忠实崇尚者、自觉遵守者、坚定捍卫者,使法律成为每一个普通公民的精神支柱,从而崇尚法律,懂得法律的神圣;遵守法律,懂得用法律来维护自己的权益;捍卫法律,监督政府和公职部门,依法参与公共管理。

法治文化作为一种先进文化形态,在追求法治价值目标的过程中,其价值目标是与时俱进的,其内容也会随着时代的发展变化而变化。但只要我们始终如一地坚持在党的领导下,弘扬社会主义法治精神,高扬社会主义的法治理念,在全社会形成尊重法律、遵守法律、严格依法办事的法律意识,那么法治国家的坚实根基必将牢固树立,法治文化的良好氛围,也将在润物无声中细细内化为我们每一个公民的自觉行动。

（原载于《光明日报》2014 年 11 月 17 日）

加强司法传播，提升司法公信

　　《法治天下》栏目以主审法官为主体、法庭现场为背景、裁判心路为主线的节目形式来开展司法传播，为我国办好法治类电视节目起到了良好的示范带头作用，必将有效地推进我国司法公信力的提升和法治文化建设事业。

　　《法治天下》栏目开播以来，充分利用电视媒体传播法治理念、弘扬法院文化、宣传法院工作、传递法治正能量，取得了巨大成功，它标志着我们国家的法治传播，特别是司法传播工作迈上了一个新的台阶。在此，我谨代表中国政法大学向最高人民法院、人民法院报社、最高人民法院影视中心与中国教育电视台表示热烈的祝贺！

　　众所周知，法治类电视节目在国内已经蓬勃发展，形成了新闻访谈类、案例纪实类、真实庭审类、模拟庭审类等多种节目类型，并呈现出产业化发展的态势。但是，我们也应该看到，这些节目的质量和水平参差不齐，部分节目大有情感剧、悬疑剧甚至惊悚剧的发展趋势，偏离了法治传播，特别是司法传播的轨道。而《法治天下》栏目以主审法官为主体、法庭现场为背景、裁判心路为主线的节目形式来开展司法传播，为我国办好法治类电视节目起到了良好的示范带头作用，必将有效地推进我国司法公信力的提升和法治文化建设事业。

　　开展适度的司法传播是法治国家、法治社会建设规律的内在要求。从司法价值和司法职能的区别来看，受制于证据规则、认知水平、价值变迁等因素，司法公正的单一追求和完善并不必然会产生司法公信，司法公信不是司法公正的副产品，而是具有独立的存在价值，是一种客观存在。所以，我们在追求司法公正的同时，必须在司法公信建设方面有所作为。按照马克斯·韦伯的观点，权威主要有三种形态，即基于传统的权威、基于个人魅力的权威以及基于理性的权威。早期的司法公信力来自于法官的法槌、法庭的庄严、法院的强力等这些传统的权威。现如今，通过各种司法传播形式，让广大群众看到法官在审判活动中展现渊博的法律学识、精密的逻辑推理、复杂的价值判断、严格的程序运行、公正的司法裁判，从而在广大人民群众心目中建立基于理性的司法权威，这正是当今世界范围内司法公信力建设的主流方向。

开展司法传播也是培育法治文化的核心举措之一。党的十八届四中全会明确提出了"弘扬社会主义法治精神，建设社会主义法治文化"的目标，深刻指出"法律的权威源自人民的内心拥护和真诚信仰"。司法权威是维护法律权威的权威，没有司法权威，法律的权威就树立不起来，法治文化也就无从谈起。党的十八届四中全会还明确要求"努力让人民群众在每一个司法案件中感受到公平正义"。老百姓只有真正感受到了公平正义，才会自愿履行司法判决，司法、法律才会有真正的权威。法官在庭审过程中进行的法律事实的认定、法律价值的选择、法律规范的适用，是赢得公众对司法判决内心认同与自愿履行的过程，是凝聚社会共识、构建共同理性的过程，也是树立法律权威、提升司法公信的过程，其本质也是法律层面的文化构建活动。

中国政法大学作为我国法学教育的最高学府、人文社会科学领域的学术重镇以及行业办学的先行者，先后与光明日报社合作组建了"光明新闻传播学院"，与人民法院报社等新闻单位合作组建了"新闻传播与新闻法制协同创新中心"，与武汉大学等单位合作组建了"司法文明协同创新中心"，自设了"法制新闻研究中心""法治传播研究中心"，同时开设了法治新闻方向的硕士研究生培养项目，在法治新闻传播研究与人才培养方面也进行了积极的探索。我们真诚希望能够进一步在法治新闻传播领域加强与最高人民法院、人民法院报社、中国教育电视台的合作，力争为"全面推进依法治国"战略的实施做出更大的贡献。

（原载于《人民法院报》2015 年 6 月 3 日）

"一国两制"实践与法治中国建设

当下中国有一大共识,就是全面推进依法治国,建设法治中国,认为这是实现中华民族伟大复兴"中国梦"的必由之路和重要内容。而"一国两制"在中国的实践,也是实现中华民族伟大复兴"中国梦"的伟大创造和重要组成部分。那么,"一国两制"实践与法治中国建设是什么关系呢?这是我想探究、求教于大家的。我主张,依法践行"一国两制",推进建设法治中国。

一、"一国两制"是当下中国的一种特殊社会形态

社会形态是社会在一定历史阶段的具体存在形式。从理论上讲,它是一定生产力基础上的经济基础和上层建筑的统一体,是社会经济结构、政治结构、文化结构的统一体,包括经济形态、政治形态、文化形态等。我认为,在某种意义上讲,社会形态就是总体社会制度,是在相当一个历史时期内具有稳定性的社会制度体系。当下的中国作为一个整体,有非常复杂、多元的社会形态,可以从不同层面、不同角度进行分析、解构。在当下中国复杂、多元的社会形态中,"一国两制"就是其中一种非常特殊的社会形态或者说社会制度,在一定的历史时期内具有长期性和稳定性,也就是通常讲的至少五十年不变。①

---

① 参见《香港基本法》第 5 条、《澳门基本法》第 5 条。

至于五十年后变不变,邓小平先生曾说过,50 年不变,50 年之后也没必要变。我赞同这种主张。

所谓"一国两制",简单地讲,就是一个国家,两种制度,其核心是在统一的中华人民共和国内,内地实行社会主义制度,香港、澳门实行原有的资本主义制度。该构想的设计者邓小平先生曾指出:"我们的社会主义制度是有中国特色的社会主义制度,这个特色,很重要的一个内容就是对香港、澳门、台湾问题的处理,就是'一国两制'。"①从邓小平先生这句话可以解读:(1)"一国两制"就是中国特色;(2)"一国两制"是社会主义中国的特色;(3)从内地的角度看,甚至可以说"一国两制"是中国特色社会主义制度的一部分。

"一国两制"的构想形成于 70 年代后期,最初是为解决台湾问题而提出来的,但首先被用于解决香港、澳门问题,并取得成功。"一国两制"包括三个基本点:

一是一个国家。一个国家是指统一的中华人民共和国,香港、澳门和台湾是国家不可分割的神圣领土,在对内对外方面,只有一个由中华人民共和国代表的国家主权。在解决香港、澳门和台湾问题时,国家的主权、统一和完整是前提,是不容置疑、不容谈判的。

二是两种制度。在一个国家的前提下,香港、澳门和台湾可以实行与内地社会主义制度不同的资本主义制度,两种制度长期并存,和平共处。

三是高度自治。在国家治理体系中,地方事务由地方政府按照法律自行管理即为地方自治。在我国,各少数民族自治区、自治州、自治县等,实行民族区域自治,这也是一种地方自治。② 在特别行政区实行的高度自治与一般地方自治有所不同,它的自治程度更高,享有的自治权更大。在这种高度自治制

---

① 转引自周南:《邓小平的"一国两制"理论与香港、澳门的顺利回归》,http://www.wxyjs.org.cn/rdzt_550/jndxptzdc110zn/201403/t20140319_148491.htm,2014 年 12 月 4 日访问。

② 参见《中华人民共和国宪法》第 4 条。

度之下,除国防、外交和其他按基本法规定不属于香港、澳门特别行政区自治范围的事务由中央管理外,其他的行政管理事务、立法事务及司法事务,如财政、律政、民政、治安、人事、地政、环保、工商、运输、海关、出入境、工务、文化、艺术、康乐、传播、教育、卫生、房屋等事务均由特别行政区自行处理。特别行政区政府享有货币发行权、财政独立和税收独立、司法终审权等。特别行政区的高度自治不仅具有单一制国家的地方自治特点,而且其自治权远远超过了联邦制国家的各成员州或邦的自治权。特别行政区的高度自治还体现在除基本法和基本法附件三列举的法律外,其他全国性法律不在特别行政区实施。① 但要注意的是,特别行政区的自治只是"高度自治",不是完全自治;是依法自治,不是非法自治。

当今世界是一个变革的世界,是一个新机遇、新挑战层出不穷的世界,是一个国际体系和国际秩序深度调整的世界,是一个国际力量深刻变化并朝着有利于和平与发展方向变化的世界。在这样一个国际背景下,世界应当尊重各国自主选择符合本国国情的发展道路和社会制度。"一国两制"正是中国坚持实事求是,从实际情况出发,尊重历史和现实,兼顾各方面利益和要求,为解决香港、澳门问题而作出的发展道路和社会制度的选择。这种选择以和平方式合情合理地解决了香港、澳门问题,实现了国家的统一,符合浩浩荡荡的世界潮流。而且,"一国两制"突破了一个主权国家实行一种社会制度的传统理论和治理模式,实现多元一体,多样共存,是人类社会进步的体现。

应该说,香港、澳门回归以来,走上了同祖国内地优势互补、共同发展的宽广道路,"一国两制"实践取得举世公认的成功。中央政府对香港、澳门实行的各项方针政策,根本宗旨在于维护国家主权、安全和发展利益,以及保持香港、澳门长期繁荣稳定。所以,我们既要坚持贯彻落实"一国两制",又要全面

---

① 按照基本法的规定,任何列入附件三的法律,限于有关国防、外交和其他按基本法规定不属于香港特别行政区自治范围的法律。参见《香港基本法》第18条和《澳门基本法》第18条。

准确理解"一国两制"。"一国两制"是一个完整的概念、统一的整体，"一国"是"一国两制"的原则和前提，"两制"是"一国两制"的内容和特质，"一国"和"两制"对"一国两制"来说缺一不可。实行"一国两制"，既不是用一国统一两制，也不是用两制分裂一国，不能把二者对立起来。"两制"实际上统一于"一国"之内，在"一国"之内，"两制"只有相互尊重，相互借鉴，才能和谐并存，共同发展。① 我们必须把坚持一国原则和尊重两制差异、维护中央权力和保障特别行政区高度自治权、发挥祖国内地坚强后盾作用和提高港澳自身竞争力有机结合起来，任何时候都不能偏废。

二、"一国两制"是当下中国的基本法律制度

"一国两制"是当下中国的一种特殊社会形态或者说社会制度，但它是以基本法律制度或者说宪制性法律制度明确固定下来的社会形态或者说社会制度。我们可以从如下三个方面来分析这个问题：

首先，中国宪法对"一国两制"作了宪制安排。在现代社会，宪法是一个国家的根本大法，是一个国家法治的基石，也是一个国家文化和文明的标志性载体。毋庸置疑，坚持依法治国首先要坚持依宪治国，坚持依法执政首先要坚持依宪执政，宪法在全面推进依法治国中具有重要的地位，宪法在国家的政治、经济、文化和社会生活中发挥着极为重要的作用。1982 年第五届全国人民代表大会第五次会议通过的《中华人民共和国宪法》是我国现行宪法。该宪法确立了宪法的最高法律地位、最高法律效力和最高法律权威，规定国家"一切法律、行政法规和地方性法规都不得同宪法相抵触"，"一切国家机关和武装力量、各政党和各社会团体、各企业事业组织都必须遵守宪法和法律。一切违反宪法和法律的行为，必须予以追究"，"任何组织或者个人都不得有超

---

① 参见国务院新闻办公室 2014 年 6 月 10 日发表的《"一国两制"在香港特别行政区的实践》白皮书。

越宪法和法律的特权"。

该宪法第 31 条特别规定:"国家在必要时得设立特别行政区。在特别行政区内实行的制度按照具体情况由全国人民代表大会以法律规定。"这一规定可以说是该宪法高瞻远瞩,为"一国两制"立下了宪法依据,为"一国两制"作出了宪制安排,为"一国两制"提供了宪法保障。

还应该特别指出的是,尽管我国现行宪法是就内地宪制作出的制度安排,除该宪法第 31 条外,它的其他规定并没有明确讲要适用于香港、澳门特别行政区,但是,由于"一国两制"源于该宪法,"一国两制"是"一国"与"两制"的有机统一,"一国"讲的是中华人民共和国,故该宪法涉及"一国"的规定,对香港、澳门特别行政区是适用的。比如,根据宪法和香港基本法的规定,中央直接行使对香港、澳门特别行政区管治权的权力主体包括全国人民代表大会及其常委会、国家主席、中央人民政府、中央军事委员会,因此,宪法涉及这些权力主体的规定,对香港、澳门特别行政区也是适用的。

其次,国际条约确认了"一国两制"。1984 年签署的《中华人民共和国政府和大不列颠及北爱尔兰联合王国政府关于香港问题的联合声明》(以下简称《中英联合声明》)和 1987 年签署的《中华人民共和国政府和葡萄牙共和国政府关于澳门问题的联合声明》(以下简称《中葡联合声明》),是中英、中葡分别就香港、澳门问题的解决而签订的双边国际条约。在这两个条约中,中国政府分别明确地声明:中国根据"一个国家,两种制度"的方针,在香港、澳门回归中国后对其执行如下的基本政策:(1)根据中华人民共和国宪法第 31 条的规定,中国对香港、澳门恢复行使主权时,设立香港特别行政区、澳门特别行政区。(2)香港特别行政区、澳门特别行政区直辖于中华人民共和国中央人民政府,除外交和国防事务属中央人民政府管理外,享有高度的自治权。香港、澳门特别行政区享有行政管理权、立法权、独立的司法权和终审权。(3)香港、澳门现行的社会、经济制度不变;生活方式不变;法律基本不变。

上述可见,在《中英联合声明》和《中葡联合声明》中,实行"一国两制"方针是中国政府的郑重声明,更是中国政府的庄严承诺。两个声明以国际条约的形式对"一国两制"进行了阐明和确认,按照国际法上"条约必须遵守"原则,将"一国两制"付诸实施分别是中英、中葡两国的条约义务。如果双方的任何一方违反"条约必须遵守"原则,不履行坚守"一国两制"的条约义务,就构成国际不当行为,违约者应承担国际责任。

第三,两个基本法对"一国两制"作了明确、具体的规定。为了贯彻落实"一国两制"方针,做到有法可依、依法治理,在香港、澳门回归之前,1990 年第七届全国人民代表大会第三次会议通过了《中华人民共和国香港特别行政区基本法》(以下简称《香港基本法》),1993 年第八届全国人民代表大会第一次会议通过了《中华人民共和国澳门特别行政区基本法》(以下简称《澳门基本法》),并确定分别在香港、澳门回归之日起施行。《香港基本法》《澳门基本法》分别是香港特别行政区、澳门特别行政区的宪制性文件。两个基本法在其序言中都明确规定,为了维护国家的统一和领土完整,保持香港、澳门的繁荣稳定,并考虑到香港、澳门的历史和现实情况,国家决定,在对香港、澳门恢复行使主权时,根据中华人民共和国宪法第 31 条的规定,设立香港特别行政区、澳门特别行政区,并按照"一个国家,两种制度"的方针,不在香港、澳门实行社会主义的制度和政策。两个基本法分别规定了香港、澳门特别行政区实行的制度,确保国家对香港、澳门的"一国两制"基本方针政策得以实施。在香港、澳门特别行政区实行的制度和政策,包括社会、经济制度、有关保障居民基本权利和自由的制度、行政管理、立法和司法方面的制度,以及有关政策,均以基本法的规定为依据。

两个基本法对"一国两制"明确、具体的规定表明:(1)由于基本法是香港特别行政区、澳门特别行政区的宪制性法律,故"一国两制"是基本法确认的宪制原则。(2)基本法是全国人大制定的全国性法律,"一国两制"原则不仅要在特别行政区实施,而且要在全国范围内得到遵守。(3)基本法对"一国两制"原则的内涵和外延界定得非常清楚,便于贯彻实施。(4)基本法是宪制性法律,基本法的规定是"一国两制"原则的具体化。对基本法的任何修改都会影响基本法自身的稳定性和政治的连续性,影响已经形成的宪制程序和社会秩序。因此,基本法的修改必须慎重,应当遵循慎重原则和程序正当原则。也就是说,在决定是否修改基本法和如何修改基本法时应进行全局性的综合考虑,只有在条件成熟时并严格按照基本法规定的修改程序才可以修改基本法。

三、 依法保障"一国两制"实践,推进法治中国建设

中国目前正在全面推进依法治国,建设中国特色社会主义法治体系,建设社会主义法治国家,推进国家治理体系和治理能力现代化。中国前所未有的法治中国建设目标,对"一国两制"的实施提出了新要求,那就是要把"一国两制"的实施切实纳入法治轨道,加强和完善依法保障"一国两制"实践。依法践行"一国两制",不仅是推进法治中国建设的必然要求,而且其本身就是法治中国建设的固有的、不可缺少的内容。

香港、澳门回归以来,"一国两制"的实践总体上讲是成功的。其成功的一条经验就是依法实施"一国两制",运用法治思维和法治方式实施"一国两制",也就是坚持宪法的最高法律地位、最高法律效力和最高法律权威,严格按照宪法和基本法办事,全面准确地贯彻"一国两制"、港人治港、澳人治澳、高度自治的方针。"一国两制"的成功实践推进了中国的法治进程,推进了法治中国建设。

"一国两制"不是权宜之计,是我国必须长期坚持的完成祖国统一大业、实现中华民族伟大复兴的方针。今后一个时期,为了保持香港、澳门长期繁荣稳定,我国仍然要坚定不移地依法保障"一国两制"实践,推进"一国两制"实践沿着法治的轨道向前发展,从而推进法治中国建设。我想从以下几个方面

来讨论这个问题。

第一,严格依照宪法和基本法实施"一国两制"。严格依照宪法和基本法办事,是依法保障"一国两制"实践的根本要求。

一方面,中央政府要严格依照宪法和基本法办事,完善与基本法实施相关的制度和机制,依法行使中央权力(包括依法直接在特别行政区行使外交权、防务权,依法行使特别行政区创制权,依法行使特别行政区基本法的制定权、修改权和解释权,依法行使任命行政长官和主要官员的权力,依法行使对特别行政区行政长官和立法会产生办法修改的决定权,依法行使对特别行政区制定的法律的监督权等);中央政府要坚定支持特别行政区行政长官和政府依法施政,带领香港、澳门各界人士集中精力发展经济、切实有效改善民生、循序渐进推进民主、包容共济促进和谐,深化内地与香港、澳门经贸关系,推进各领域交流合作,促进香港同胞、澳门同胞在爱国爱港、爱国爱澳旗帜下的大团结,防范和遏制外部势力干预港澳事务,保持香港、澳门长期繁荣稳定;中央政府针对外部势力对港澳事务的干预应及时通过外交途径、法治方式进行交涉,始终警惕外部势力利用香港、澳门干预中国内政的图谋,防止和遏制港澳任何人勾结外部势力干扰破坏香港、澳门的法治环境和秩序,干扰破坏"一国两制"在香港、澳门的实施。

另一方面,香港、澳门特别行政区,两地的社会团体和各界人士要依照基本法尊重和维护中央政府依法享有的权力;要依法行使高度自治权,保障特别行政区保持原有的资本主义制度不变、生活方式不变、法律基本不变,依法行使行政管理权、立法权、独立的司法权和终审权;两地的社会团体和各界人士也要依法支持特别行政区行政长官和政府依法施政,依法支持特别行政区行政长官履行基本法授予的领导特别行政区政府、负责执行基本法以及其他各项职权。

第二,厘清"一国两制"下的法律关系。因为"一国两制"是"一国"和"两制"的有机统一,所以,"一国两制"下的法律关系可以分为涉及"一国"的法律关系和涉及"两制"的法律关系。

涉及"一国"的法律关系就是中央和特别行政区的关系,宪法、《香港基本法》和《澳门基本法》已有明确的规定,主要有三点:一是国家根据宪法第31条的规定设立中华人民共和国香港特别行政区、中华人民共和国澳门特别行政区;二是香港特别行政区、澳门特别行政区是中华人民共和国不可分离的部分;三是香港特别行政区、澳门特别行政区是中华人民共和国的一个享有高度自治权的地方行政区域,直辖于中央人民政府。

涉及"两制"的法律关系,内地和两个特别行政区要彼此尊重、协商协调、包容互鉴。从法理上讲,涉及"两制"的法律关系可分为公法关系和私法关系。在涉及"两制"的公法领域,比如对刑事案件的管辖和处理、对税收事务的管辖和处理等,内地与两个特别行政区都会依照自己的法律处理,不会考虑适用其他地区的法律。当然,涉及跨境的事项和案件,内地与两个特别行政区的法律会有交集和冲突,比如对一起跨境刑事案件都主张管辖权,解决这样的问题,要么是各行其是,要么是在彼此尊重基础上相互之间协商协调,作出制度安排。在涉及"两制"的私法领域,情形与公法领域有所不同。在私法或者说民商事领域,内地、香港特别行政区和澳门特别行政区都有自己的法律制度,互不相同,构成一个独立的法域。① 目前,内地、香港、澳门的民众相互往来已十分频繁,形成纷繁复杂的区际法律关系。在民众的区际交往中,当某一事项或一项争议涉及两个或两个以上的地区时,究竟应适用哪个地区的法律的问题,亦即区际法律冲突问题,不可避免地会产生。比如说,一个公司是否

---

① "法域"(law district,legal region,legal territory 或 legal unit),又称法区或法律区域,系指具有或适用独特法律制度的区域。See E.Vitta, *Interlocal Conflict of Laws*, in 3 International Encyclopedia of Comparative Law,3(K.Lipstein et al ed.,1985);R.H.Graveson, *Comparative Conflict of Laws* 310(Vol. 1,1977);D.F.Cavers, *Contemporary Conflicts in American Perspective*, 131 Recueil des cours 77(1970-III);黄进:《区际冲突法研究》,上海学林出版社1991年版,第14—46页。

有效成立是依内地法确定还是依香港法确定；一个香港人在内地结婚，其婚龄是依内地法决定还是依香港法确定；一个内地法院的判决或仲裁机构的裁决如何在香港、澳门得到认可与执行，等等。对这种问题的解决，内地和两个特别行政区应当依照自己的法律适用法解决，就是依据自己的法律适用法的指引，适用自己的民商事实体法处理案件或者适用其他地区的民商事实体法处理案件，也可以通过协商协调达成安排，互相认可与执行法院的判决或仲裁机构的裁决。

第三，加强法治合作，运用法治思维和法治方式处理"一国两制"下的区际事务。由于内地、香港、澳门各自都有自己独特的法律制度，各自都有自己的立法、行政和司法管辖权，故在彼此的交往过程中，相互之间难免会发生这样或那样的区际法律冲突或抵触。尽管部分这类法律冲突或抵触可以由各方自行立法、执法、司法解决，但不少问题，特别是那些牵涉对方并需要对方协助与合作的问题，仅靠单方面解决不仅解决不了，而且会增加问题解决的复杂性，因此，在法治方面，内地、香港、澳门应加强合作，共同建立有效的协商、协调和合作机制。到目前为止，内地司法机关已经同香港、澳门司法机关建立了各种各样的协商、协调和合作机制。比如，最高人民法院分别同香港、澳门特别行政区相关机构就区际司法协助事项建立起协商机制，已在民商事司法文书送达、调取证据、相互认可与执行民商事判决、仲裁裁决的执行等方面达成共识，做出安排。① 其成效是明显的。但是，这些协商、协调和合作机制还比

---

① 最高人民法院根据与香港特别行政区、澳门特别行政区协商达成的一致意见，以司法解释的形式，1999 年 3 月 29 日发布了《关于内地与香港特别行政区法院相互委托送达民商事司法文书的安排》，2001 年 8 月 7 日发布了《关于内地与澳门特别行政区法院就民商事案件相互委托送达司法文书和调取证据的安排》，2009 年 3 月 9 日发布了《关于涉港澳民商事案件司法文书送达问题若干规定》；2006 年 3 月 21 日发布了《内地与澳门特别行政区关于相互认可和执行民商事判决的安排》，2008 年 7 月 3 日发布了《关于内地与香港特别行政区法院相互认可和执行当事人协议管辖的民商事案件判决的安排》；2000 年 1 月 24 日发布了《关于内地与香港特别行政区相互执行仲裁裁决的安排》，2007 年 12 月 12 日发布了《关于内地与澳门特别行政区相互认可和执行仲裁裁决的安排》。

较单一,不够全面、深入、系统。在我国,区际法律问题将长期存在,区际法治协商、协调与合作也不可能一蹴而就,必须长期开展下去。在这种背景下,内地、香港、澳门应加强区际法治协商、协调与合作,探讨共同建立一个长期的、制度化的和综合性的区际法治协商、协调和合作机制。同时,要强调运用法治思维和法治方式处理各种区际事务,各方要完善区际法律法规,依法规范和保障港澳同胞与内地民众开展更加紧密的交往,开展更加广泛、深入的合作;中央要通过法治方式关心和信任港澳同胞,重视与港澳同胞沟通,主动为港澳同胞办实事、做好事;强化严格执法、公正司法和法律服务,通过法治方式处理涉港澳纠纷,消除分歧,化解矛盾;依法保护港澳同胞在内地、在海外的合法权益,使港澳同胞的合法权益不受侵害。

总之,"一国两制"在香港、澳门特别行政区的成功实践,充分证明,"一国两制"不仅是解决历史遗留的香港、澳门问题的最佳方案,也是香港、澳门回归后保持长期繁荣稳定的最佳法律制度安排,更是建设法治中国,推进国家治理体系和治理能力现代化,实现中华民族伟大复兴中国梦的重要组成部分和必然要求。所以,我们说要依法践行"一国两制",推进建设法治中国。

现代大学之治

在经济全球化、政治多极化、文化多元化、社会网络化的今天,人类已步入以知识为驱动力的社会,国际交往越来越频繁。高等教育国际化在世界各地区以各种各样的方式广泛而波澜壮阔地上演。在全球化背景下,大学要国际化是我国高校的一个共识。国际化已经成为现代大学的一种生存方式。从一个国家的优秀大学向世界性的优秀大学转变,是中国大学面临的挑战,当然也是机遇。

让法大"大度、大气、有大爱"

"我会努力去了解法大、认识法大、读懂法大、融入法大,让自己尽快成为一个真正的法大人,我也会要求自己诚信为人、勤恳为事、严谨为学、廉洁为政,尽心、尽力、尽责地去履行法大校长的职责。"中国政法大学新任校长黄进2月19日在就职演讲中表示。此前,黄进任武汉大学党委常委、副校长。

中国政法大学19日召开全校教师干部大会,教育部副部长李卫红代表中共教育部党组在会上宣布任命黄进为中国政法大学校长,徐显明不再担任中国政法大学校长职务。实际上,2008年11月7日,徐显明已调任山东大学校长,同时兼任中国政法大学校长达103天。

黄进是新中国自主培养的第一位国际私法博士,师从我国著名法学家、教育家韩德培教授。他1978年至1982年在湖北财经学院(现中南财经政法大学)法律专业学习并获法学学士学位,1982年考入武汉大学国际法专业,1988年获得法学博士学位。之后一直在武大任教,历任武汉大学国际法研究所(教育部人文社会科学重点研究基地)所长、法学院副院长、教务部部长、校长助理、副校长等职。同时,他1995年被评为中国首届十大"杰出中青年法学家",自1997年始,先后担任两届国务院学位委员会法学学科评议组成员。他还是现任教育部社会科学委员会委员、教育部社会科学委员会学风建设委员会副主任委员以及中国国际私法学会会长、中国国际法学会副会长、中国法学会法学教育研究会副会长。

对于自己被任命为中国政法大学校长，黄进感到"无上荣光"和"责任重大"。他在就职演讲中称法大"其教育教学和科学研究，尤其是法科教育教学和科学研究，在国内外享有盛誉，是我国人文社会科学领域人才培养、科学研究和社会服务的重镇"。

黄进笑称自己是这所重镇的"外来户"，而实际上他的国际私法专业启蒙老师之一就是中国政法大学的钱骅教授。黄进的第一本学术专著《国家及其财产豁免问题研究》就是在中国政法大学出版社出版的，这本书的出版，为他1988年在武汉大学破格晋升为副教授发挥了重要作用。所有这些，还包括1986年在瑞士留学期间和法大教授江平的交往，都让黄进觉得自己和法大"有缘"。

"为了法大，请大家督促我在工作中勤政、廉政、善政，督促我在工作中不动摇、不懈怠、不折腾，监督我在工作中不做坏事，少做错事，多做善事。"黄进对中国政法大学的教师干部诚恳地表示。

虽然几天前才来到北京，但是黄进基于对法大的了解，对于什么是法大发展之道、什么是法大未来之道已有深入思考，并提出了自己的治校理念：和平共处，校和同样万事兴。和衷共济，形成"法大价值共识"。和而不同，法大应该是一所大度、大气，有大爱的大学。和谐发展，只有全面协调可持续发展才会有长久的生命力。兼任国际体育仲裁院（CAS）仲裁员、国际投资争议解决中心（ICSID）仲裁员的黄进强调：中国政法大学要走国际化发展之路，着力培养具有国际交往能力和国际竞争能力的人才。

黄进对中国政法大学未来的期待是"老者安之，同辈信之，少者怀之"的一所大学。他动情地说："让我们一同随法大前行。尽管我们前面还会有困难，还会有曲折，还会有挑战，但我们应该有决心、有信心、有恒心、有耐心去做好法大的工作。"

（原载于《光明日报》2009年2月21日，记者李玉兰）

主动应对　积极开展国际化教育实践

在全球化的大背景下,国际化已成为高等教育发展的一种趋势。中国高校应当在立足国情和校情的基础上,积极探索一条适合自身需要的跨境高等教育发展之路。

一、　国际化:中国高校的必然选择

当前,高等教育国际化不仅是一种教育理念,更是一种在世界各地广泛进行的教育实践。今天,高等教育的国际化实践已展现出异彩纷呈的局面。美国哈佛大学在阿联酋开办分校,波兰在以色列建医学院,德国在开罗办私立大学。而且,世界各国许多高校纷纷出台了自己的国际化纲要和规划,例如,美国耶鲁大学在其《耶鲁国际化战略框架:2005—2008》中明确指出,"国际化是我们对变革世界中机遇和挑战的回应";韩国高丽大学在百年校庆时旗帜鲜明地提出了从"民族性大学"向"全球性大学"转变的口号;日本东京工业大学在其国际化策略书中明确提出了建设"世界最强的理工科综合大学"的发展目标。

目前,中国大学与世界一流大学的整体差距依然很大。前不久出版的《世界一流大学及学科竞争力评价研究报告》一书表明,美、德、英、加、日五国囊括了近80%的排名前100位的大学和近70%的排名前200位的大学,而中国内地没有进入前100名的大学。针对这种情况,中国政府先后实施了"211工程"和"985工程",《国家中长期科学和技术发展规划纲要(2006—2020)》再次明确提出了"加快建设一批高水平大学,特别是一批世界知名的高水平研究型大学"的目标,这对中国高校,尤其是"985大学",提出了更高的要求。那么,中国高校如何顺应时代潮流,缩小与发达国家大学的差距呢?毫无疑问,加强国际交流与合作,提升学校核心竞争力和国际影响力,是必然选择。

令人欣慰的是,我国高校已清醒地认识到这种差距,并做出了自己的选择。上海同济大学"不仅把国际化视为突出学校办学特色的重要手段,而且把它作为学校的基本功能和重要使命"。武汉大学提出要"从长远发展的战略高度,将国际合作与交流纳入学校总体发展规划"。

二、 跨境高等教育:高等教育国际化的重要形式

2003年11月,由经济合作与发展组织(OECD)和挪威教育部共同举办的第二届教育服务贸易论坛开始采用"跨境教育"(cross-border education)概念替代"教育服务贸易"概念。2005年10月,联合国教科文组织(UNESCO)发布了《跨境高等教育质量要求指导方针》,跨境高等教育这一概念得以确立。在该"指导方针"中,跨境高等教育被定义为:在教师、学生、课程、机构/办学者或课程资料跨越国家管辖边境情况下开展的高等教育。跨境高等教育可包括公立和私立以及非营利和营利的高等教育。

毋庸置疑,跨境高等教育是高等教育国际化的重要形式和主要内容,两者密不可分。经济合作与发展组织所归纳的跨境教育活动的三种类型,即人员流动、项目流动和机构流动,都是高等教育国际化的表现形式,同时,这三种活动也有力地拓展了高等教育国际化的深度和广度。其一,跨境教育活动中的人员流动,主要是学生流动,在跨境高等教育中所占份额很大,而高等教育国际化中最活跃的就是学生的国际交流;其二,跨境教育活动中的项目流动,主

要包括与外国教育机构合作的联合课程或项目,以及远程网络学习项目等,这些活动都可纳入国际学术交流或国际教育资源共享的范畴;其三,跨境教育活动中的机构流动,主要是海外校园及联合办学机构的设立,而这一点正是高等教育国际化蓬勃发展的新标志。

三、 能力建设:中国实施跨境高等教育的目标和方法

20 世纪 90 年代以来,在 OECD 和 UNESCO 的文献中,“能力建设”(capacity building)一词的使用频率越来越高。对能力建设最通俗的理解,可引用一句中国谚语,即“授人以鱼不如授人以渔”,来加以诠释。

OECD 提出了实施跨境高等教育的四种价值取向:相互理解、技术移民、经济收益和能力建设。OECD 教育研究与革新中心(CERI)的拉尔森教授在其著作《高等教育的国际化和贸易:机遇与挑战》中指出,东欧、东亚、北亚等地区的多个国家实施跨境教育的战略目标和具体政策措施都是为了促进本国高等教育的能力建设,以最终加强整个国家的能力建设。

正如拉尔森教授所界定的那样,中国实施跨境高等教育的战略目标和主要方式就是加强能力建设。这一点,同样可以用拉尔森教授关于能力建设的三个层次含义的表述来加以分析证实:从高等教育能力建设的层次看,中国开放高等教育市场,实施跨境高等教育,主要是为本国国民提供更多接受高等教育的机会,同时通过引进国外优质教育资源来提高本国高等教育的水平,实现从高等教育大国向高等教育强国的转变;从国家能力建设的层次看,中国大力实施跨境高等教育,提升高等教育的整体水平,主要是培养符合国家现代化建设需要的有用人才,实现从“人口大国”向“人力资源强国”的转变,从而提高国家的综合竞争力;从个人能力建设的层次看,在中国实施跨境高等教育的过程中,普通国民有更多的机会接受优质的高等教育,提升自身素质和能力,从而更好地为社会和经济发展做贡献,并实现自身的全面发展。能力建设战略

正成为中国实施跨境高等教育,推进高等教育国际化的重要方法和途径。

四、 立足国情:跨境高等教育在中国的新发展

长期以来,中国高等教育界一直在寻求适合自己国情的高等教育国际化之路,而立足本国国情,加强能力建设是中国发展跨境高等教育的新思路。基于这一思路,中国在实施跨境高等教育方面进行了一些有益的探索和实践。

加强中国高校开展国际交流的能力建设。中国高校的国际交流与跨境高等教育的发展息息相关,而加强自身的能力建设一直是中国高校的不懈追求。为实现这一目标,中国高校积极创新教育理念,选聘一流师资,并在培养模式和教学内容等方面不断革新,推动自身的国际化进程。例如,制约中国高校与国外伙伴大学互换学生的瓶颈问题是中国高校全英文授课课程太少。清华大学利用"985计划"专项经费,每年资助开设90门全英文授课课程。广州暨南大学为拓展留学生规模,于2001年6月设立国际学院,开设了国际经济与贸易等8个专业的系列课程,采用英文原版教材,实行全英文授课。为提高教育管理队伍的素质和能力,武汉大学于2006年选派了第一批12人的学生事务管理干部赴美国俄亥俄州立大学进行为期一个月的学生事务见习和培训。在美期间,培训团成员围绕新生教育、奖学金管理、心理健康、学生权利保障、就业指导等12个方面进行了深入的调研和思考,形成了12个专题报告和整体调研报告。该培训团的成果在全国高校中受到好评,也对武汉大学未来学生事务工作的改进产生了积极的影响。

关注跨境学生流动的双向平衡。学生流动是跨境高等教育活动的主要形式之一。中国一直是学生输出大国,输送到国外的学生约占在OECD地区学习的所有国际学生的10%。目前,中国很多高校都在与国外伙伴学校开展学生互换。然而,一个很严峻的事实是,中国高校派出的交换生远远多于来华的外国交换生,尤其是西方国家来华的交换生更少。为实现校际学生交流的平

衡,中国高校已开始着手解决这一问题。其中效果较好的方式是举办全英文授课的、了解和体验中国文化的国际夏令营或国际暑期班。例如,2008 年 6 月,武汉大学与新加坡国立大学合作举办国际夏令营,主要针对校际交换学生开设全英文授课的课程。自 2006 年起,武汉大学已举办多期类似的全英文授课的夏令营,逐步实现校际学生交换的双向平衡。

着力引进国外优质教育资源。近年来,中国政府提出了"吸引国外优质教育资源"的要求。中国高校也积极响应政府号召,将其作为开展国际交流的指导方针,并使之成为跨境高等教育在中国发展的新的亮点。基于这一思想,中国的中外合作办学形式更加灵活多样,1000 多个中外合作办学项目遍布全国,宁波诺丁汉大学、西交利物浦大学等合作办学机构初具规模。此外,中国高校还纷纷设立非法人化的中外合作办学机构。例如,上海同济大学依托合作项目,建立了数个合作办学机构,包括中德工程学院、中法工程与管理学院、中意学院等。武汉大学为彻底扭转学生"哑巴英语"的局面,自 2004 年起,每年暑期都与美国俄亥俄州立大学合作举办"国际英语口语班",由武大与俄州大联合从美国各高校遴选获得 TESOL 或 ESL 证书、教学经验丰富的教师授课。该项目对武汉地区的 7 所重点高校的学生开放,每年受益学生近千人。该项目也成为武汉大学引进国外优质教学资源的一个特色项目。

积极探索高等教育的跨境输出途径。中国是世界上最大的教育输入国,也是世界上最大的教育贸易逆差国。在跨境高等教育领域,跨境输入远远大于跨境输出。中国政府和中国高校已充分意识到这一问题,并开始积极尝试改变这一局面。截至 2008 年 8 月,中国政府已在世界各地设立了 262 所"孔子学院"。尽管设立"孔子学院"的宗旨在于推广汉语和中国文化,但由于其运作方式大多建立在中外大学合作的基础之上,因而也成为跨境教育活动之一,丰富了跨境教育的内容。中国高校也积极参与"孔子学院"建设,如北京大学承办了 9 所孔子学院,武汉大学承办了 3 所孔子学院。此外,武汉大学在高等教育的跨境输出领域有所突破。从 2005 年开始,武汉大学分别与越南河内外国语大学、韩国淑明女子大学合作开展"2+2"双学位项目。越南、韩国学生在其母校学习两年后,前来武大继续学习两年,可获武汉大学汉语言学士学位和其母校的学士学位。

（原载于《中国高等教育》2009 年第 5 期）

中国政法大学历时三月　选定第 9 任掌门人

黄进进京

在前任校长徐显明调任山东大学校长三个月后,2 月 19 日,教育部党组成员、副部长李卫红在中国政法大学宣布了新任校长的人选。

新校长的任命姗姗来迟,接任人选也出现了"不意外"中的"意外"。此前,坊间传言新任中国政法大学校长将在北京大学党委常务副书记吴志攀、中国人民大学副校长王利明、武汉大学副校长黄进之间产生。

最终,校外三人中"最意外"的黄进成为中国政法大学历史上第 9 任校长。相比于传言中其他候选者,黄进要"低调"很多,在酝酿三个月终于选定校长人选之后,之前屡屡处在舆论风口浪尖的中国政法大学驶进了一处平静的港湾。

【与法大的"一些缘分"】

从徐显明调任山东大学的 2008 年 11 月 7 日到黄进接任的 2009 年 2 月 19 日,中国政法大学的校长职位一直由徐显明兼任,一人兼任两所名牌大学的校长,这在国内实属罕见。

而在黄进的任命仪式上,教育部副部长李卫红称中国政法大学的校长职位是"反复酝酿的结果"。李卫红副部长给予黄进较高的评价,她说:"黄进同志长期在高校工作,熟悉高等教育规律和办学特色,他政治素质好,全局观念强,工作思路清晰、视野开阔,行政管理经验丰富,有较强的组织领导能力和开拓进取精神,为人朴实,善于团结同志,对自己要求严格,清正廉洁,在群众中有较高威信,他业务能力强,学术水平高,在法学界有较大影响。教育部党组认为,黄进同志担任中国政法大学校长是合适的。"她希望黄进同志尽快融入中国政法大学。

"我是在春节过后接到教育部的通知的。"黄进告诉本报记者。

黄进从 1982 年考入武汉大学攻读硕士研究生到担任武汉大学副校长的 27 年里,不曾有过外地任职的经历,甚至从未到武汉大学之外的高校任教。

在 2 月 19 日的任命仪式上,黄进谈到了自己与中国政法大学的"一些缘分"。

早在湖北财经学院(现中南财经政法大学)读本科时,中国政法大学的钱骅教授被学校请来讲了国际私法课程的主要内容,黄进因此有幸接受这位中国国际私法领域知名教授的教导。

1986 年,黄进赴瑞士比较法研究院学习。这年,瑞士比较法研究院召开了一个有关经济法的国际学术研讨会,中国政法大学的江平教授应邀出席。在这次会议上,江平教授的学识、英文水平给黄进留下了深刻的印象,"那个时候的法学学者大多是留苏背景,俄语说得很好,但会说英语的很少,江平教授给我的印象非常之深刻。"黄进说。

特别是在会议期间,江平教授提出要到黄进在瑞士洛桑的住所看一看,了解一下中国留学生在瑞士的实际生活状况,"我当时是一名穷学生,江平教授这种礼贤下士、关爱后生的精神深深地感染了我。"

担任中国政法大学校长两个星期后,黄进特地去拜访了江平教授。

【国际私法权威】

3月3日,记者看到在中国政法大学校园内的电子屏上,滚动播放着一条消息,新任校长黄进将与师生进行在线交流。黄进说,自己刚到学校,对学校各个方面并不熟悉,需要集中了解一下学校的情况。

实际上,中国政法大学的师生们对这位为人"低调"的新校长也并不熟悉。只是上任后通过媒体的报道,人们才发现自己迎来的是一位有着传奇学术经历的国际私法权威。

黄进1958年出生于湖北利川,1975年到农村插队,1977年,黄进考入了湖北财经学院法律系,当时全国只有北京大学、吉林大学和湖北财经学院开办了法学专业。

考入大学的黄进实现了"自己当知青时候的梦想",年龄在班里倒数第三的黄进学习非常刻苦,并对当时在国内尚处研究空白的国际私法产生了浓厚的兴趣。

湖北财经学院77级法学系走出了众多中国法学界的知名学者,现任中国人民大学副校长的王利明当时和黄进同班、同一个寝室,同班同学中还有毕业后留校任教,现任中南财经政法大学校长的吴汉东。

1982年考入武汉大学读硕士研究生后,黄进的学术生涯就始终伴随着"破格"二字。1984年年底,硕士刚毕业,他就开始留校担任助教。1987年任讲师,1988年博士毕业后,黄进成为中国自己培养的第一个国际私法博士。1988年初被破格提拔为副教授,1991年成为当时我国最年轻的法学教授之一,1993年成为博士生导师。

从1982年算起,到2009年离开武汉大学,27年的时间里,黄进曾担任过武汉大学国际法研究所副所长、所长,法学院副院长,以及武汉大学教务部部长、高等教育研究所所长、校长助理,副校长。

期间黄进还曾有过国外任职的经历。作为国际体育仲裁院(CAS)的仲裁员,黄进作为被选中的 12 名仲裁员之一,参加了 2004 年雅典奥运会的仲裁工作。

1996 到 1998 年,黄进担任澳门政府立法事务办公室法律专家,负责澳门回归前的法律本地化工作。"本地化并不是一个简单的更名,而是一个现代化的过程,澳门当时施行的葡萄牙法律很多是 100 多年前颁布的,要对其进行一些修改。"黄进说。此外,黄进还曾在耶鲁大学法学院做过一年的富布莱特高级访问学者。

尽管在国外学习、工作多年,黄进的工作关系一直都在武汉大学。经过数年的研究、教学工作,武汉大学已经成为国内国际法领域实力最为雄厚的院校,黄进担任所长的武汉大学国际法研究所于 1987 年被原国家教委确定为重点研究所,并于 1988 年确立为国家级重点学科,2000 年,该所被教育部批准为普通高等学校人文社会科学重点研究基地。

1995 年,黄进当选为中国首届十大"杰出青年法学家",当时一同获选的法学家中,包括现任最高人民检察院检察长曹建明、江苏省高级人民法院院长公丕祥、中国人民大学副校长王利明以及北京师范大学法学院院长赵秉志等。

在这串"星光闪闪"的名单中,尽管已成为学术界公认的国际法权威,但黄进的"知名度"要远远不及其他。谈到那份荣誉,黄进本人却很淡然,"当时评选的条件有年龄不超过 40 岁,我们所的几个教师里只有我符合条件,所以我就评上了"。

【尊师者成尊师】

记者在中国政法大学联合楼一间狭小的办公室里见到了校长黄进。黄进拎着一只本科教学评估的工作包走了进来,操着一口略带南方口音的普通话,黄进不愿多谈自己的经历,倒是自己的老师,被誉为"新中国国际私法学的一代宗师""中国法学界的镇山之石"的韩德培教授成为他屡屡提及的名字。

黄进自1982年年初到武汉大学攻读硕士学位就开始追随韩德培教授,也是他指导的第一位博士研究生。

黄进钦佩韩德培先生的敏锐,他说韩老在主持重建武汉大学法律系的同时,于1980年就组建了国际法研究所,这是中国高校建立的第一个国际法研究所。紧接着1981年,在大多数国人还没有起码的环境保护意识的时候,韩老即推动武汉大学与中国环境科学研究院(后改为国家环保局)合作组建了武汉大学环境法研究所,而这个环境法研究所不仅在中国是第一个,而且在亚洲也是第一个,在世界上也是建立最早的环境法研究机构之一。

韩德培先生这份对学科的前瞻性影响了黄进。1999年,就是在电子商务出现的第四个年头,黄进便首创和主持了《中华人民共和国电子商务法》(示范法)的起草工作。

示范法的发表,对我国进行电子商务立法起到了重要的参考作用,而当初那些略为青涩的科研团队成员,如今已经成长为中国电子商务法的骨干力量。

重庆大学法学院教授、博导齐爱民即是其中之一,他和课题组的另一成员何其生博士都因参与课题而得到政府的关注,被选派到维也纳作为政府代表团顾问出席联合国贸法会大会,直接参与电子订约公约的缔结工作。

一件小事至今令齐爱民念念不忘,"在课题进展过程中,我曾协助黄进老师收集电子商务法总论的资料,他在发表的署名方面再三要求我和他共同署名。用他的话说,我做了工作。我坚辞,黄进校长勉强应允,还说这样不好"。

十多年后的今天,电子商务法已经成为电子商务专业的必修课,是法学院普遍开设的选修课。"回过头来看,黄进老师的学术眼界令人叹服。"齐爱民说。

但最令齐爱民敬佩的是,"黄进老师是一位宅心仁厚的师长,胸怀似海"。"在电子商务法的研究方面,我作为一个非国际法专业的学生,却获得了和黄进老师合作的第一个学术机会。我当时很为感慨,对待学生,无论是否自己指导的,无论是什么专业的,他都一视同仁,没有门户之别。"

但黄进却说自己的导师韩德培先生才是真正的"一个有大海一样胸怀的人"。在解决刚恢复的武汉大学法律系教师的职称方面,韩老则实事求是,不拘一格,大胆提拔。在上世纪 80 年代,武大法律系教师职称问题解决之快,不仅超过了武大其他科系,而且在全国法律院系也是名列前茅的。

"韩老一贯反对在评职称时论资排辈、互相倾轧。就我所知,他并不是对人对事没有自己的评价,他即使对某人有意见,但总是从学科、院系和学校的大局和全局利益出发,大胆推荐,大胆提拔,大胆使用。我想,韩老之所以这么大刀阔斧地干,是因为他在这方面毫无私心,有宽广的胸怀,有大家的气派。"黄进说。

正是这样一个被学生尊重的尊师者,黄进本人格外重视道德建设,他在就职演说中特别提到"大学之道,在明明德,在亲民,在止于至善"这一句古语,并提出法大师生要和平共处、和衷共济、和而不同、和谐发展。或许这也正是中国政法大学,乃至整个大学教育所亟需的一份淡定与温润。

(原载于"法制网"2009 年 3 月 5 日,记者陈虹伟、实习生王峰)

大学国际化不单是"接轨"

在经济全球化时代,高等教育国际化成为世界潮流和趋势。高等教育国际化不仅是一种教育理念,更是一种在世界各地广泛进行的教育实践。但是,中国大学的国际化之路怎么走?

国际化:现代大学的生存方式

记者:在全球化的背景下,大学要国际化是我国高校的一个共识,世界上其他大学是怎么看国际化这个趋势的?对于中国的大学,国际化究竟意味着什么?

黄进:在经济全球化、政治多极化、文化多元化、社会网络化的今天,人类已步入以知识为驱动力的社会,国际交往越来越频繁。在这种背景下,是把自己仅仅定位为本地的大学和本国的大学,还是定位为全球的大学这样一个问题,已摆在所有大学特别是有雄心壮志的大学的面前。

实际上,高等教育国际化在世界各地正以各种各样的方式广泛而波澜壮阔地上演。如美国哈佛大学在阿联酋开办分校,波兰在以色列建医学院,德国在开罗办私立大学,北京中医药大学已在德国、英国、美国、日本等十多个国家和地区建立了各种类型及形式的中医药教育机构。耶鲁大学在其国际化战略框架中明确提出:"国际化是我们对变革世界中机遇和挑战的回应";韩国高丽大学提出从"民族性大学"向"全球性大学"转变的口号。

可以说,国际化已经成为现代大学的一种生存方式。从一个国家的优秀大学向世界性的优秀大学转变,是中国大学面临的挑战,当然也是机遇。北大清华等许多大学都提出了自己的国际化战略,中国政法大学的目标是把自己建设成为"世界知名法科强校"。

记者:您前面提到大学在国际化的过程中"重新审视自己的使命",那么,新的背景下,大学国际化的使命是什么?

黄进:为什么要推进国际化,各个大学的目标不尽相同。美国大学发展国际教育主要考虑的因素依次是:提升自己在国际上的政治领导力、推进知识产业、促进工商业的发展、保证高等教育的质量等。澳大利亚则主要出于经济上的考虑,希望用国际学生交的学费弥补公共高等教育经费投入不足,同时借此提升澳大利亚进入知识社会的能力。加拿大的大学在这方面至少有四点值得我们借鉴:一是通过国际化提升自己的国际竞争力,二是明确将自己定位为全球大学,三是要把自己的学生培养成全球公民,四是要以自己杰出的研究来创造知识服务于全世界。

国际化既是大学的办学方向,也是提升大学国际竞争力的主要方法和途径。今天的大学随着经济的发展、科技的进步和人员的流动,已不能也不再局限于某地,而应该是在日益开放的国际市场上的一个全球性参与者,要在国际学生市场、跨境教育、招揽人才、争取国际基金、提高教学和研究质量、扩大国际声誉等方面参与竞争,提升竞争力,进而提升国家的竞争力。

提升国家竞争力:大学国际化进程中的担当

记者:您提到我国的大学要通过国际化来提升竞争力,世界大学的国际化目标也各不相同,怎么看这个问题? 怎么认识我国大学在国际化进程中的目标和责任?

黄进：定位一所大学的使命要看大学的社会发展背景、高等教育发展现状和学校实际情况。建设创新型国家、人力资源强国、高等教育强国是我国大学发展的大背景。但是我国现代大学最重要的使命是培养人才，培养对国家、对社会、对人类健康发展与进步有用的人才。而且，现代大学还有另外一个重要使命，就是为社会服务，为社会经济文化发展提供支持。

以法律人才为例，现在我国对外贸易十分活跃，贸易中需要通过法律解决的问题很多，但是到国外特别是在国际司法或仲裁机构就国际贸易纠纷打官司的时候，目前我们还得请外国的律师，我们的法律人才多数时候只能做助手。因此，培养国际化的职业法律人才，是必须要大学完成的任务。

随着国家整体实力的提升，我国高等教育应该有世界一流的大学和世界一流的学科。通过它们培养出来的一流人才，来为国家经济社会的持续发展、中华民族的伟大复兴提供足够的支持。

记者：那么，我国大学的国际化程度怎样？国际化是否意味着达到西方优秀大学的标准，或者与世界一流大学"接轨"？

黄进：目前我国大学和世界一流大学的整体差距依然很大。有评估研究表明，世界排名前100位的大学，美国、德国、加拿大、日本等国囊括了近80%。近些年来，我国先后实施"211工程"和"985工程"，加快建设高水平大学的步伐。大学也都清醒地认识到差距，将国际化纳入学校总体发展战略中。

必须特别注意的是，我们讲高等教育国际化并不是要全盘西化，也不要简单地认为高等教育国际化就是全盘西化。同时，推进高等教育国际化也不是简单地要完全"与国际接轨"。各个国家的高等教育制度并不一样，差别很大，甚至一国内各省的高等教育制度也有所不同。你去同谁接轨呢？我们推进高等教育国际化，从本质上讲，是要通过国际交流与合作，培养教师和学生的国际意识、国际视野、国际交往能力和国际竞争能力，从而提升大学的国际影响力和竞争力。

我国的大学要通过对国际的学习、交流、借鉴，去发现现代大学制度的精髓，再结合我国高等教育的实际情况，去创造、创新和发展具有中国特色的现代大学制度。

交往能力：国际化的基础

记者：具体到大学推进国际化的实际操作中，怎么判断一所大学的国际化程度？

黄进：我觉得中国大学的国际化发展进程经历了三个阶段。第一个阶段的特点是大学领导人的国际交流活动比较多，出国访问、参加国际学术活动等。第二个阶段，大学的教师国际活动多了，访学、讲学等。现在到了第三个阶段，学生有更多的机会和途径参与国际交流。

判断一所大学的国际化程度，从主体方面看，要看教师、学生的国际化水平，看他们的国际意识、国际视野、国际交往能力和国际竞争能力。其中，教师和学生来源中国际成分的比例也很重要。国外许多好的大学，面向全球招聘教师，其师资队伍中有很多国际型的教师，大学里国际学生的比例也比较高，好的大学本科生中国际学生比例达到5%—10%，国际学生在研究生中的比例更高。此外，判断一所大学的国际化程度还要从教学与科研活动方面来看，教学与科研活动的国际化水平主要表现在使用国际水平的教材、教学内容的先进性、双语教学特别是用国际性语言提供的课程程度、跨国合作教学和科研、在国际一流学术杂志上发表的学术论文以及举办的高水平国际学术会议等。

目前，我国大学要更有效地推进国际化发展战略，必须重点加强国际交往能力建设，包括教师的能力、学生的能力和大学自身的能力建设。现在，我国大学师生出国交流的机会明显增多了。比如，按照国家建设高水平大学公派研究生计划，国家每年公派5000人到国外攻读博士学位或者进行博士生联合培养，要派一流学生到国外一流的大学，师从一流的教授学习，许多国内大学有和国外大学联合培养学生的项目等。这方面还需要加强，要给师生提供更多的国际交流的机会，特别是为学生提供更多的选择机会，开阔他们的国际视野，培养他们的国际交往能力。同时，国际化是双向的，我国大学提升自身的国际化能力刻不容缓。大学要增强优势，吸引和吸收更多更优质的留学生，以便增加本国学生接触异质文化的机会，在各种文化的碰撞和融合中获得解决文化冲突的能力。

记者：推进过程需要注意什么问题？国际化和大学自身的特色之间的关系怎么处理？

黄进：面对大学国际化带来的这些机遇与挑战，中国的大学必须进一步解放思想，积极地进行改革创新，在这个过程中，坚持独立的自身价值体系非常重要。我们要坚持"学术立校、人才强校、特色兴校和依法治校"的办学理念，推进构建现代大学制度，建立政府宏观调控、高校自主办学的管理体制，走科学办学、民主办学和依法办学之路。在不失大学理想、坚守大学价值的前提下，把大学办出特色来。所以，我们讲大学国际化一定要同大学现代化和大学特色化结合起来讲，因为，大学国际化和大学现代化是相伴而生的，要提高大学的现代化程度，就需要面向国际社会，加强国际教育交流与合作，不断推进大学国际化。而要实现大学国际化，也必须以大学现代化为基础，没有现代化的高等教育观念和现代大学制度，也会影响大学国际化的进程。同时，任何国家的高等教育都植根于各国独特的历史文化土壤中，毫无例外地打上了各国民族文化、经济与政治体制的烙印，具有鲜明的本土特色。对国际上的先进经验的学习和借鉴，必须联系本国的实际情况，只有对其进行本土性改造，它们才能真正发挥应有的作用。由此我们可以下结论，大学的国际化、现代化和特色化进程，是一个并行不悖、相互依存、相互促进的统一过程。

（原载于《光明日报》2010年2月3日，记者李玉兰）

多科性大学应树立大学科建设理念

中国政法大学是教育部直属的重点大学,是一所以法科为优势和特色,其他人文社会科学学科协调发展的多科性大学,其教育教学和科学研究尤其是法科教育教学和科学研究,在国内外享有盛誉,是我国人文社会科学领域人才培养、科学研究和社会服务的重镇。2009年2月19日,武汉大学副校长黄进教授出任中国政法大学校长。黄进教授是我国著名法学家,是新中国成立后自己培养的第一位国际私法专业博士。在黄进教授赴京履新一年之际,本刊对他进行了专访。

在"充满矛盾的时代"更需目标坚定、处变不惊

记者:中国政法大学是一所以法科为优势和特色的多科性大学。结合当前我国高等教育发展的整体趋势,您认为法大如何才能实现内涵发展?

黄进:中国政法大学要想顺利实现从学科比较单一向多科性大学发展的历史转型,必须处理好规模、结构、质量和效益的关系,认清法大在建设特色鲜明的多科性大学过程中的强项和短板,采取质量优先的内涵发展模式,将高等教育的规律、法学教育的规律与学校办学的实际结合起来,有机整合高等教育的普遍规律与法大自身发展的特色。如今,法大全校上下已形成共识,要从外延式发展模式向内涵式发展模式转变,改变依靠"数量增长、规模扩大、空间

拓展"为主导的"量变"发展模式,进一步优化学科结构、提高教育质量、提升学术实力、推进民主管理,强化依法治校,积极探索法大的"质变"发展模式,推进法大走质量兴校、科学发展之路。

其实要谈学校的改革发展,离不开我们对我国高等教育大环境的一个梳理,以便清醒地认识我们处在一个什么样的高等教育时代。我想以下几点我们应该有所认识:一是我国高等教育已从精英教育阶段进入大众化发展阶段。由于我国是在较短时间内实现这一转变的,所以在一段时间内,教学质量下滑,办学条件跟不上,教育目标模糊,教育价值混乱,既不可避免又必须应对。对此我们要有自己的主见。二是我国正在致力于建设高等教育强国。这实际上对"985工程"建设大学和"211工程"建设大学和各大学的重点学科提出了更高的要求。这些大学和学科必须考虑其在我国建设高等教育强国的过程中发挥什么作用,处于什么地位。三是提高高等教育质量成为重中之重。这既是前几年扩大高等教育规模后的必然之举,也是我国提出建设高等教育强国、人力资源强国、创新型国家,推进我国现代化进程,提升我国国际竞争力的必然要求,因为发展靠创新,创新靠人才,人才靠教育,教育靠质量。四是改革创新成为我国高等教育发展的强大动力。当前我国高等教育改革的深度和广度前所未有,但是同时还面临许多体制、机制、制度的障碍和瓶颈。《国家中长期教育改革与发展规划纲要》即将出台,这意味着将有新一轮高等教育改革创新机遇,我们必须紧紧地抓住。五是高等教育的国际化方兴未艾。高等教育国际化不仅是一种教育理念,更是一种在世界各地广泛进行的教育实践。高等教育资源包括资金、思想、学生、教师等的跨境流动,对这个时代的优秀大学形成国际竞争的压力,迫使它们重新审视自己的使命。

还有一点也是我特别想说明的重要一点,就是当前我国高等教育正处在一个充满矛盾的时代。这里,有必要简单地回顾一下美国的高等教育发展史。20世纪50年代到70年代中期,是美国高等教育大发展的黄金时期。但到20

世纪 70 年代中期,美国高等教育走到了一个拐点,比如,大学面临严重的财政问题,政府因经费投入的增加而加强了对大学的管控,学生要求参与学校管理的激进主义活动频繁,媒体和公众对大学事务表现出前所未有的兴趣,媒体对高等教育的报道经常是负面的,教师的精神面貌出现滑坡,学生人数持续增加导致学习条件恶化、与教师接触的机会减少,高等教育机构自身迷失方向,变得沮丧气馁,等等。这一阶段大约持续了 20 多年,被称为美国高等教育"充满麻烦的时代"。历史常常有惊人的相似。今天我国的高等教育状况尽管与美国那个时候的情况有所不同,但有几分相似,比如,大学面临的财务困难,媒体对大学的种种负面报道,老百姓对高等教育的高度关注等。而且,我国的高等教育目前还有美国在"充满麻烦的时代"不曾有的突出问题,比如,高校领导和中层干部频频因腐败问题出事,学者甚至学术带头人频频因学术不端、学术腐败曝光。总之,在当下,市场对大学的冲击近年来表现得非常明显,权力和金钱猛烈震撼着大学这一世袭的金字塔,腐败或学术不端现象如抄袭、舞弊、代考、捉刀、卖考卷、权学交易、课题学位交易、贪污、受贿等,在不少地方不同程度地存在。我不敢说我们处在一个"充满麻烦的时代",但至少也是处在一个充满矛盾的时代。大学现在成了"高危"地带。我们高等教育机构,在大学工作的每一位教职员工,要对这样一个时代特征有清醒的认识,要头脑清醒、方向明确、目标坚定、处变不惊;要洁身自好、廉洁自律、反腐倡廉、独善其身。不然,大学和个人都会陷入被动和尴尬的境地。

以大学科建设理念来进行全局统筹规划

记者:学科建设是学校工作的龙头,是学校办学水平和综合实力的主要体现。在推进法大学科建设方面,您有什么考虑?

黄进:学校建设与发展的所有工作都应紧紧围绕学科建设来进行。首先,我们要树立大学科建设的理念。谈加强学科建设,不能狭义地去理解,只以为是学科专业建设,比如,只认为建硕士点、博士点,设重点学科,才是学科建设。而按照大学科建设的理念,学科建设实际上是同人才培养、科学研究和社会服务都联系在一起的。抓学科建设一定要抓教学、抓科学研究、抓社会服务、抓教学科研团队建设,还要从全局去统筹规划,不能狭隘地只去抓学科建设的某一方面。

其次,关于多学科建设。"多科性"是法大发展的目标定位之一,要围绕建设以法科为特色的多科性大学的办学目标来大力加强学科建设,形成一体多元、多元一体、和谐共生、协调发展的格局。既要保持和张扬法科的优势和特色,也要巩固、充实和提高已建的学科专业。法大现拥有 17 个本科专业,47个硕士点,19 个博士点。我认为,法学之外的其他学科的发展对法大的发展有着举足轻重的意义,这不仅关系到学科的合理布局和学校的综合实力,更关系到法大所培养的学生,能否兼具广博的知识基础、坚定的公共责任感和深厚的人文情怀。所以,我们必须巩固、充实和提高已建的学科专业,让这些学科专业走内涵式的发展之路,走特色化的发展之路,走国际化的发展之路。各已建的人文社会科学学科一定要办出自己的特色、形成自己的优势。在这些学科建设的初期,一方面可以借助法科的优势和实力来发展自己,同法学学科深度交叉融合,办出与法科相联系的特色,比如办法商结合的 MBA,这可以说是"借船出海";另一方面也应该发挥支撑学科的作用,特别是各人文社会科学学科不仅要加强自身的学科建设,还要对整个法大的通识教育、整个法大的人文校园的建设做出自己的贡献,这可以说是"绿叶护花"。这些学科既可以通过同法科的结合办出特色,也可以通过自身异军突起式的发展来办出特色。

再次,关于法学学科建设。在法大,法科"全而强",表现在法学学科齐全、交叉学科多,不仅各二级学科、三级学科在国内名列前茅,而且法学一级学科为国家重点学科,综合实力强。法科"全而强"的优势是法大的最大特色,但法学学科内部各二级学科、三级学科的发展也不平衡,部分法学二级学科、三级学科实力不足、后劲不足、朝气不足，没有建立结构合理、可持续发展的学术梯队，有的学科出现下滑的迹象，这在一定程度上拖了法科整体实力的后腿。这必须引起我们的高度重视。我们要探索构建法学学科的统筹、整合、协调发展机制。各大法学院和法学学科研究机构也要有忧患意识和责任意识，有所作为，对自己的弱项加以弥补。

第四，要注重学科平台建设。我理解的学科平台主要有三类：即传统学科专业平台、人文社会科学重点研究基地平台、跨学科平台。传统学科专业平台是基础，人文社会科学重点研究基地平台是重点，而跨学科平台是发展方向。我们的主张是，在现有学科体系内、学院体系内构筑的学科平台，由各学科、各学院根据实际情况自己建，学校主要着力推动构筑跨学科学术平台。最近几年，在科研方面，法大逐渐构建了三级平台，一级是教育部和北京市人文社会科学重点研究基地以及重点实验室，一级是校级跨学科实体科研机构（先后建立了法律与经济学研究中心等），还有一级是七八十个非在编科研机构。今后我们还应该继续推进法学学科与其他人文社会科学学科的交叉、融合，谋划构筑新的跨学科平台，比如说探索建立人文社会科学高等研究院，设立学术特区。当然，构筑跨学科平台要发挥学校现有的学科优势，在现有学科基础上来展开。

牢固树立人才资源是第一资源的观念

记者：大学要实现科学发展，要不断培养拔尖创新人才和进行知识创新，起决定因素的是教师。您在加强师资队伍建设方面有什么新的举措？

黄进：一个高水平有特色的大学，一定要有"三大"，即要有大师，要有大楼，要有大爱，但在这"三大"中，师资是最重要的。大家都说抗战时期的西南联大办得很好，原因何在？那个时候的西南联大在云南昆明办学，条件非常艰苦，没有大楼，也没有比较先进的仪器设备，但是由于西南联大有一大批大师，培养了一大批优秀的人才。当时西南联大的实际负责人,也就是清华大学的前校长梅贻琦先生曾说:"师资为大学第一要素,吾人知之甚切,故亦图之至亟也。"

大家知道,"学术立校、人才强校、特色兴校、依法治校"是法大得到普遍共识的办学理念。在我看来,高校综合实力的竞争,归根到底是人才特别是高素质创新型人才的竞争。我们只有牢固树立人才资源是第一资源的观念,下大力气培养和引进一支能够站在学术前沿,勇于开拓创新的高素质的师资队伍,才能在激烈的竞争中掌握主动,立于不败之地。这要求我们,一方面,要加大培养力度,发挥好学校现有教师的作用,特别是要大力加强对年轻教师的培养,给他们创造成长发展的机会,比如说,我们每年要拿出适当的名额让符合条件的青年副教授破格晋升为教授,也要在两年一度进行的博士生导师遴选时遴选符合条件的副教授成为博士生导师,要落实已经建立的学术假制度。另一方面,也要适当地引进一些高层次、高水平的专家学者进入法大,特别是要利用国家实施的"千人计划",从海外引进国际上一流的专家学者(包括外籍专家学者)来学校工作。学校要加大学院院长、实体研究机构负责人和学科带头人在学科建设、人才培养与引进方面的职责,因为教学科研机构负责人对本机构人才队伍的建设情况最为了解。特别是各学院的院长,要有这种气魄,有勇气和信心引进比自己学术上更强的人才。这里要特别强调的是,我们今后引进的人才一定要德才兼备、德艺双馨。人才到了我们法大,关键得尊重他们,给他们提供一个安居乐业、成长发展的环境,让他们待在这里愉快、舒畅。德国前总理科尔曾自豪地讲:"我们德国人对大学教授的尊重远远超过对商业巨子、银行家和内阁部长的尊重,这就是我们的希望所在。"我想这至少是德国教育和科技发达的原因之一,说明了人才对大学的重要性。此外,学术团队(包括教学和科研团队)的建设也非常重要。我们要着力构建结构合理的团队,倡导团结协作、同舟共济的团队精神,真正发挥团队中学术攻关方面的作用,要采取"学术带头人+学术团队"的模式来加强之。

在国际竞争中求生存、求发展、求贡献

记者:您经常提到要建立一所开放式、国际化、多科性、创新型的世界知名法科强校。我们应该如何理解这个目标? 如何实现这个目标?

黄进:在经济全球化、政治多极化、文化多元化、社会网络化的今天,人类已步入以知识为驱动力的社会,人类的交往越来越频繁,各国的联系越来越密切,全球性的问题日益增多。在这种背景下,是把自己仅仅定位为本地的大学和本国的大学,还是定位为全球的大学这样一个问题,已摆在大学特别是有雄心壮志的大学的面前。法大有这样的雄心壮志。

为什么要推进高等教育的国际化? 美国、英国、加拿大、澳大利亚、德国、法国等西方发达国家都有自己的考虑,并有所不同。比如,美国发展国际教育主要考虑的因素依次是:提升自己在国际上的政治领导力、推进知识产业、促进工商业的发展、保证高等教育质量和维护国家安全等。而澳大利亚发展国际教育主要是出于经济上的考虑,希望用国际学生交的学费收入弥补公共高等教育经费投入的不足,同时也考虑到借此提升澳大利亚进入知识社会的能力和澳大利亚高等教育的国际竞争力。加拿大的一流大学在高等教育国际化方面至少有四点考虑:一是通过国际化发展自己,提升自己的国际竞争力;二是明确将自己定位为全球性大学;三是要把自己的学生培养成全球公民;四是要以自己杰出的研究来创造知识,不仅服务于本地、本国,而且要服务于全世界。由此可见,国际化既是大学的办学方向,也是提升大学国际竞争力的主要方法和途径。今天的大学随着经济的发展、科技的进步和人员的流动,已不能也不再局限于某地,而应该是在日益开放的国际市场上的一个全球性参与者,要在国际学生市场、跨境教育、招揽人才、争取国际基金、提高教学和研究质量、扩大国际声誉等方面参与竞争,提升竞争力。

我体会，法大要推行国际化，是要通过国际化来发展自己、提升自己、完善自己，在国际竞争中求生存、求发展、求贡献。所以，我们讲高等教育国际化并不是要全盘西化，也不要简单地认为高等教育国际化就是全盘西化。同时，推进高等教育国际化也不是简单地要完全"与国际接轨"。各个国家的高等教育制度并不一样，西方发达国家如美国、英国、加拿大、澳大利亚、德国、法国的高等教育制度也各不相同，在加拿大国内，由于教育属各省管辖，各省的高等教育制度也有所不同。你去同谁接轨呢？我们推进高等教育国际化，从本质上讲，是要通过国际交流与合作，培养教师和学生的国际意识、国际视野、国际交往能力和国际竞争能力，从而提升大学的国际影响力和竞争力。我们建立现代大学制度，并不是要简单地复制、照搬和移植西方发达国家的现代大学制度，而是要通过学习、交流、借鉴，去发现现代大学制度的精髓，或者说现代大学共同的核心价值理念，再结合我国高等教育的实际情况，去创造、创新和发展具有中国特色的现代大学制度。

"苟日新，日日新，又日新。"我们提出把法大建设成为"一所开放式、国际化、多科性、创新型的世界知名法科强校"，这条发展之路漫漫，不可能一蹴而就，我们任重而道远。2010 年，我们将着手制定"十二五"规划，根据《国家中长期教育改革与发展规划纲要》，在主动适应国家社会经济发展战略需求的前提下，统筹全局、协调各方，提炼建设与发展思路，真抓实干。我希望在虎年里，每一个法大人，为学虎虎有生气，干事虎劲十足，切忌虎头蛇尾、龙争虎斗，共创学校各项事业虎跃龙腾、欣欣向荣的新局面！

（原载于《中国高等教育》2010 年第 3、4 期，记者卢丽君）

如何在同类大学中突显特色

《**大学**》:黄校长,您好!《国家中长期教育改革和发展规划纲要(2010—2020年)》提出要优化结构,办出特色,您觉得应该怎么理解"特色"呢?

黄进校长(以下简称黄校长):有句话叫"人无我有,人有我优,人优我特",说的就是这个"特"。对于大学而言,我认为特色主要还是应该从学科建设、人才培养、科学研究、社会服务,包括校园文化以及对社会思想的影响等方面来展示。比如说,如果学校的某一个学科或是某几个学科非常强,培养出了杰出的人才,在国内外有很强的影响力,那么就可以说这个学校办出了特色。

《**大学**》:不同类的大学似乎还比较好以学科及相应的学科人才培养显出特色,但在同类别、同层次的高校中,如何能够做到"人优我特"呢?

黄校长:首先,我认为我们应该有这样一种认识,高校的"强"或"特"都是一个相对概念,并不是指一旦说你强,就什么都比别人强。身处这么一个多元、开放的社会,一个高校很难做到样样都比别人强。高校之间的发展更应该是百花齐放的,让大家在各自的"强项"领域都有发展空间,这就是特色了。

如果很多大学都有某一个学科,但是某一高校在这个学科的某一个方面做得最好,做得很突出,有自己鲜明的特点,那就是突显了特色。比如,在法学教育方面,有的大学的民法学科很强,它可能会在民法方面突出特色,而我们中国政法大学(以下简称法大)可能行政法更好,那就在行政法方面做出特色来。再比如,我们法大的证据法也很强,建立了证据科学研究院,成为文理交叉融合的教育部重点实验室,这就是我校的特色,这是一般文科院校肯定没有的。另外,很重要的一点是,"人优"的大学更需要在人才培养目标、人才培养模式等方面充分体现出"我特"来。

政法类大学的法科都是比较强的,但我们法大会在人才培养目标和人才培养模式上与西南政法大学、西北政法大学等同类大学有所区别。例如,法大采取了"四跨"的人才培养模式,即"跨学科专业、跨院系、跨学校、跨国界"模式,注重把学生培养成为复合型、应用型、创新型、国际型的"四型"人才;同时,我们在办学中特别强调"国际化","国际化"是我们的发展战略。另外,我们学校的法科在科学研究方面还强调跨学科,强调学科交叉,我们拥有的教育部重点实验室"证据科学研究院"就是一个文理交叉的研究机构。

《大学》:那法大为什么还要致力于成为多科性大学,而不是专攻自己的特色学科?

黄校长:我们已经把法学学科办得很强,但一个学科毕竟太单一了,高校也要全面发展。所以,我们的办学目标是"开放式、国际化、多科性、创新型的世界知名法科强校",我们的落脚点还是"世界知名法科强校",所以从整个大学来说,我们把特色放在法律人才培养和法科上,这是没有问题的。但是,法科人才不能仅仅是只懂法律规则的应用,还必须有很深厚的人文精神和很深厚的科学精神,因为法律涉及社会生活的方方面面。法律,说简单点就是社会规则,是以国家强制力来保证它执行的规则,而社会生活各个方面都有规则,所以仅仅懂法律,就法论法是不够的,必须要有其他广博的知识。因此,学校仅仅有法科也是不够的,所以我们现在也发展了其他的学科,包括文、史、哲,包括经济学、管理学、政治学、社会学、新闻传播学、心理学、外国语言文学等,实际上我们现在已是一个多科性大学,或者说是一个文科综合性大学。我认为,发展法学之外的其他学科对法大的发展有着举足轻重的意义,这不仅关系到学科的合理布局和学校的综合实力,更关系到法大所培养的学生能否兼具广博的知识基础、坚定的公共责任感和深厚的人文情怀。所以,我校必须巩固、充实和提高已建的学科专业,让这些学科专业走内涵式的发展之路,走特色化的发展之路。非法学学科一定要办出自己的特色,形成自己的优势。在这些学科建设的初期,一方面,它们可以借助法科的优势和实力来发展自己,同法学学科深度交叉融合,办出与法科相联系的特色,比如办法商结合的MBA,这可以说是"借船出海";另一方面,这些学科也应该发挥支撑学科的作用,特别是各人文社会科学学科不仅要加强自身的学科建设,还要对整个法大的通识教育、整个法大的人文校园建设做出自己的贡献,这可以说是"绿叶护花"。最终,我们希望看到,这些学科可以通过同法科的结合办出特色,也可以通过自身异军突起式的发展来办出特色。学校也要加大对法学之外的其他学科在学科平台、经费等方面的扶持、支持力度。

《大学》:发展其他学科是否会淡化特色学科?

黄校长:我们讲,要"点面结合","点"就是要突出重点,但是也要考虑"面"。现在,法大开设的其他学科也发展得很好,政治学排在全国前10名左右,社会学、新闻传播也在20名左右,心理学在全国排名也很靠前。这已经比其他许多大学好很多了,因为中国有2000多所高校。但要指出的是,我们开设的其他学科也都是跟法学学科关系密切的,因为这样也容易出特色。比如学语言的,我们也提倡学法律语言,因为它一方面支撑了法学,同时自己也做出特色来了。学校建立了"双专业、双学位制"和"主辅修制",让所有的其他专业的本科生都可以选修或辅修法律,而法学专业的本科生也可以去修读非法学课程。这样一来,学生既学了管理学又读了法学,学了经济学又读了法律,学了英语或德语又读了法律。这样的人才就是复合型的,出了学校竞争力也很强。

当然,法大最有特色的还是法学,在其周围培养出了一群跟它相联系的许多学科,我们建立的其他学科其实还是跟法学紧密相结合的。它们跟法学结合以后,就能够在它那个行当里面突显自己的特色。比如工商管理有 MBA,我们提出建法商管理的 L-MBA,这样一来就很新颖。搞工商管理不懂法律是不行的,而法商管理把法和管理结合起来,那就很好,有特色,招生也好招,也就形成自己的特色了。我们提出法商管理 MBA 这个概念在社会上就很有影响,我们就是以特色来支撑它的。再比如,我们的体育教学部也可以和法学结合起来,体育老师在法大待了几年,耳濡目染,慢慢也学点法,他们结合自己的专业研究体育法。但是他们自己那个专业还是不能丢,原来是什么专业就是什么专业。发展其他学科表面上看好像是分了法学学科的资源,但实际上我觉得这对法学学科起了一个很大的周边烘托和支撑作用,这是一般综合性大学的法学院没有的优势,所以如果好好做的话,我们的法学学科一定会越来越强,不仅法学主体学科强,法学延伸学科、交叉学科也很强。

《**大学**》:但是,那么多综合性大学或理工科大学都在办法学院或法学专业,而且据统计,法学排名前 10 的高校中,只有 3 所是政法类大学,其他 7 所都是综合性大学,还有 1 所是上海交通大学,还是以理工科为特色的,您不觉得有压力吗?

黄校长:有压力就有动力。我们不害怕竞争,但我们主张良性竞争,主要是通过提升自己的实力来竞争,而不是通过打压别人来竞争。我觉得法大现在主要还是跟最好的大学在竞争,如北大、清华、人大、武大、吉大几个学校,新办的法学院系目前还没办法跟我们法大竞争。法大还要积蓄国际影响力和竞争力走向世界,为我国建设高等教育强国做贡献。但地方高校也可以办出特色,比如有的可以面向中西部地区培养人才,或者为中西部地区的经济社会发展服务;有的可以面向本地区培养人才。

法大过去长期不是教育部的直属高校,因此有些教育资源相对少一点,但现在归教育部直属就好多了。目前,法大在法学领域的综合实力还是很强的。

像我们的法学学科现在有一支 400 多人的人才队伍,一些资深的老专家,如江平、陈光中、张晋藩、应松年等国内最顶尖的学者都在我们这里,还有一大批优秀的中青年法学学者。现在我们培养的人才也很多,遍布全国。例如,在西藏和新疆政法界都有许多我们的毕业生。在北京的法院系统,不少法院 1/3 以上的法官是法大的校友;北京的律师大约有 1/4、四五千名是我们法大的毕业生。我们培养了这么多人才,今后出对国家和社会有杰出贡献的人才的机会肯定也会多一些。

在科学研究方面,我们现在不仅法学科研成果总量名列第一,而且也出产了一批标志性的成果。在科研成果总量上,刚开始人大、武大都比我们法大多,但这几年我们比较注意抓科研,引导老师们不仅要搞好教学,也要搞好科学研究,效果就出来了。我们建议教师可以在外面适当地参与一些实务活动,但要把主要精力放在学校。

我们现在也非常注意培养年轻的专家学者,学校在进人标准上也非常严格,要求德才兼备、热爱教育、关爱学生、崇尚学术,可以说是精挑细选,不是随随便便能进入法大的,即便是名牌大学的博士毕业生,如果达不到我们的要求,也很难进来。

《大学》:是否可以避开与其他高校比拼学科的多少,而通过开辟人才培养新途径等来体现优势呢?

黄校长:加强学科建设,并不是要与其他高校比拼学科的多少,而是要通过学科建设来构建自己的学科格局,强化自己的教师队伍,以便更好地培养优质人才,传承和发展学术,为国家和社会做贡献。因为优质人才的培养需要很丰富的课程设置,仅靠外聘教师来开设课程是很有局限的。如果没有这些学科,就没有自己的师资队伍,有些课程也开不出来。我们现在有文、史、哲的老师,他们除了把自己本专业教好以外,还有一个任务,就是要给全校学生上一些通识课,提升学生的人文素养。另外,他们毕竟是我们自己的师资队伍,不同学科专业的教师和学生在一起会使这个校园的文化更加多元一些,而不是局限于单一的法学领域,这对学生的成长肯定会很好。

我们现在本科生招生人数是 2000 人左右,其中一半以上是法律,少半是其他专业,目的是既要保持法科的优势,同时也要把其他学科做起来。其他的学科可以同法学学科结合、交叉,办出特色,也进一步支撑法学学科,比如说搞哲学的,可以研究法哲学;搞社会学的,可以攻法社会学;搞心理学的,可以研究犯罪心理学;搞新闻的,可以做法治新闻;搞工商管理的,可以探索法商管理,实际上其他学科对我们的法科发挥了很好的支撑作用,这不仅使这些学科自身快速形成特色,而且使法科更强,特色更鲜明。这可能是综合性大学法学院没有的优势。

《**大学**》:从人才培养这个角度而言,您认为,高校合并对行业性大学的特色发展有怎样的影响? 省部共建是不是更有助于高校形成自己的特色?

黄校长:应该这样理解,法大划归教育部直属,首先是意味着我们更加融入中国高等教育的主流;其次是意味着我们争取更多资源的机会多了,因为过去在行业里面,资源还是比较有限的,划归教育部直属以后,我们感到资源明显比过去更多,机会也更多,当然这也是因为国家这几年发展更快了,所以学校发展就更快了,无论是在学科建设、队伍建设,还是在人才培养和学术发展方面,我觉得发展都很快。今年,我们学校进入了"国家 985 工程优势学科创新平台"建设高校的行列,主要就是因为我们法学学科强,这是法大跨越式发展的重大突破。进入这个平台,对学校来说既是一个机会,也是一个挑战,就是说,我们的法学学科不仅要成为国内一流,还要瞄准世界一流冲进。这将更加有助于强化我们学校的特色。

省部共建很好,我觉得法大也应该在这些方面有所发展。政法口的部门比较多,如最高人民检察院、最高人民法院、司法部、公安部、中央政法委等,我们也很想在它们的支持、关心下发展。部部共建、部院共建、部委共建对我们行业特色鲜明的高校肯定是好的,因为我们学校是受益者。当然,从长远讲,是国家和社会受益,因为这些高校在"共建"中得到更大的发展,会为国家和社会培养更优秀的人才。

《大学》:行业部门在行业性大学的特色发展中还可以发挥怎样的作用?

黄校长:最大的作用是可以在人才培养和科学研究上与高校互动,增强人才培养和科学研究的针对性、实用性。例如,对于研究生的培养,我们实行"双导师制",一个导师是校内的,另一个是实务部门的专家。在硕士生和博士生层面,我们都在大力推进"双导师制",让实务部门有经验、有水平的专家真正参与到我们的人才培养上面来。对于本科生,我们也请校外实务部门的专家来给他们上一些课,请他们做学生实习实践的导师。

这次讨论卓越法律人才教育培养计划时,我们就在探讨,就培养卓越法律人才而言,法律实务部门的专家,如法官、检察官、律师,可以到法学院系兼上一门课,指导研究生,甚至到大学挂职一到两年,做一到两年教授再回去,而学校老师也不能一点实务经验都没有,也可以去法院、检察院等实务部门挂职一到两年,然后再回到学校,这样互相挂职,从师资上互相支持。同时,国家可以拿出经费在全国司法机关挂牌建立法学生实习实践工作站,赋予其指导法学生实习实践的职责。因为法学是一个应用性很强的专业,老师完全不懂实务是不行的,要将理论与实践结合起来,着重培养学生的能力。这样的人才培养计划有助于我们培养"应用型"人才。

《大学》:我们可以说,人才培养模式的创新就是为了实现明确的人才培养目标,但可不可以说,人才培养目标的定位就是为了要突显办学特色呢?您认为,如何才能做到合理的、有特色的人才培养目标定位呢?

黄校长:我认为,不能为了特色而特色。办学特色是一所大学的办学性质、办学目标、办学任务、办学模式、办学成果等多种办学要素长期积累所呈现的一种外观特征。突出办学特色的目的是要突显大学的办学质量和办学优势,让不同的大学有不同的发展路径。所以,办学目标的定位不是"依据"特色而来,而是"为着"特色而去。

比如,法大依据学校的属性及人才培养任务,将人才培养目标定位于要着力培养"复合型、应用型、创新型、国际型"的人才。北大、清华可能也提培养"国际型"人才,但他们可能不会提"应用型"。我们也没有提"研究型"而是提"创新型",因为我感觉"创新型"的意义更广,"研究型"人才更偏重做研究、搞学术,而"创新型"人才既可以做研究,也可以做实务,做研究当然需要创新,而做具体实务工作也应该有创新的精神和能力。法大的本科生和硕士生的绝大多数以及博士生的70%左右毕业后都去了实务部门。博士毕业生本来应该做学术,但是我们的博士生有70%左右去了实务部门,这是一个特例。既然我们培养的学生绝大多数要去做实务,那么,他们的实践能力应该很强,动手能力应该很强,适应能力也应该很强,这样,我们就在学生的能力培养上下更大的功夫。所以,我们的学生可能在实务和务实上面比其他学校的学生更受欢迎,这就是区别,也是学校的特色。

《**大学**》:您为什么特别强调"国际化"? 这对于形成学校的特色有什么作用?

黄校长:必须特别注意的是,高等教育国际化本身并不是全盘西化,也不能简单地认为高等教育国际化就是全盘西化。同时,推进高等教育国际化也不是简单地要完全"与国际接轨"。各个国家的高等教育制度并不一样,差别很大,甚至一国内各省的高等教育制度也有所不同。你去同谁接轨呢? 我们推进高等教育国际化,从本质上讲,是要通过国际交流与合作,培养教师和学生的国际意识、国际视野、国际交往能力和国际竞争能力,从而提升大学的国际影响力和竞争力。

我觉得"国际化"还是要从人说起。第一,从教师队伍建设的角度来讲,我们有一部分老师还没有国际化的视野,没有国际交往的能力。对于一些年纪稍大的教师,我们不一定要求他们有很强的国际交流能力,但是我们希望他们至少看问题时要有世界眼光,有国际视野。对于更多的中青年老师,我们希望他们不仅要有国际视野和世界眼光,还要有国际交往的能力,甚至还要有国际竞争能力。因此,我们派教师出去学习,引进"海归",聘请国外的专家到我们学校当老师。

第二,从人才培养目标上说,就是让我们的学生具有国际视野和世界眼光。我们办学的整体培养目标是培养"复合型、应用型、创新型、国际型人才"。当然,要真正让每个人都很厉害,成为"四型"人才,目前也不太现实,所以有时候我们提"三型",有时候提"四型",但是至少要让我们的学生有国际意识和世界眼光。对于学生,我们也要创造条件,让他们具有国际交流能力,也就是必须掌握一门外语,可以进行国际交流。另外,就是希望他们今后有一部分人能够到世界舞台上去找工作,有国际就业能力和国际竞争能力。

第三,从培养方法上来讲,我们要拓展学生交换项目,跟外国的一流大学进行学生交换。比如,为推动我国高水平大学建设,送学生出国攻读博士学位或联合培养。我们学校今年第一批入选了58位学生,加上后续还要派一些,估计将有70余名学生到国外读博士或进行联合培养。再就是我们积极开展双语教学,特别是鼓励我们的学生使用世界上最先进的教材。另外就是面向外国学生举办以英语为授课语言的暑期班,把国外的学生引到我们这儿来学习。我们还通过招收外国留学生,使校园的国际文化氛围更加浓厚。学校现在有300多位外国留学生,这也有助于提高学生的跨文化交流能力。

第四,在科学研究方面,我们鼓励教师用国际上的通用语言来展示其科研成果,所以我们现在对于教师到境外发表文章给予很高的奖励;对于教师受邀参加境外国际学术会议并演讲也都提供资助。同时,鼓励教师参加国际学术组织和牵头组建国际学术组织。因为这些都是学术影响力的体现。

第五,我们的干部、职员也应当具有国际视野,这对办好一所大学也很重要。因此也要有计划地派出一些,让他们出去看一看、走一走。我们今年就要派一些管理人员到境外考察学习,他们出去的机会少,让他们去看一看,有时候看一看就能够发现我们与国外的差距,然后想着怎么去改进。如果不让他们亲眼看到,他们可能根本想象不到外国是个什么情况。让这些管理者看看国外大学是怎么管理的,看看他们的同行是怎么工作的,我认为这对他们也是一种刺激和激励。

总而言之,我们是要从方方面面在学校形成国际化的氛围。

《大学》:像类似国际化这样的定位是要受到地理条件的限制的。如此,办学特色与学校所在的地理位置有关吗? 那些不在北京的高校以及一些地方高校是不是很难"突围"出特色呢?

黄校长:不一定。因为一所大学的特色终究还是要靠培养的学生来体现,并通过学生对社会经济发展做出的贡献来反映大学的社会贡献。像西北政法大学是来自西北地区的学生多,留在那边的学生也多,尽管我们也有一些学生会到那边去工作,但毕竟少于西北政法大学,因此它对西北地区的贡献应该比我们大。但是要它在其他方面与东部的高校相比的话,确实难度要更大一点。比如说在国际交流方面,因为外国人来中国,多半是首先到北京、上海,因此北京和上海的高校与国外交流的机会就多一点。所以我觉得每所大学还是要根据自己的实际情况做好定位,这很重要,围绕自己的办学目标、人才培养目标,对学科建设、人才培养、科学研究、社会服务面向等进行定位,然后才能慢慢形成自己的一些特色。

《大学》:在国际交往过程中,您觉得法大作为行业性大学有哪些优势和劣势?

黄校长:优势就是我们的法学学科和学术实力受到认可,在国外,很多大学法学院都知道我们,也非常愿意跟我们交往;但是劣势是,别人好像把我们仅仅局限在法学领域。其实,我每次代表学校出访,也希望我们的政治学、经济学、管理学、社会学、新闻与传播学、文史哲等学科能够和国外高校建立一些交往,可别人更看中的是我们的法学。我们大学的定位是"开放式、国际化、多科性、创新型",我希望我们的多科性能体现出来。

《大学》:世界上很多著名法学院都是在综合性大学里,法大是不是打算先成为多科性大学,最终再发展成综合性大学?

黄校长:目前没有这样的想法。我们现在的定位就是多科性,我们肯定是要保持和张扬法科的特色和优势,这是毫无疑问的。但是如果我们把其他学科也发展得很好、很强,那法大在整个中国高等教育界的地位就会更上一个台阶。

的确,国外很多著名法学院都是在综合性大学里,但也不尽然。我觉得我们现在至少有一个可以借鉴的目标,那就是伦敦经济政治学院。伦敦经济政治学院现在也是世界名校,它的特色学科就是经济、政治等,但它并不限于经济和政治强,它的法学、社会学、国际关系学也很强,也就是说它在整个社会科学领域都很强。在学科设置方面,我们法大同伦敦经济政治学院差不多,但我们仅法科强,政治学科还不错。而我们学校不能够仅仅是法科强,我们希望借鉴伦敦经济政治学院的发展经验,大力发展其他人文社会科学学科。我们提出来,我校政治学今后要进入中国的前 10 名,其他学科要尽快进入中国的前20 名,慢慢地,其他学科都强了,我们整个大学就更强了,在整个中国高等教育领域的地位就会提升,这样,我们的法科也会更强。

我觉得大学要根据自身的条件发展,我们目前没有想要变成一个综合性大学,还是定位在以法科为特色、为优势、为主体的多科性大学。

《大学》:您觉得高水平、有特色的大学最需要什么来支撑?

黄校长:我觉得"大师、大楼、大爱"这"三大"应该是可以支撑的。其实,一所大学要办好,跟这三个"大"——"大师、大楼、大爱"都有关系。"大师"就是讲师资队伍,对于大学也好、学科也好,总得有那么几个在学术界"叫得响"的教师才行,不然,这所大学、这个学科肯定水平一般。

"大楼"就是说大学必须要有一定的硬件,有一些必要的设施,有师生能够静心学习和做学问的地方。我觉得这也很必要,我们学校学院路校区现在还比较破旧,不及一些中学的办学条件,如果不是在北京,可能好多人不愿意来,就是因为在北京,又是中国政法大学,师资队伍比较强,学生才愿意来。所以,我们现在要彻底把这个校园改造成现代化的校园,虽然学校面积小,但是我们要建成一个精致而富有文化内涵的校园、一个现代化的校园,我们要做到虽然小但是精,比较整洁,管理比较好,服务到位,有自己独特的校园文化。经费也要充足,没有经费是不行的。

"大爱"讲的是大学应该有一个很好的人文环境,在校园里面,大家互相尊重,平等相待,都潜心把书教好,把学问做好,安居乐业。我认为,建设高水平、有特色的大学,需要一个很好的环境,这个不仅包括硬件,还包括软件,即人文环境。我希望我们的大学有一个很好的文化环境、文化氛围,大家都尊重人才,尊重知识,尊重劳动,尊重创造,遵循学术规范,教书育人,教学相长……我希望大家在这个校园里能够和平共处、和衷共济、和而不同、和谐发展。简单地说,就是尽量让老师在这里工作很愉快,学生在这里学习很愉快,keep them happy! 我也曾说过,我期望有一天,在法大,我们法大人能够各安其位,各司其职,各尽其能,各展其长,各得其所;老者安之,同辈信之,少者怀之;学生好学乐学,教职员工安居乐业,学校长治久安,和谐和美。当然,我们学校实际中不一定有这么好,但是我们要往这个方面去引导,去创造这样一个环境。硬件,我们现在没办法在短时间内改变它,但是我们可以把它做得精致一点,现代化一点,干净一点,整洁一点,让人看到舒心一点。尽管我们不可能做成北大、清华或者武大那么好的校园,这个没有办法,但是,我们可以通过形成自己独特的文化来突显自己的特色。

《**大学**》:您提倡开放式办学,要加强社会与校园的互动;又提倡潜心教学,要营造宁静的校园环境,这会不会有冲突?

黄校长:我觉得不冲突,这都是为了培养人才而提出来的。我认为,做学问,有些老师可以完全待在"象牙塔"里面的,这是有些学术的性质决定的。但并不是所有的人都需要完全待在"象牙塔"里面,两耳不闻窗外事。我们提"开放式",就是要坚持对外开放,坚持开放办学,促进学校与社会的良性互动,立足北京、面向全国,立足中国、面向世界,以优秀的人才和卓越的学术服务于国家的经济建设、政治建设、法治建设、文化建设、社会建设和生态文明建设,服务于人类的和平、文明和发展。我们法大的学科,主要是人文社会科学学科,大多是应用性的。不跟社会接触、不以社会需求为导向是不行的。与其接触并不会影响大学自身的文化,在这个校园里,大家都应该尊重知识,尊重人才,尊重劳动,尊重创造,尊重学术,崇尚学术自由。当然,在开放式办学过程中,难免有人会受到社会浮躁之风的影响,但是我们不会因此不开放办学,同时还是希望大家安安心心地在这儿工作,"澹泊明志,宁静致远"。如果觉得外面的世界真精彩,也可以选择离开,去追求自己想追求的东西。

《大学》:在当前重视科研甚于教学的评价背景下,您如何对待那些"潜心教学"甚于科研的教师?如何处理教学和科研之间的关系?

黄校长:我们现在提大学的四个功能,即人才培养、科学研究、社会服务、文化引领,但是,最核心的还是人才培养,这个必须尊重,现在的评价都过于看重科研。我也很重视科研,但是科研不能冲击教学,因为教学、培养人才是大学最根本、最首要的功能。在我们学校,研究教学发表的文章也算是科研成果,教学改革的项目也是科研项目,这都是研究。也就是说,在评价老师时,教学项目和科研项目,我们是同等对待的。我们不要因重视科研而忽视教学工作,也不要因重视教学而忽视科研工作。我非常赞成"四个同等重要"的教师业绩评价原则,即"教学工作和科研工作同等重要,教学研究项目和科学研究项目同等重要,教学成果和科研成果同等重要,教学骨干和科研骨干同等重要"。

现在大家也认识到,法大和综合性大学还是有些区别。综合性大学也比较重视人才培养,但还是有过度看重科研的现象,而法大过去是太看重人才培养,不太重视科研,所以我们要慢慢让教学和科研尽量平衡。我觉得教师还是要进行一些研究,因为光传授那些已有的知识是不够的,必须要开展科学研究,这样才能够更好地传授知识,才能够把一些新的东西带给学生,把学生带到学术发展的前沿。今后我们评价绝大多数教师要从教学、科研和社会服务三方面来评价,可以考虑各占1/3。

当然,进行改革不能脱离实际,要考虑实际情况。对于由于历史原因没有博士学位的教师,我们允许他们在达到一定年龄后参评教授,即有参评的资格。今年我们准备要评职称,对有些年龄大、科研达不到条件的老师,为了鼓励他们根据自身的情况潜心教学,如果他对教学特别敬业、对学生特别关爱,教学效果特别好,学生也特别喜欢,我们也想每年开一个小口子,每年拿出一个指标,给这样的教师一个上升的空间,只要他们达到基本条件,也可能晋升。去年,我们学校有位只有专科学历的老师评上了教授,在他那个年龄段,按说至少要有本科学历才能参评,但他毕竟工作了这么多年,有了相当的学术积累,所以我们破格允许他参评,并最终被评上了。但是,对那些教学不行、科研也不行、对学生又不关爱的教师,我们主张逐渐淘汰。

《大学》:您怎样看待教师队伍建设对学校特色建设的作用?

黄校长:法大提出"学术立校、人才强校、特色兴校、依法治校",这是我们办学的主张。人才强校是我们的一个办学理念。一所学校发表的文章多一篇、少一篇都是次要的,学校之间最终的竞争还是要看其师资和培养的人才在社会上表现怎么样,为国家、为社会,乃至于对整个人类文明作出了怎样的贡献。例如,法大的大学者江平教授的影响就是跨学科的,不仅在法学领域,在社会上也很有影响。当然,我们也有一些很优秀的中青年教师表现也很出色。

我很欣赏这句话："Recruit the best people and keep them happy"（延聘一流人才，并使他们快乐、幸福）。我们要保持我们的法学学科特色和优势，关键在拥有一流的师资。我们希望在每十年时段里都能产生一批优秀的教师，希望有那么几个人在国内甚至国际上成为这个领域的领军人物之一，这样才能保证我们学科的优势。我们必须在每个学科里面构建承前启后的学术梯队。因此，学校在进人的时候，主要看他的综合能力，看他的学术潜质，同时，为他们提供良好的发展平台，keep them happy。

《**大学**》：那您认为，在突出办学特色的诸多建设中，最大的困难是什么？

黄校长：法大目前最大的困难，一是办学条件不足，办学资源比较紧张；二是怎么才能使管理更精细化，这方面可能还要下一定功夫；三是如何使整个教师队伍、管理队伍把心思都放在办学上面，放在教学工作、人才培养、科学研究、提升学校的水平等方面。大学不是一个世外桃源，它也是社会的一分子，社会对学校是有影响的，难免有老师不把精力放在教学上面。当然，提高人才培养质量还是我们的核心问题。

《**大学**》：您是大学校长，又是法学专家，您觉得在建设有中国特色的现代大学制度的过程中，最大的法学问题是什么？

黄校长：建立中国现代大学制度，首先要依法治教，也就是要制定一个非常好的教育制度，用法律把它很好地确定下来。其次就是依法办事，我觉得有教育法就要按照法律办事，从上到下包括教育部，整个教育界都要依法办事。如果这个法不好那就要改，但在没改之前都要按照法律办，这一点我觉得很重要。我国现行的教育法制是改革开放以来逐渐建立起来的，是改革开放的产物，我不否认其存在问题，应进一步改进和完善，但绝不能因此不严格依法办事、依法治教。我认为一是要制定良法，二是法律出来以后就严格依法，这就是科学办学，民主办学，依法办学。

《**大学**》：您认为中国大学在依法办学方面做得如何？

黄校长：我觉得做得很不够，中国整个社会都存在不守法的情况，包括学法律的人、社会精英都有不守法的行为，这是个大问题。我觉得，中国现在不可能像过去那样通过疾风暴雨式的、革命的方式来推动法治进程，现在是循序渐进地改，像我们的教育法，尽管可能存在不科学、不合理的地方，需要改，但它毕竟是我们改革开放后逐渐建立起来的制度，大家首先要遵守，要按规则办事，然后才能够说我们怎么把不好的改过来。对于不科学不合理的地方，要提意见，要改，而且要及时改！这些都是应该的，但是没改之前就要按照法律办事。改革开放初期，那时候没有相关具体的法，当然可以以改革的名义破除一些藩篱，摸着石头过河，摸着石头向前走。但现在是有法，而且这个法也是我们在实践中花很长时间总结出来的，尽管也不是十全十美，但是大多数也是根据中国实际情况制定的，因此，大家都要有一个守法意识。

怎么依法办事，依法办学，依法治教，这是最大的问题。学校要依法治校，大学有章程的，只要章程是符合法律规定的，就应该严格按照章程办事。

《大学》：大学章程在依法办学中的角色是什么？会否与高教法冲突？

黄校长：高教法不可能对大学方方面面的具体事务加以规定，难免有好多具体的事情要由大学自己解决，大学内部治理结构很重要，大学章程可以加以细化规定。大学章程不能与教育法、高教法相冲突。而且如果不冲突的话，大学章程就是大学里面最高的行为准则，大家都得遵守，按章程办事。

中国特色社会主义法律体系已经形成，就是说，"有法可依"的问题基本上解决了，那接下来就是怎么做到有法必依，执法必严，违法必究。一方面，大家都要严格遵循法律，按规则办事；另一方面，如果法律出现了问题，落后了，就要及时修订。所以，依法办学、依法治教、依法治校不仅要做到有法可依，更为重要的是怎么真正让大家都能够严格地执行。

《大学》：这是否意味着，大学在追求特色的时候，也必须依法办事？

黄校长：是的，我觉得这个很重要，因为中国现在可能有很多矛盾，不能通过急风暴雨式的办法来解决,所以大家必须要有"游戏"规则,围绕规则办事,不然社会就乱套了。有规则,大学不遵守,老百姓不遵守,政府部门也不遵守,那问题很快就会出来。

《大学》:感谢您接受我们的采访!

(原载于《大学》2011 年 07 期,记者张男星、王春春)

要成为卓尔不群的法大人

卓尔不群的法大人,就应该超逸脱俗,气度不凡,学识出众;卓尔不群的法大人,就应该相互激励、相互扶持,去帮助每个法大人追求更高境界的成功;卓尔不群的法大人,就应该为国家鞠躬尽瘁,对人民死而后已,坚定捍卫法治精神。

同学们,四年前,你们进入法大,成为法大学子,给法大注入了新的活力。四年来,你们通过努力学习,成为优秀的法大毕业生,为法大增添了绚丽的光彩。现在,你们将离开法大,成为法大校友,让法大依依难舍、无尽牵挂。四年的法大生活无疑是你们人生的重要阶段。这四年法大生活的耳濡目染,让你们和我们有了一个共同的名字,那就是"法大人"。从今往后,无论你们走到哪里,哪怕是天涯海角,哪怕是外层空间,法大人是你们永久的身份。

什么人才是法大人? 大家可以简单地理解为在法大学习和工作过的人。但这还不全面。真正的法大人还应该是具有法大精神的人,有法大气质的人。

中国政法大学自1952年建校以来,至今已近一甲子。这么多年来,法大历经坎坷,但始终向前,在全体法大人的共同努力中,逐渐积淀了大家认同的法大精神:那就是"以人为本,尊重人权"的人文精神,那就是"实事求是,求真务实"的科学精神,那就是"自强不息,追求卓越"的学术精神,那就是"艰苦奋斗,坚忍不拔"的奋斗精神,那就是"和睦相处、和衷共济、和而不同、和谐发展"的团队精神,还有"经国纬政,法泽天下"的气度,"经世济民,福泽万邦"的情怀,"公平至上,正义优先"的价值观,"可夺法大名,不泯法大志""只向真理低头"的骨气,"凡我在处,便是法大"的身份文化认同,等等。

这些精神可以说已浓缩在我校"厚德、明法、格物、致公"的校训之中。大家不难看出,法大的精神有大气、大度和大爱的特质。正是在这些精神的激励、支撑和传承中,我们法大走出了一条特色发展、内涵发展、创新发展、和谐发展、国际化发展、跨越式发展之路,融入国家高等教育主流,荣登国家法学教育之巅,成为近十年来中国进步最快的大学之一。

同学们,尽管你们在四年前入学时,可能对法大没有什么深刻的认识,但今天不同了,你们已经拥有了法大的背景,烙上了法大的印记,浸润了法大的特质,今后还要承载起法大的荣耀。毕业典礼的结束,意味着你们要做出这样的选择,是仅仅背负"中国政法大学毕业生"的称号,还是融入传承和弘扬法大精神的法大人行列?我相信大家都会选择后者。法大精神是一面旗帜,现在这面旗帜到了你们手里。我希望大家能像一批又一批、一代又一代法大校友那样,扛起这面旗帜,恪守"家风",无论你们走到哪里,无论你们身居何处,无论你们富贵还是贫穷,你们都要牢牢记住法大的精神,坚守法大的精神,做真正的法大人,成为卓尔不群的法大人。

要成为卓尔不群的法大人,需要终生学习,不断汲取知识,增长才干,智惠天下。大家知道,小学和中学阶段主要是学习启蒙知识,大学阶段主要是学习专业知识,而进入社会之后则主要是学习灵魂知识,接受灵魂的教育,这就需要你们在社会历练中"吾日三省吾身,为人谋而不忠乎?与朋友交而不信乎?传不习乎?"不断进行反思、积淀与扬弃。

要成为卓尔不群的法大人,需要常怀感恩之心,恻隐之心,仁爱天下。现在社会上,存在着太多"各人自扫门前雪,休管他人瓦上霜"的现象。这是因为他们不懂得,照亮社会的光明,不仅发自太阳,更来自我们的内心。希望大家今后不但要立足本职,脚踏实地,"独善其身",还要以己所学,尽己所能,"兼济天下"。

要成为卓尔不群的法大人,需要珍视你们的天赋、品德,诚走天下。在同学们的四年法大生活中,在与同学们相处的时间里,我能从你们身上发现诚实、聪明、自强、勤奋、坚韧和开朗等优秀品质,这使我对你们充满了信心。我细想过我所认可的伟大人物,没有一个人的身上不凸显这些优秀的品质。正是这些品质,使他们成就了事业,赢得了尊敬,散发出迷人的魅力。同学们,我深信你们现在具有的这些优秀品质会帮助你们实现梦想,希望大家能将它们视为成功信条,坚守之,笃信之,践行之。

要成为卓尔不群的法大人,需要具有超群气度,勇闯天下。法大人的气度就是"天生我材必有用"的自信豁达,就是"任风雨来袭,我自岿然不动"的淡定从容,就是"只要给我一个支点,我就能撬起整个地球"的远大抱负,就是"三军可夺帅,匹夫不可夺志"的凛然意气,就是"违千夫之诺诺,作一士之谔谔"的浩然正气,就是"我不下地狱,谁下地狱"的无畏勇气。江平先生有句名言:"只向真理低头",大家耳熟能详。说得真好,法大人都应该有这种气度。

我国著名学者梁启超先生在戊戌变法失败后的1900年,写了一篇叫作《少年中国说》的散文,其中有两句话令人印象深刻:"纵有千古,横有八荒;前途似海,来日方长;美哉,我少年中国,与天不老!壮哉,我中国少年,与国无疆!"他歌颂了少年的朝气蓬勃,寄托了对"少年中国"的热爱和期望。我把这两句话转送给大家,以此寄望大家成为卓尔不群的法大人。

卓尔不群的法大人,就应该超逸脱俗,气度不凡,学识出众;卓尔不群的法大人,就应该相互激励、相互扶持,去帮助每个法大人追求更高境界的成功;卓尔不群的法大人,就应该为国家鞠躬尽瘁,对人民死而后已,坚定捍卫法治精神,把知识和才华融会于中华民族的伟大复兴征程;卓尔不群的法大人,就应该把命运掌握在自己手里,勇攀高峰,努力在平常的生活中、在崎岖的道路上,成就充实而幸福的人生。

同学们，今天是你们人生的"独立日"，你们将从依赖走向独立，从校园走向社会。走出校门，你们就完成了人生的转换，什么都得靠你们自己了，要独自感受通胀、楼价带来的生活压力，人情世故导致的情绪变化，激烈竞争带来的事业困惑。但我想你们并不孤独，因为在你们的身后，有父母家人，有亲朋好友，还有法大及所有法大人。同学们，当你们奋力打拼的时候，请一定好好维系、呵护这些亲情和友谊，它们必将是你们无尽的宝藏。

同学们，今天同时是母校的惜别日，母校对你们将从直接的关爱、教育与保护，转为遥望、思念与支持。四年的相濡以沫，我们共同度过了"为一体，如胶结；同艰难，共欢悦"的宝贵岁月。今天过后，正如当年你们上法大时你们的父母送别一样，我们也将看着大家渐行渐远的背影。我想告诉大家的是：我和母校师生会想念你们，你们今后的一举一动，都会成为我与母校师生的挂念。我和母校师生会守望你们，见证你们，并及时为你们的幸福与成功喝彩。我和母校师生还会支持你们，无论你们遇到什么艰难困苦，法大及全体法大人始终是你们的坚强后盾。我和母校的全体师生都有一个强烈的愿望，就是和你们一起努力，用我们大家的双手，把幸福和荣誉的桂冠戴在你们的头上。请你们记住，你们今后不是一个人在奋斗。

（原载于《法制日报》2011 年 7 月 13 日）

高校绩效评价是高效低碳教育观的反映，需要制度化地开展

我们非常关心高校绩效评价。作为高校的管理者，我们尤其关心的是，如果高校的绩效评价不高，那么不高的原因在哪里，今后如何改进高校的工作。这是评价的意义。我想谈三个方面的问题。

一、 对高校绩效评价的理解

作为管理者或者实践者，我觉得绩效评价应该是对高校的成绩和效果的评价。绩效评价可以包含两个方面，一方面是对高校内部成员的绩效评价，另一方面是从组织角度对高校整体工作的成绩和效果进行评价。全国教育工作会议以后，特别是《教育规划纲要》颁布实施以后，对高校开展绩效评价有利于促进高等教育从过去偏重外延式的发展转向偏重内涵式的发展。例如，在高校内部实施绩效评价，就对高校内部科学设岗、调动教职工的积极性、合理调整配置资源、实现绩效评价工资制度改革等许多方面都非常有意义。

我认为，高校绩效评价是高效低碳教育观的反映。我们知道，"低碳经济""低碳生活"，这两者所持有的基本价值理念就是要勤俭节约，最终目的是实现人类社会的可持续发展。借助这样的理论，我觉得，高校绩效评价实际上也可以认为是高效低碳教育观的一种反映，因为绩效评价主要是基于投入、产

出核心理念的设计和组织,这样可以有效整合和利用资源,减少浪费,用最少的投入获得最多的产出,以实现高等教育的可持续发展。

从组织角度对高校整体绩效进行评价,是高校面向社会公众问责、履行社会职责、展现高校诚信、吸引资源的一个非常重要的途径。高校绩效评价,特别是从外部组织来讲,主要应该是对高校成绩和效果的整体评价,要结合大学的功能,结合人才培养、科学研究、社会服务、文化的传承和创新进行评价。所以,绩效评价不仅仅是物质的,也应该包括精神的;不仅仅是看得见的,还应该有看不见的;不仅仅是结果性的,还应该有过程性的评价。

高校绩效评价只是高校评估当中的一种评价种类和方法。因为现在对高校的各种评估也非常多,官方的、民间的、国内的、国外的,绩效评价仅仅是其中的一种评价方法或者评价类型。

二、 结合中国政法大学的情况谈高校绩效评价体系的构建

中国政法大学始建于 1952 年,主要是以法科为特色的大学。最近几年发展成为以法科为特色和优势的多学科大学,或者说,是以人文社会科学为主的多科性大学。我们看到在中央教科所 2009 年对 72 所高校的绩效评价中,中国政法大学的排名不是很靠前,与我们的声誉有一些不一致。我们认为,高校的绩效评价体系应该是一个分类性的绩效评价体系,也就是说要根据高校的类型、层次和特点,将之分类,并设置分类绩效评价体系。可以分为综合性大学、单科性大学;也可以分为以人文社科为主的大学和以科学技术为主的大学;还可以根据学科门类进行分类,比如财经类大学、政法类大学。

高校的绩效评价体系应该是既重结果又重过程的一个体系,因为我们讲提高高等教育质量主要是体现在高校的四个方面,即人才培养的质量、科学研究的水平、社会服务的能力以及文化传承和创新的水平,而核心是人才培养的质量和水平。人才培养的绩效,短期内很难看出来,短期主要是看就业率以及

就业的质量;人才培养的长期效果可能要在 10 年、20 年以后才能够反映出来。所以,怎样把结果和过程处理好是非常重要的。当然,我们也认为,高校绩效评价体系应该着力去引导高校提高人才培养的质量。

三、 关于高校绩效评价体系的实施建议

一是要投、评分离,也就是投入的机构和评价的机构要分开,政府要进行投入,是投入方,评价最好由第三方来进行。二是要投、评挂钩,也就是把高校的绩效评价与教育模块联系起来,然后再基于评价对投入进行核定,这样促使高校的绩效有一个很大的变化和提升。三是高校的绩效评价要进一步制度化、规范化和现代化,特别是要制度化,《教育规划纲要》也提出了这一要求。如何真正使高校绩效评价工作有效地进行,制度化非常重要。也就是说要依法办学、依法治校、依法治教,使绩效评价在规制中有效、有序地进行。

（原载于《大学(学术版)》2011 年 10 期）

培育社会主义法治文化是法大的历史使命

不久前召开的中国共产党第十七届中央委员会第六次会议通过了《中共中央关于深化文化体制改革推动社会主义文化大发展大繁荣若干重大问题的决定》,特别强调要坚持中国特色社会主义文化发展道路,发展面向现代化、面向世界、面向未来的以及民族的、科学的、大众的社会主义文化,培养高度的文化自觉和文化自信,提高全民族文化素质,增强国家文化软实力,弘扬中华文化,努力建设社会主义文化强国。我认为,这实际上是中国迈向社会主义文化强国的进军号角,对开创中国特色社会主义事业新局面、实现中华民族的伟大复兴具有重大的现实意义和深远的历史意义。社会主义文化强国的建设,我认为离不开社会主义法治文化的培育。中国政法大学应当在法治文化建设方面作出自己应有的贡献。

一、 法治文化是社会主义先进文化的重要组成部分

大家知道,文化是一个内涵丰富、外延宽广的多维概念,比如,有人主张,文化是人类在社会历史发展过程中所创造的物质财富和精神财富的总和,而我个人比较赞同文化是人的生存、生产、生活方式,或者说文化是人的活法,文化是人生活的样式的观点。所以,我们说,文化是民族的血脉,是人民的精神家园。社会主义文化应该是在社会主义中国人的生活样式,主要表现为精神、

思想、传统、习俗、价值观、思维方式、文学艺术、风土人情、行为规范等。而法治也是一种生活方式，尤其应当是当代中国人的生活方式，因此，可以这样说，法治文化是国家依法治国、政府依法行政、司法机关依法施法，所有社会成员依法行为的社会方式。我们知道，依法治国建设社会主义法治国家，是我们国家的治国方略。胡锦涛总书记在党的"十七大"报告中也提出了"树立社会主义法治理念""弘扬法治精神"这两个重要命题。随着中国特色社会主义法律体系的形成，全面落实依法治国方略进入了新的历史阶段，必然要从法律制度层面深入到法治精神内核，从法制体系构建升华到法治文化培育。培育社会主义法治文化是全面贯彻落实依法治国方略的必然选择，因为国家长治久安的根本在法治，市场经济的本质在法治经济，社会管理创新的关键也在法治。所以，可以毫不夸张地说，社会主义法治文化的培育对国家的经济发展、政治进步、法治昌明、文化繁荣、社会和谐具有基础性和根本性的作用，是全面贯彻落实依法治国方略的当务之急。所以，我们可以进一步肯定，法治是社会主义文化的重要特征和重要内容，社会主义法治理念的完善，是社会主义核心价值体系建设的重要内容，法治文化是社会主义先进文化的重要组成部分，法治文化大发展、大繁荣离不开社会主义法治文化的培育，社会主义文化建设和社会主义文化强国建设离不开法治建设和法治文化建设。

二、 培育社会主义法治文化是中国政法大学的 重要任务和历史使命

中国政法大学是一所以法科为特色和优势的多科性大学，建校近六十年来，一直以通过优质的人才培养和学术推进法治昌明、政治民主、经济发展、文化繁荣以及社会和谐为己任，确立了建设开放式、国际化、多科性、创新型的世界知名法科强校的办学目标，先后为国家培养了二十余万优秀人才，被誉为中国法学教育的最高学府和中国法学研究的重镇。温家宝总理在 2008 年视察

我校时提出,中国政法大学要作为三个中心:一是成为培养法律人才的教育中心;二是成为培养法律干部的培训中心;三是全民进行普法教育的普法中心。明确要求中国政法大学在依法治国、建设社会主义法治国家当中发挥更大的作用。因此,我们认为发挥中国政法大学的法学和多学科优势资源,传承优秀法治文化,创新先进法治文化,践行科学法治文化,普及大众法治文化,培育中国法治文化已经成为中国政法大学肩负的社会责任和光荣的历史使命。

三、 中国政法大学对培育社会主义法治文化的担当

第一,要做法治思想的引领者。大学是出思想的地方。一个出不了思想的大学,一定是一个平庸的大学。中国政法大学要结合我国国情,考虑我国经济、社会转型的现实需求,联系中华民族的伟大复兴与国家和平发展的历史使命,组织力量,深入研究,在传承的基础上进行创新,不断出产对国家法治建设产生重大影响的思想,推进完善社会主义法治理念,推动中华法系的重塑与复兴。

第二,要做法学理论的创新者。中国政法大学要结合我国法治实践,坚持基础研究与应用研究并重,鼓励和支持跨学科研究和学科交叉,坚持以经济社会发展中的全局性、战略性、前瞻性重大理论和现实问题为主攻方向,不断推进法学学术观点、学科体系、科研方法创新,为构建具有中国特色、中国气派、中国风格与中国特色社会主义法律体系相匹配的法学理论体系作出突出的贡献。

第三,要做法律制度的构建者。大家知道,中国特色社会主义法律体系的形成,表明我国法律制度的框架结构已经搭建完成,但并不意味着我们的法律体系和法律制度是十全十美的。事实上,现有的法律体系还有很多不完善的地方,有的法律制度需要修订,有的法律制度需要补充,有的法律制度尚付阙如。因此,作为参与了自建校以来几乎国家所有立法活动的中国政法大学要

始终积极参与国家的各项立法工作,为我国法律制度的优化和完善作出更大的贡献。

第四,要做法学教育的先行者。培育社会主义法治文化,高质量的法律人才的培养至关重要。中国政法大学要率先作出探索,以国家着眼法律人才培养计划为契机,引领我国法学教育教学的改革与创新,构建卓越法律人才培养、法律职业培训与全民普法的新体制与新机制。

第五,要做法治生活方式的布道者。中国政法大学要深入研究实践中有法不依、执法不严和违法不纠等法的运行问题,通过"法治城市"评选、"法治政府"评选等活动和校地共建等形式努力营造政府依法行政、司法机关严格依法司法,企事业单位和民众自觉依法行为,整个社会都依法办事的环境,引领全社会敬畏法律、信仰法律、遵守法律,让法治成为中国人的生活方式,让法治成为中国社会的文化。

(原载于《中国政法大学学报》2012 年 01 期)

创办有特色的政法院校

法科人才不能仅仅是只懂法律规则的应用,还必须有很深厚的人文精神和很深厚的科学精神。因此,学校仅仅有法科也是不够的,所以应当发展其他的学科,向多科性大学或者是文科综合性大学转变。

《国家中长期教育改革和发展规划纲要(2010—2020年)》提出要优化结构,办出特色,我理解的"特色",对于大学来说,就是某一个学科或某几个学科非常强,培养出了杰出人才,在国内外有很强的影响力,就可以说有了特色。对政法类大学来说,尽管法学学科已经办得很强了,但一个学科毕竟太单一,作为高校要全面发展。政法类大学把特色放在法律人才培养和法科建设上,这是没有问题的。但是,法科人才不能仅仅是只懂法律规则的应用,还必须有很深厚的人文精神和很深厚的科学精神,仅仅懂法律,就法论法是不够的,必须还要有其他广博的知识。因此,学校仅仅有法科也是不够的,应当发展其他学科,向多科性大学或者是文科综合性大学转变。

发展法学之外的其他学科对政法类大学的发展有着举足轻重的意义,不仅关系到学科的合理布局和学校的综合实力,更关系到所培养的学生能否兼具广博的知识基础、坚定的公共责任感和深厚的人文情怀。

特色大学的"三大支撑"

高水平、有特色的大学应该从"大师、大楼、大爱"这"三大"得到支撑。一所大学要办好跟这三个大——大师、大楼、大爱都有关系。

大师就是讲师资队伍,对于大学也好、学科也好,总得有那么几个在学术界"叫得响"的教师才行。大楼就是说大学必须要有一定的硬件,有一些必要的设施,有师生能够静心学习和做学问的地方。大爱讲的是大学应该有一个很好的人文环境,在校园里面,大家互相尊重,平等相待,都潜心把书教好,把学问做好,安居乐业。

我希望我们的大学有一个很好的文化环境、文化氛围,大家都尊重人才,尊重知识,尊重劳动,尊重创造,遵循学术规范,教书育人,教学相长。我希望大家在这个校园里能够和平共处、和衷共济、和而不同、和谐发展。简单地说就是尽量让老师在这里工作很愉快,学生在这里学习很愉快。大家能够各安其位,各司其职,各尽其能,各展其长,各得其所;老者安之,同辈信之,少者怀之;学生好学乐学,教职员工安居乐业,学校长治久安,和谐和美。当然,学校实际上不一定有这么好,但是我们要往这个方面去引导,去创造这样一个环境。

大学核心功能要依靠师资建设

大学应具备四个功能,即人才培养、科学研究、社会服务、文化引领,但是最核心的还是人才培养,这个必须尊重。在当前重视科研甚于教学的评价背景下,必须处理好教学和科研之间的关系。现在的评价都过于看重科研。我也很重视科研,但是科研不能冲击教学,因为教学、培养人才是大学最根本、最首要的功能。

做学问,有些老师是可以完全待在象牙塔里面的,这是有些学术的性质决定的。但并不是所有的人都需要完全待在象牙塔里面,两耳不闻窗外事。教学改革的项目也是科研项目,这都是研究。也就是说,在评价老师时,教学项目和科研项目,我们是同等对待的。我们不要因重视科研而忽视教学工作,也不要因重视教学而忽视科研工作。

我非常赞成"四个同等重要"的教师业绩评价原则,即"教学工作和科研工作同等重要,教学研究项目和科学研究项目同等重要,教学成果和科研成果同等重要,教学骨干和科研骨干同等重要"。我们要慢慢让教学和科研尽量平衡。

科学办学、民主办学、依法办学

建立中国现代大学制度,首先要依法治教,也就是要制定一个非常好的教育制度,用法律把它很好地确定下来。

其次就是依法办事,有教育法就要按照法律办事,从上到下包括教育部,整个教育界都要依法办事。如果这个法不好那就要改,但在没改之前都要按照法律办,这一点我觉得很重要。我国现行的教育法制是改革开放以来逐渐建立起来的,是改革开放的产物,我不否认其存在问题,应进一步改进和完善,但绝不能因此不严格依法办事、依法治教。

中国大学在依法办学方面做得很不够,整个社会都存在不守法的情况,包括学法律的人、社会精英都有不守法的行为,这是个大问题。中国现在不可能像过去那样通过疾风暴雨式的、革命的方式来推动法治进程,现在是循序渐进地改,像我们的教育法尽管可能存在不科学、不合理的地方,需要改,但它毕竟是我们改革开放后逐渐建立起来的制度,大家首先要遵守,要按规则办事,然后才能够说我们怎么把不好的改过来。对于不科学、不合理的地方,要提意见,要改,而且要及时改。

(原载于《新农村商报》2012 年 4 月 18 日)

法治生活方式与现代大学制度

2012年于中国高等教育来讲,是一个比较特殊的年份。由于1952年院系大调整,今年我国多所高校都迎来一甲子的华诞。同时,随着从精英教育阶段进入大众化发展阶段,以提高质量为核心目标的高等教育改革也进入"深水区",高等教育大国向高等教育强国前进任重道远。在这个承前启后的节点上,中国的大学校长们在思考什么——

建立现代大学制度要构建一个现代教育法律体系

记者:1952年,许多大学组建,进而形成了我国当代高等教育体系。60年来,各院校为国家输送了大批人才,成为现代化建设的强有力支撑。规模扩大之后,当前提高高等教育质量成为重中之重,构建现代大学制度已经开始试点,中国政法大学作为试点高校之一,您认为应该如何构建现代大学制度?

黄进:中国政法大学的前身是1952年成立的北京政法学院,当时由北京大学、清华大学、燕京大学、辅仁大学的法学、政治学、社会学等学科合并组建,著名法学家、政治学家钱端升先生为首任院长。1983年,学校与中央政法干校合并,更名为中国政法大学。我们的校庆是在5月份,算是"同龄校"中生日比较早的。

十多年前,我在武汉大学教务部工作的时候,就曾提出要研究现代大学制度。那时候主要是从法学、经济学的角度来思考这个问题,觉得企业要建立现代企业制度,那么大学似乎也要建立现代大学制度。后来关注现代大学制度的人越来越多。《国家中长期教育改革和发展规划纲要(2010—2020年)》正式把构建和完善中国特色现代大学制度提上日程,并开始在一批高校试点。

构建现代大学制度,要处理好三个关系,一是大学与政府的关系,二是大学与社会的关系,三是大学内部的关系。建立中国现代大学制度,首先要构建一个现代教育法律体系,用法律制度明确厘清上述三个关系,就上述三个关系作出规定。

我国现行的教育法律制度是改革开放以来逐渐建立起来的,已先后制定了《学位条例》《教育法》《高等教育法》等,已经基本建立了我国自己的教育法律体系。但是,应该看到,有些法律规定已经和当下的实际生活不相符了,必须进行完善和修订,比如,1980年制定的《学位条例》是根据30年前的情况制定的,现在实际生活的情况已有很大的变化,因此,该条例需要重新修订。而且,有些教育领域还没有建立相应的法律制度,需要加紧制定。

现代教育法律体系不完善,法律不符合当前的实际情况,导致很多教育上的事情通过政策文件的方式来推行,从而导致有时候实际做法和法律规定不一样,比如当政策文件和法律有矛盾的时候,那么就产生了一种法律似乎可有可无的误导。这必须引起足够的重视。

记者:有的人会觉得法律还不健全,或者明显不符合当下现实生活,但是事情要办,就先做了再说,"自我体谅"或者"期望被体谅",事实上这种"体谅"的情况也有。

黄进:经过30多年的改革开放,"依法治国,建设社会主义法治国家",已成为全社会的共识,通过修宪列入这一规定就是明证。而且,2011年我国已宣布,中国特色社会主义法律体系已经形成。在这种背景下,在社会的平稳发展时期,政府也好,大学也好,官员也好,老百姓也好,做事都要首先依法办事。

对我们教育界而言,有了教育法律法规,就要按照法律法规办事,从上到下包括教育部,整个教育界都要依法办事。如果这个法有不完善、不符合实际情况的地方,那就要及时地修改,与时俱进。但在没改之前都要按照法律办,这一点很重要。

坦率地说,我国目前的教育法律制度肯定存在不科学、不合理、不完善的地方,我也认为需要改。但它们毕竟是我们改革开放后逐渐建立起来的法律制度,大家首先要遵守,要按规则办事,然后才能够说把不好的改过来。对于不科学不合理的地方,要提意见,要改,而且要及时改!这些都是应该的,但是在没改之前就要按照法律办事。改革开放初期,那时候没有法律制度,不讲规则,当然可以以改革的名义破除一些藩篱,摸着石头过河。但现在是有法,而且这个法也是我们在实践中花很长时间总结出来的,也是根据中国实际情况制定的,因此,大家都要有守法意识。当前,依法办事(也就是有法必依、执法必严、违法必究)相对法律制度不完善而言,在全社会、全民中倡导依法办事更重要、更关键、更紧迫。

构建现代教育法律体系,明确政府、社会、大学的关系,明确政府的管理权限和职责,明确大学的权利和责任,这是构建现代大学制度的前提。也就是说,一个好的教育制度,要用法律把它很好地确定下来。比如说,政府对大学的管理主要应该通过法律、拨款、监管、评估等方式进行,而不是直接管理许多细微的、本应该由大学自己管理的事情。政府管得太多、太全、太细,难免会有一刀切的时候,那就会不利于大学办出特色和科学发展。比如,现在以文科为主的大学,男女生比例都有些不平衡,比较普遍的是女生多于男生,但是学校没办法通过招生录取来调节,实现平衡,因为大学在这方面没有自主权,只能按照学生高考的分数从高分到低分录取。

在大学和社会的互动、社会参与办学方面,虽然在人才培养和科学研究领域都有互动,但是深度、广度、有效性都还不足。如学生培养,现在社会都说学生动手能力不足,实践能力差,但是在校学生要想有真正的社会实践非常困难,社会上的对口单位不愿意接受实习生,他们从哪里获得实践经验?法大现在建有 280 多个实践基地,建立了"双导师制度"。但是都是通过校友、学校和老师们的社会关系建立的。如果学校没有这方面的资源,学生实习实践就非常困难。大学要服务社会,社会也有参与培养学生实践能力的责任和义务。但是,由于没有相关法律制度,就无法形成制度化的大学生实习实践通道。因此,要建立健全社会支持和参与大学办学和发展的长效机制,探索大学与行业、企业和其他社会组织密切合作共建的模式,形成全社会共同培养人才的氛围。

建立"善治"的大学内部治理结构

记者:法律权责不明确,大学对学生好像一个"无限责任公司"。社会也对大学有一种焦虑情绪,比如学术不端、多建大楼少有大师、人才培养与社会脱节等,经常成为媒体和公众的众矢之的。虽然有些批评和质疑有失偏颇,但是不可否认,一些现象是确实存在的。构建现代大学制度是否能很好地解决这个问题?

黄进:这是现代大学制度的另外一个方面,怎样处理大学内部的关系,建立"善治"的大学内部治理结构。对一个大学来说,不断完善内部治理结构很重要,要通过制定科学的、符合教育规律的大学章程来固化它。而大学章程以及大学内部的规章制度是不能与《教育法》《高等教育法》等法律相冲突的。大学章程作为大学里面最高的行为准则,大家都得遵守,按章程办事。按照《高等教育法》的规定,我国公办大学的核心治理结构是党委领导下的校长负责制。完善这一治理结构的关键在于依法明确并落实党委、校长的职权,充分发挥教授在学科建设、教育教学、学术研究、学术评价和学术发展中的重要作用,加强师生员工的民主管理和民主监督的作用。

当前我国高等教育进入了全面提高质量的阶段,也就是以提升质量为核心的内涵式发展阶段。同时,我国高等教育进入一个"充满矛盾的时期"。这种矛盾时期,其他国家的大学也曾经历过。比如美国,20世纪50年代到70年代中期,是美国高等教育大发展的黄金时期,其公共高等教育从50%上升到80%,学生规模从400万扩展到1200万,少数族裔的学生大量入学,女性学生的比例达到学生总数的一半,研究经费急剧增加,科研文化前所未有地主宰着顶尖大学,前100所大学成为世界科学和学术的重镇,等等。但到20世纪70年代中期,美国高等教育走到了一个拐点,大学面临严重的财政问题,政府因经费投入的增加而加强了对大学的管控。媒体和公众对大学事务表现出前所未有的兴趣,报道经常是负面的。教师的精神面貌出现滑坡,学生人数持续增加导致学习条件恶化、与教师接触的机会减少,高等教育机构自身迷失方向,变得沮丧气馁,这一阶段大约持续了20多年,被称为美国高等教育"充满麻烦的时代"。

今天我国的高等教育状况尽管同美国那个时候的情况有所不同,但却有几分相似,比如,媒体对大学的种种负面报道,老百姓对高等教育的高度关注等。而且,我国的高等教育目前还有美国在"充满麻烦的时代"不曾有的突出问题,比如,高校领导和中层干部因腐败问题出事,学者甚至学术带头人因学术不端、学术腐败曝光。抄袭、舞弊、代考、作刀、卖考卷、权学交易、课题学位交易等,在不少地方不同程度地存在。

所以这时候有法可依、有法必依尤为重要。大学里的每一个教职员工除了要头脑清醒、洁身自好之外,还需要进一步提高法律意识,不然,大学和个人都会陷入被动和尴尬的境地。我国的法治道路一直比较艰难,现在又是社会转型期,法律也要快速建立、修订,否则不按法律办的现象就不断发生。

让法治成为我们的生活方式

记者：其实不光是大学，全社会的法律意识和法律心理都和现代法治社会的要求有一定差距。我看到您在文章中曾提过"让法治成为中国人的一种生活方式"。那么在倡导法律文化、法律生活方式的方面，中国政法大学，或者说政法类大学应该发挥什么样的作用？

黄进：中国政法大学和其他政法大学以及综合大学里的法律院系一样，除了培养更多的优秀法律人才，培育法治文化、弘扬法治精神也是义不容辞的责任。

像这次法大校庆，全国20多万校友，在各地以弘扬法治、充满法律文化的方式举行颇具特色的庆祝活动，社会影响很好。法大除了在校内举办60场学术活动外，我们将在法大校庆期间，在国家图书馆面向社会公众特别举办四场法治讲座，回馈社会。

尽管我国的法治建设还存在这样或那样的问题，但是我们要认识到，改革开放以来，我国法治建设的已有成果来之不易。在当下，最重要的不仅在于完善法律制度，更在于全社会严格地依法办事，让法治成为中国人民的生活方式，让法治成为中国社会的文化。这就要求全体社会成员知法守法，敬畏法律。法律学人也要从我做起，引领全社会敬畏法律，遵法守法，把法律真正作为社会生活的基本准则。

法大对培育中国社会主义法治文化的担当，一是要做法治思想的引领者，二是要做法学理论的创新者，三是要做法律制度的构建者，四是要做法学教育的先行者，五是要做法治生活方式的布道者。大学是出思想的地方。一个出不了思想的大学，一定是一个平庸的大学。法大建校以来，几乎参与了国家所有立法活动，作出了应有的贡献。事实上，现有的法律体系还有很多不完善的地方，有的法律制度需要修订，有的法律制度需要补充，有的法律制度尚付阙如。未来我们要始终积极参与国家的各项立法工作,推动中华法系的重塑与复兴,为我国法律制度的优化和完善做更大的贡献。

大学也要做法治生活方式的布道者。法大要深入研究实践中有法不依、执法不严和违法不究等法的运行问题,通过各种形式和渠道,努力营造政府依法行政,司法机关严格依法司法,企事业单位和民众自觉依法行为,整个社会都依法办事的环境,引领全社会敬畏法律,信仰法律,遵守法律,让法治成为中国人的生活方式,让法治成为中国社会的文化。

（原载于《光明日报》2012 年 4 月 30 日,记者李玉兰）

经国纬政　法泽天下

从沙滩红楼到蓟门桥边小月河畔，再至军都山下，中国政法大学已经走过了60年的风雨历程。在建校60周年之际，记者在学院路老一号楼水泥铺地的校长办公室里就学校的文化传承、发展与创新采访了校长黄进，感受到了一位校长与学者的情怀与风华。

记者：今年是中国政法大学建校60周年，请您谈谈60年中发生的对这所大学意义重大的事件？

黄进：1952年是中国政法大学的坐标原点，这一年由北京大学、清华大学、燕京大学、辅仁大学四校的法学、政治学、社会学等学科组合而成的北京政法学院诞生，毛泽东主席亲笔题写校名，学校建在沙滩红楼。这是学校的从无到有。1954年，学校迁址至学院路。1966年"文革"起，在"砸烂公检法"的口号中，学校被搞乱，后于1970年被撤销，全体人员下放到"五七干校"，校舍被占用，学校不复存在。这是学校的从有到无。1978年是学校的又一个节点，中国迎来了改革开放的春天，法律人开始重新活跃在国家建设与法治进步的舞台上。一大批当年的教师和干部筚路蓝缕，以法大艰苦奋斗的传统克服重重困难，终于盼来了学院的浴火重生，这一年学校复办，次年恢复招生。1983年，学校又站到了一个新的起点，为适应经济建设需要，加强法制建设，加速发展法学教育，北京政法学院与中央政法干校合并，组建"一校三院"（本科生院、研究生院、进修生院）构成的中国政法大学，邓小平亲笔题写校名。1985年，学校开辟昌平校区。2000年，学校踏上了第三次高速发展的起点，这一年，学校由司法部划归教育部直属院校的行列，这一调整为学校突破行业进入国内高等教育主流，实现由法科大校向法科强校的转变提供了很好的契机。2005年，学校进入"211工程"重点建设高校行列；2011年，学校获准成为"985工程优势学科创新平台"建设高校，向着"开放式、国际化、多科性、创新型的世界法科强校"的办学目标加速前进。

岁月悠悠，风雨兼程，60年来法大始终与国家同呼吸、共命运，国家法治兴则学校兴，国家法治衰则学校衰。60年传承不辍，60年开拓创新，铸就了法大独特的精神品格和丰厚的文化底蕴。至今，法大已成长为一所以法科为优势和特色，其他人文社会科学学科协调发展的多科性大学，是我国人文社会科学领域人才培养、科学研究、社会服务和文化传承创新的重镇，我国著名法学家钱端升、江平、陈光中等教授曾先后担任过这所名校校长。正是一代代法大人秉承"厚德、明法、格物、致公"的校训，如立在校园的雕塑"拓荒牛"般艰苦奋斗、百折不挠，铸就了"经国纬政，法泽天下"的法大精神。学校在60年的办学历程中，为国家培养了各类优秀人才20余万人，参与了自建校以来几乎国家所有的立法活动，引领着国家法学理论的变革和法律思想的更新，为国家的法治昌明、政治文明、经济发展、社会进步、文化繁荣作出了自己的贡献。

记者："经国纬政，法泽天下"是法大人的使命也是历经60年铸就的法大精神，请您具体阐述一下法大精神与法大人的特质？

黄进：法大自1952年建校以来，至今一甲子。60年来，法大历经坎坷，但始终向前，在全体法大人的共同努力中，逐渐积淀了大家认同的法大精神，那就是："以人为本，尊重人权"的人文精神；"实事求是，求真务实"的科学精神；"自强不息，追求卓越"的学术精神；"艰苦奋斗，坚忍不拔"的奋斗精神；"和睦相处、和衷共济、和而不同、和谐发展"的团队精神，这些精神可以说已浓缩在学校"厚德、明法、格物、致公"的校训之中。大家不难看出,法大的精神有大气、大度和大爱的特质。

在法大精神的熏陶下,形成了法大人独有的特质,那便是"经国纬政,法泽天下"的气度,"经世济民,福泽万邦"的情怀,"公平至上,正义优先"的价值观,"可夺法大名,不泯法大志""只向真理低头"的骨气,"凡我在处,便是法大"的身份文化认同,等等。

正是在这些精神的激励、支撑和传承中,法大走出了一条内涵发展、特色发展、创新发展、和谐发展、国际化发展、跨越式发展之路,融入国家高等教育主流,荣登国家法学教育之巅,成为近十年来中国进步最快的大学之一。

记者:确实,法大这十年的发展有目共睹,让我们截取一个时间点,2011年是"十二五"规划的开局之年,您能介绍一下学校在2011年的工作中都取得了哪些重要突破吗?

黄进:2011年是学校的丰收年。学校抢抓机遇,获准成为"985工程优势学科创新平台"建设高校;学校正式制定实施《中国政法大学"十二五"发展规划》;全年新增两个博士学位授权一级学科,10个硕士学位授权一级学科,16个二级学科硕士点,5个二级学科博士点;积极参与并牵头草拟中央政法委和教育部推进的"卓越法律人才教育培养计划";教育教学改革不断深化,获批建设国家级法学实践教学基地和教育部大学英语教学改革示范点,增设社会工作本科专业,首次招收高水平运动员,开办经济学专业"数理经济与金融实验班",并在全校非外语本科专业必修课教学中推行教学助理制。2011年,研究生学位授予人数首次突破2000人;组建人权研究院,并成为首批国家人权教育与培训基地之一;发起组建国际学术组织"国际证据科学协会";成功获批欧盟让·莫内项目和加入欧亚太平洋大学联盟,孔子学院筹建工作取得重大实质进展,国际办学进程加快;注重民生,办学条件和教职工生活待遇得到进一步改善;多元筹融资能力进一步增强,校园基础建设和专项经费获取实现重大进展,2009年,学校还有2.9亿元贷款,而截至2011年年底,就已全部偿还。

2011年,学校师生获得多项国内外殊荣:俄罗斯联邦总统梅德韦杰夫亲自授予黄道秀教授"友谊勋章";王卫国教授获评第六届国家级教学名师,实现学校国家级教学名师零的突破;学校代表队获得第八届"理律杯"全国高校模拟法庭比赛冠军、中国空间法学会第八届CASC杯国际空间法模拟法庭竞赛(全英文)冠军、首届中国MBA商业伦理辩论大赛"亚军";学校代表队在第十二届"挑战杯"全国大学生课外学术科技作品竞赛等重大比赛中共获特等奖两项、一等奖6项、二等奖8项,三等奖8项。一名博士研究生作为项目主持人成功申报了省部级科研课题,这在学校尚属首例;一名博士研究生的论文在台湾"思源人文社会科学博士论文奖"中获得法学学科唯一首奖。

记者:您在2012的新年致辞中提出,为实现建设"开放式、国际化、多科性、创新型的世界法科强校"的办学目标,学校要坚持走"内涵发展、开放发展、国际发展、和谐发展和特色发展之路"。您能谈一下这"五个发展"的具体含义吗?

黄进:学校办学目标的实现是一个长期的过程,我们将学校的办学目标确定为建设"开放式、国际化、多科性、创新型的世界法科强校"。

所谓"开放式",就是要坚持对外开放,坚持开放办学,立足北京、面向全国,立足中国、面向世界,以优秀的人才和卓越的学术服务于国家的经济建设、政治建设、文化建设和社会建设,服务于人类的和平、文明和发展。

所谓"国际化",就是要深化教育教学改革,优化人才培养方案,着力培养具有国际视野、世界眼光、国际交往能力和国际竞争能力的人才,同时,繁荣发展学校各学科专业,推进学科体系、学术观点、科研方法的创新,推进法大优秀学术成果和优秀人才走向世界,不断提升法大的人才培养和科学研究在国际上的影响力。

　　"多科性"就是要把法大办成以法科为特色和优势的多科性大学,以人文社会科学学科为主体的多科性大学,以各学科都办出自己的特色,逐渐达到国内一流为目标的多科性大学。

　　"创新型"就是要把法大办成以创新(特别是以教学和科研的创新)为导向的大学。大家知道,在国外有"研究型大学"和"教学型大学"之分,后来又有了演绎得比较奇怪的"教学研究型大学""研究教学型大学"的提法。这种区分引入中国后常常将许多大学误导入重科研轻教学的误区,都提出要把自己建成所谓的"研究型大学"。所以,我这里没有提"研究型大学"。像法大这样的高水平大学,不可能只搞教学,也不可能只开展研究,她得履行人才培养、科学研究、社会服务和文化传承创新这四大职能。这四者都很重要,得统筹兼顾,而四者的核心价值取向是创新,即培养创新人才,进行知识创新、文化创新。所以提"创新型大学"比提"研究型大学"更科学,可以兼顾到四个方面,而且,"创新型大学"必定是"研究型大学"。

　　所谓"世界知名法科强校",主要突出法大的建设目标是"有特色、高水平"的大学。"有特色"就是要保持和张扬法科的优势和特色,把法大建成"五大中心",即中国法学教育中心、中国法学研究中心、中国法学图书资料信息中心、中国国家立法与法治决策咨询服务中心以及中国的世界法律文化交流中心。而所谓"高水平",就是高在法大的目标是"世界知名"或者说"世界级"的大学,同时是"法科强校"。

　　要实现这个目标,我们必须走"内涵发展、开放发展、国际发展、和谐发展和特色发展之路"。

　　"内涵发展"就是走以提升质量为核心的内涵式发展之路,要在法大现有工作的基础上,承前启后、继往开来,走抓质量、促创新的发展之路,在有适度规模的基础上,着力抓人才培养质量、科学研究水平、社会服务效益和文化传承创新的高度。

"开放发展"就是要坚持对内对外开放办学,促进学校与社会的良性互动,立足北京、面向全国,立足中国、面向世界,以优秀的人才和卓越的学术服务于国家的经济建设、政治建设、文化建设和社会建设,服务于人类的和平、文明和发展,履行我们"经国纬政、法泽天下"以及"经世济民、福泽万邦"的使命。

"国际发展"就是我们要顺应世界潮流,应对变革世界中的机遇和挑战。我们所处的时代是一个和平与发展的时代,也是一个正在走向全球化的时代。在这样一个时代,学校提出"国际化"发展战略可以说是顺应了历史潮流,顺应了国际上高等教育的发展趋势。一个志存高远的大学一定会看到高等教育国际化对它的战略意义和长远价值,不然它就不是一个具有远见卓识的大学。目前,国际化已经成为现代大学的一种生存方式。从一个国家的一流大学向世界一流大学转变,是中国的优秀大学面临的挑战与机遇。法大的目标是把自己建设成为"世界知名法科强校",她必须走国际发展之路。

"特色发展"就是要保持和张扬法大法科的特色和优势,积极发展其他人文社会科学学科并办出特色。法大加强学科建设要围绕建设以法科为特色的多科性大学的办学目标来大力加强学科建设,形成一体多元、多元一体、和谐共生、协调发展的格局。既要保持和张扬法科的优势和特色,也要巩固、充实和提高已建的学科专业,让这些学科走特色化的发展之路。非法学学科一定要办出自己的特色、形成自己的优势。在这些学科建设的初期,一方面,它们可以借助法科的优势和实力来发展自己,同法学学科深度交叉融合,办出与法科相联系的特色,如办法商结合的 MBA,这可以说是"借船出海";另一方面,这些学科也应该发挥支撑学科的作用,特别是各人文社会科学学科不仅要加强自身的学科建设,还要对整个法大的通识教育、整个法大的人文校园建设作出自己的贡献,这可以说是"绿叶护花"。最终,我们希望看到,这些学科可以通过同法科的结合办出特色,也可以通过自身异军突起式的发展来办出特色。

"和谐发展"是我们的理想,我希望我们的大学有一个很好的文化环境、文化氛围,大家都尊重人才、尊重知识、尊重劳动、尊重创造、敬畏学术、遵循学术规范、教书育人、教学相长……我们期望有一天,在法大,法大人能够各安其位、各司其职、各尽其能、各展其长、各得其所;老者安之,同辈信之,少者怀之;学生好学乐学,教职员工安居乐业,学校长治久安、和谐和美。

记者:今年的 5 月 16 日是法大建校 60 周年纪念日,您最想表达的是?

黄进:回顾往昔,我深切感受到,每个时代都有其自身发展主题,每代法大人都有其历史责任。自建校以来,全体法大人团结一致、上下齐心,沿着推动法治昌明、推动政治进步、推动经济发展、推动文化繁荣、推动社会和谐之路,走上了开放式、国际化、多科性、创新型的世界知名法科强校建设道路。经过 60 年的历史变迁,虽然时代变了,具体办学目标变了,但法大人经国纬政、法泽天下的崇高理想没有变,艰苦奋斗、奋发图强的优秀传统没有变,求真务实、开拓创新的理性文化没有变,自强不息、追求卓越的宝贵精神没有变。

建校 60 年,是法大发展史上的重要里程碑也是新起点,期待法大再创辉煌。

微 访 谈

记者:您的兴趣爱好是? 您的业余生活如何安排?

黄进:读书、上网、看电影、郊游、散步、爬山、打乒乓球、游泳。

记者:您了解老师、学生生活和困惑的渠道和方式是?

黄进:调研、谈话、在校园转、到学生食堂吃饭、校园 BBS、人人网、微博等。

记者:对您做人处世影响最大的一句话是?

黄进:己所不欲,勿施于人。

记者:在您的办学理念形成过程中,对您影响最深的几本书?

黄进:《大学》《论语》《我的科大十年》(孔宪铎著)、《学术的秩序——当代大学论文集》(爱德华·希尔斯著)、《拓荒与呐喊——一个大学校长的教改历程》(刘道玉著)*The Idea of A University*(John Henry Newman)。

记者:对您启发最大的一句教育名言是?

黄进:大学之道,在明明德,在亲民,在止于至善。

记者:您最崇敬的教育大家是?

黄进:孔子。

记者:您心目中的好学生的标准是?

黄进:品学兼优。

记者:您认为什么样的老师是好老师?

黄进:学为人师,行为世范。

记者:您心目中最理想的校长是什么样的?

黄进:深受师生和校友喜爱的校长。

记者:您经常说的一句话是?

黄进:为了法大。

(原载于《北京教育(高教)》2012 年 05 期,记者李艺英、于洋)

孜孜以求　法治天下

——写在中国政法大学建校 **60** 周年之际

60 年前,刚刚迈入法制建设和政权建设轨道的新中国迫切需要大量新型高级政法人才,迫切需要大力推进新型高等法学教育向着体系化和规模化方向发展,由此中国政法大学的前身——北京政法学院应运而生。60 年来,历代法大人始终奋进在国家法学教育和法治建设的最前沿,为我国法学学科和法学教育模式的形成作出了有益探索,为国家的法治昌明和社会进步作出了积极贡献。

筚路蓝缕　岁月如歌

中国政法大学的前身是创办于 1952 年的北京政法学院。学院那时坐落于沙滩红楼,由北京大学、清华大学、燕京大学、辅仁大学四校的法学、政治学、社会学等学科组合而成,毛泽东主席亲笔题写了校名。著名法学家、政治学家、社会活动家、新中国第一部宪法起草顾问委员会主席钱端升先生被任命为第一任院长。尽管当时的办学条件十分艰苦,但以钱端升、费青、吴恩裕、曾秉钧、严景耀、雷洁琼、戴克光等为代表的学术名家大师以其非凡的智识为新中国的法制建设培养出了一批优秀人才。这是学校发展的第一个黄金时期。

1954 年,学校迁址至学院路,那时候真可以称得上是筚路蓝缕,全院 863

名师生员工就在蓟门烟树、土城和庄稼地的包围中，迈出了开拓法学教育和法学研究的脚步，也开始了推进国家民主法治的"突围"征程。

"文革"十年浩劫，在"砸烂公检法"的口号中，学校被搞乱，后于1970年被撤销，全体人员下放到"五七干校"，校舍被占用，学校不复存在。

1978年，在拨乱反正、改革开放的大背景下，学校历经艰辛终于从废墟中走出来，迎来了浴火重生，也迎来了学校发展历史上的第二个黄金发展期，这一年学校复办，次年恢复招生。1983年，北京政法学院与中央政法干校合并，组建由"一校三院"（本科生院、研究生院、进修生院）构成的中国政法大学，邓小平同志亲笔题写了校名，时任司法部部长刘复之兼任中国政法大学校长。1985年，学校开辟昌平校区。

学校步入第三个黄金发展时期是在2000年，这一年，学校由司法部划归教育部直属院校的行列，这一调整为学校突破行业办学，进入国内高等教育主流，实现由法科大校向法科强校的转变、由单科性大学向多科性大学的转变，提供了很好的契机。2005年，学校进入"211工程"重点建设高校行列；2007年，学校以优秀成绩顺利通过本科教学评估；2008年，中国政府和欧盟最大的政府间法学教育合作项目——中国政法大学中欧法学院落户法大；2011年，学校获准成为"985工程优势学科创新平台"建设高校。

法大，大楼虽少而大师云集，命途多舛而精神不改。"艰难困苦，玉汝于成"，岁月悠悠，风雨兼程，60年来法大始终与共和国法治建设同呼吸、共命运，法治兴则法大兴，法治衰则法大衰。

做法大人　守法大魂

一所大学的灵魂在于她的精神。60年来，从沙滩红楼到晓月河畔，再到军都山下，从百废待兴到百业俱兴，再到兴旺发达，法大历经坎坷，但始终向前。60年传承不辍，60年开拓创新，铸就了法大独特的精神品格和文化传统。

自诞生之日起,法大就承担起以卓越的人才培养和学术推进国家法治昌明、政治民主、经济发展、文化繁荣与社会和谐的使命,尤其是以推动国家法治建设为己任。这种使命抉择,深深嵌入法大的历史命脉,使法大的成长始终与"法治中国"的发展休戚相关。

在全体法大人的共同努力中,逐渐积淀了大家认同的法大精神:那就是"法治天下,公平正义"的法治精神;"以人为本,尊重人权"的人文精神;"实事求是,求真务实"的科学精神;"自强不息,追求卓越"的学术精神;"艰苦奋斗,坚忍不拔"的奋斗精神;"和睦相处、和衷共济、和而不同、和谐发展"的团队精神。法大的精神有大气、大度和大爱的特质,这些精神已经浓缩在学校"厚德、明法、格物、致公"的校训之中,镌刻在一代代法大人的心底里。

在法大精神的熏陶下,法大人形成了独有的特质,那便是"经国纬政,法泽天下"的气度,"经世济民,福泽万邦"的情怀,"公平至上,正义优先"的价值观,"可夺法大名,不泯法大志"、"只向真理低头"的骨气,"凡我在处,便是法大"的身份文化认同等。这种以法治为理想、信仰和目标的使命特质,已经成为鲜明的"法大标识"。

这是我们宝贵的精神财富。正是因为这些精神的激励和支撑,以及对这些精神的坚守和传承,法大人始终怀着对国家和社会强烈的责任感和使命感,积极投身于国家的法治建设。学校参与了自1952年成立以来共和国几乎每一部重要法律的论证和起草,成为"全国人大最得力的工作助手"。从上世纪50年代关于"法律平等"的讨论,到党的十一届三中全会后关于"人治与法治"的争论及对"法的本质"的再认识,再到对"法治国家"的构成理论、"人权理论"、"市场经济是法治经济"的判断、"社会主义法治理念"这些重大理论问题的探讨,法大人总是积极为国家法治建设提供智力支持,献计献策。事实上,法大扮演着国家法治建设的理论策源地和推动力的角色。60年来,中国政法大学共为国家培养了20余万名各类人才,广大法大学子无论走到哪里,始终践行法大精神,秉承法大传统,为建设法治国家鞠躬尽瘁。

开拓进取　玉兰芳华

60 年来,中国政法大学已成长为一所以法科为特色和优势,其他人文社会科学学科协调发展的多科性大学,是我国人文社会科学领域人才培养、科学研究、社会服务和文化传承创新的重镇。

法大高度重视学科建设,以学科建设为学校发展的龙头。在法大,法学学科专业在国内最为齐全,"全而强"始终是自己的特色和优势。在我国法学几乎所有的二级学科中,法大大都是奠基者和开拓者之一;在众多的法学专业领域,如在法律史、民商法、经济法、诉讼法、比较法、人权法、军事法、证据法、法与经济等领域,学校都开新中国法学教育之先河;而且,德国法、美国法、欧盟法、日本法等国别法律研究均起始于法大;新中国的第一批法学博士和硕士同样诞生于中国政法大学。目前学校共有六个省部级重点研究基地。

法大坚持以提升人才培养质量为核心来提高学校的办学水平,大力培养造就卓越法律人才和拔尖创新人才。通过创新人才培养模式、优化课程体系、强化实践教学环节,在培养应用型、复合型、创新型、国际型法律职业人才方面进行了有益的探索,人才培养质量不断提高。积极实施"有灵魂"的通识教育,奠定卓越法律人才的综合素质基础。创新以"双专业双学位模式"、本科生辅修制度、"六年融贯式"人才培养模式、国内名校交流制度、国外名校交流制度为主要内容的跨专业、跨学位、跨学校、跨国家的"四跨"人才培养模式,构建卓越法律人才的复合型、应用型知识结构。强化实践教学环节,形成了以"校内(案例研讨课程、实务技能课程、法律诊所课程)十校外(实习基地建设、分站式专业实习模式)"为主要内容的多模块整合的法学实践教学体系,提升卓越法律人才的法律实践能力。

作为国家对外传播中华法律文化、进行法学交流的代表性窗口,法大在实施国际化发展战略方面也取得了喜人的成果。学校先后与众多知名大学和机构建立了合作关系,每年通过多种合作交流项目派出千名左右的师生赴境外学习交流。学校先后成为"国家建设高水平大学公派研究生项目"签约院校和欧盟"伊拉斯谟 ECWLOT14 项目"合伙大学,获得"中国政府奖学金来华留学生项目"资格,加入欧亚太平洋大学联盟等国际合作项目,中欧法学院、比较法学院稳步发展,积极参与汉语国际推广,将同英国班戈大学共建孔子学院。

继往开来　再铸辉煌

建校 60 年,是法大发展史上的重要里程碑也是新的起点。中国政法大学将力争用 20 年左右的时间,把中国政法大学建设成为开放式、国际化、多科性、创新型的世界知名法科强校。

要实现这个目标,我们必须走"内涵发展、特色发展、创新发展、开放发展、国际发展、和谐发展"之路。

内涵发展就是走以提升质量为核心的内涵式发展之路,要在法大现有工作的基础上,着力抓人才培养、科研水平、社会服务效益和文化传承创新能力。

特色发展就是保持和张扬法大法科的特色和优势,积极发展其他人文社会科学学科并办出特色。法大加强学科建设要围绕建设以法科为特色的多科性大学的办学目标来大力加强学科建设,形成一体多元、多元一体、和谐共生、协调发展的格局。

创新发展就是以创新驱动发展、创新引领发展,以提升学校的人才、学科、科研的创新能力为核心;积极适应经济社会发展的重大需求,提升原始创新、集成创新、协同创新和引进消化吸收再创新能力;创新人才培养模式,着力培养拔尖创新人才。

开放发展就是坚持对内对外开放办学,促进学校与社会的良性互动,以优秀的人才和卓越的学术服务国家建设,服务和平、文明和发展。

国际发展就是顺应世界潮流,应对变革世界中的机遇和挑战。目前,国际化已经成为现代大学的一种生存方式。法大的目标是把自己建设成为"世界知名法科强校",就必须走国际化发展之路。

和谐发展是我们的理想,希望我们的大学有一个很好的文化环境,大家都尊重人才,尊重知识,尊重劳动,尊重创造,敬畏学术,遵循学术规范,教书育人,教学相长。

60 年一甲子,60 年一轮回。每一代法大人都有其自己的历史使命和责任。我们这一代法大人将秉承"厚德、明法、格物、致公"的校训精神,为法治天下而不懈努力!

背景链接

中国政法大学是一所以法学为特色和优势,兼有文学、史学、哲学、经济学、管理学、教育学等多学科的"211 工程"重点建设大学,直属于国家教育部。学校现有海淀区学院路和昌平区府学路两个校区。

学校在半个多世纪的办学历程中,为国家培养了各类优秀人才 20 余万人,参与了自建校以来几乎国家的所有立法活动,引领着国家法学理论的变革和法律思想的更新,代表着国家对外进行法学等领域的学术交流。这其中有曾任监察部部长的李至伦、联合国国际海底管理局特聘专家高之国、曾任最高人民检察院常务副检察长的张耕、最高人民法院常务副院长沈德咏、中国民法学会名誉会长王家福、我国知识产权事业的杰出推动者郑成思、在未成年人权益保护和农民工法律援助领域作出突出贡献的律师佟丽华、著名刑法学家储槐植、商法学研究会会长王保树,等等。

学校现有全日制在校生 14770 人(数据截至 2012 年 1 月),其中本科生 8464 人,研究生 5794 人,留学生 512 人。教师 893 人,其中博士生导师 150

人,硕士生导师547人,教授252人,副教授378人,专任教师中有博士或硕士
学位的比例达87.07%。

学校现有法学院、民商经济法学院、国际法学院、刑事司法学院、政治与公
共管理学院、商学院、人文学院、中欧法学院等19个教学单位;设有诉讼法学
研究院(教育部人文社会科学重点研究基地)、法律史学研究院(教育部人文
社会科学重点研究基地)、证据科学研究院(教育部重点实验室)、青少年法制
教育基地(教育部重点研究基地)、法治政府研究院(北京市哲学社会科学研
究基地)、人权研究院、比较法学研究院、法律古籍整理研究所、法学教育研究
与评估中心、法和经济学研究中心、全球化与全球问题研究所10余个校级科
研机构。

学校设有18个本科专业,其中法学、政治学与行政学、社会学为国家级特
色专业。学校拥有68个硕士学位授权点、3个专业硕士学位授权点、27个博
士学位授权点和2个博士后科研流动站。法学、政治学、马克思主义理论为博
士学位授权一级学科。

特色学院

诉讼法学研究院:诉讼法学研究院是诉讼法学专业获批全国普通高等学
校人文社会学科重点研究基地的研究实体。研究院成果的数量、质量和所获
奖项均居于本学科领先地位。建院以来,研究院先后参加了20多部法律的起
草、修改工作。特别是在三大诉讼法的制订、修改过程中为我国诉讼法制的建
立健全作出了贡献。

中欧法学院:中欧法学院成立于2008年10月23日,合作团队由中国政
法大学、清华大学、德国汉堡大学等中外17所著名院校组成。中欧法学院专
门从事法学研究生教育,有关项目包括:中国政法大学法学硕士/法律硕士和
汉堡大学"欧洲—国际法硕士"双学位(双硕士),"欧洲—国际法硕士"(单

项）中国政法大学法学博士。

法律古籍整理研究所：成立于 1984 年 11 月的法律古籍整理研究所，是在全国率先成立也是目前教育部所属高校中唯一专门从事古代法律文献整理研究的学术机构。《中国历代刑法志译注》《大清律例通考校注》《沈家本全集》《中国古代法律文献研究》《中华大典·法律典·刑法分典》等集体成果得到了同行的普遍关注。

证据科学研究院：证据科学研究院最大的特色是文理交叉、理工渗透、综合集成、沿用一体。研究院跨越医学、工学、理学和法学四个学科。在鉴定方面，证据科学研究院服务于全国各省市自治区公安、司法机关。研究院每年受理 3000 多件疑难案件的鉴定，避免冤错案，维护了法律的公平正义。

（原载于《检察日报》2012 年 5 月 10 日）

坚持教授治学
充分发挥高校学术委员会的作用

为促进高校规范和加强学术委员会建设,完善内部治理结构,保障学术委员会在教学、科研等学术事务中有效发挥作用,近期,教育部发布实施了《高等学校学术委员会规程》(以下简称《规程》)。作为大学校长,我很高兴看到教育部《规程》的出台。

一、《高等学校学术委员会规程》出台的意义

对于中国的高等教育来说,教育部出台《规程》具有非常重要的意义。

《规程》的出台是我们国家按高等教育规律办高等教育的重要举措。高等教育有其内在的规律,而其规律是由高等教育机构的学术组织性质决定的。既然高等学校是一个学术机构,那么,它就应该坚持"学术立校""教授治学"的办学理念,把高校的学术事项,比如学科专业建设、教学计划、科研方案、学术评价等,交由学院的教授委员会和学校的学术委员会去审议或决策,充分发挥由教授组成的教授委员会、学术委员会在学校学术建设和学术发展中的作用。《规程》用较为系统的制度设计,就高校学术委员会的组成、职责及运行等问题进行了规定,确立了学术委员会在学校学术组织体系中的核心地位和最高学术机构的定位,肯定会有利于其发挥应有的作用。

　　《规程》的出台是我们国家构建现代大学制度的重要举措。构建现代大学制度是中国高等教育的发展方向，而现代大学制度的一个核心内容是建立科学、合理、完善的大学内部治理结构，或者说大学法人治理结构。我们知道，高校学术委员会是高校法人治理结构的重要主体，高校学术治理体系是高校法人治理结构不可或缺的内容。《规程》不仅规定了高校学术委员会的组织、职责及运行，而且对其有明确的定位，还规定了高校学术委员会与其他学术组织的关系，可以说它进一步完善了中国现代大学制度。

　　《规程》的出台是我们国家依法行政、依法治教、依法办学的重要举措。在我们国家，法治是治国理政的基本方式。依法治国，建设社会主义法治国家，是我们的奋斗目标。在我看来，国家教育行政主管部门对教育的管理也应该采取法治的方式，也就是说运用法治思维和法治方式来深化教育改革，推动教育发展。这次《规程》的制定，在广泛、公开征求各方面意见的基础上，将我国《高等教育法》第42条关于高校学术委员会设立和审议事项的规定进一步细化，以部门规章的形式予以公布，具体、明确、规范、操作性强，便于高校执行。这是教育部继出台高校章程制定办法之后，加快教育法制建设，完善中国特色社会主义教育法律法规，推进依法行政、依法治教、依法办学的又一重要举措。

　　《规程》的出台是我们国家教育体制改革的重要举措。《规程》顺应国家教育体制改革发展的趋势与要求，着力规范学术权力及其与行政权力的关系，探索教授治学的有效途径，含有许多改革创新的规定。比如，《规程》对高校学术委员会的组织定位和职责定位，强调其是高校最高学术机构，在学校学术组织体系中居于核心地位，对学术事务具有统筹权。比如，《规程》规定高校要尊重并支持学术委员会独立行使职权，应当充分发挥学术委员会在学科建设、学术评价、学术发展和学风建设等事项上的重要作用。再比如，《规程》强调教师、科研人员和学生在教学、科研和学术事务管理中的主体地位，其规定的高校学术委员会的组织与运行规范、议事规则,突出了学术判断和学术规范的价值与作用,突出了学术与行政既适度分离,又相互配合的导向,突出了学术事务按照学术规范处理的治理架构。

二、 如何实施《高等学校学术委员会规程》

对《规程》这样一个新规章、新举措、新改革,高校肯定是持欢迎和赞成的态度的。高校下一步要做的是,遵循《规程》,修订校内学术委员会规章制度,重组学校学术委员会,让其按《规程》规定的职权、运行程序和规则运行,依法办学,把《规程》落到实处。

1. 明确学术委员会在高校的地位

按照《中华人民共和国高等教育法》(以下简称《高教法》)的规定,我国高校的内部治理结构可以用这么几句话来概括:即"党委领导、校长负责、教授治学、民主管理、社会参与、依法治校"。由此可见,坚持教授治学,建立高校学术治理体系与组织架构是构建高校法人治理结构不可或缺的内容。在高校内部治理结构中,"教授治学"如何来实现呢? 我想主要是通过高校的学术治理体系与组织架构来实现。所以,《规程》第2条明确规定:"高等学校应当依法设立学术委员会,健全以学术委员会为核心的学术管理体系与组织架构;并以学术委员会作为校内最高学术机构,统筹行使学术事务的决策、审议、评定和咨询等职权。"第3条则规定:"高等学校应当充分发挥学术委员会在学科建设、学术评价、学术发展和学风建设等事项上的重要作用,完善学术管理的体制、制度和规范,积极探索教授治学的有效途径,尊重并支持学术委员会独立行使职权,并为学术委员会正常开展工作提供必要的条件保障。"这两条规定至少可作如下解读:高校必须建立学术委员会;高校学术委员会是高校学术管理体系与组织架构的核心;高校学术委员会是校内最高学术机构,统筹行使学术事务的决策、审议、评定和咨询等职权;高校学术委员会是教授治学的有效途径;高校党委、校长必须充分发挥学术委员会的作用,尊重并支持学术委员会独立行使职权。可以这样说,明确学术委员会在高校法人治理结构中的重要主体地位,是发挥学术委员会作用的前提。

2. 界定高校学术委员会的职权

《规程》对高校学术委员会的职权有明确的界定。按照《规程》的规定,学术委员会的职权包含审议(决策)权、评定权、咨询权和学术纠纷裁定(处理)权等4类。就审议(决策)权而言,对学校制定学术规划、设置学科专业、设立学术机构等学术性事务,应当提交学术委员会审议,或者交由学术委员会审议并直接做出决定。就评定权而言,涉及对学术水平做出评价的,如科研成果评奖、教师职务聘任等事项,应当由学术委员会或者其授权的学术组织进行评定。就咨询权而言,学校制定有关教学、科研经费的预算,以及做出相关重大决策前,要通报学术委员会,听取其咨询意见,以扩大决策民主,促进信息公开,推进民主监督。就学术纠纷裁定(处理)权而言,学术委员会按照有关规定及学校委托,受理有关学术不端行为的举报并进行调查,裁决学术纠纷;对违反学术道德的行为,学术委员会可以依职权直接撤销或者建议相关部门撤销当事人相应的学术称号、学术待遇,并可以同时向学校、相关部门提出处理建议。

3. 厘清高校学术委员会与其他学术组织的关系

《规程》对高校学术委员会的定位非常明确,它是"校内最高学术机构,统筹行使学术事务的决策、审议、评定和咨询等职权",而且是高校学术治理体系与组织架构的核心。目前在实践中,国内各高校的学术治理体系与组织架构并不一致,做法不一。比如,许多高校在校院两级都平行地设有学术委员会、学位委员会、教学指导委员会和职称评审委员会等,学术权力的行使较为分散,结构过于复杂,缺乏协调统筹。针对这种情况,《规程》根据一些高校的实践和国际经验,不仅将学术委员会定位为校内最高学术机构,具有高于其他学术机构的地位,而且还规定高校学术委员会可以就学科建设、教师聘任、教学指导、科学研究、学术道德等事项设立若干专门委员会,具体承担相关职责和学术事务。如有需要,可在院系(学部)设置或者按照学科领域设置学术分委员会,也可以委托基层学术组织承担相应职责。各专门委员会和学术分委员会根据法律规定、学术委员会的授权及各自章程开展工作,向学术委员会报告工作,接受学术委员会的指导和监督。我想,《规程》出台后,国内各高校都要根据《规程》的规定,修订本校的学术委员会章程或规章,进行顶层设计,然后整合、调整、重组校内的学术组织,构建科学合理、运行规范、统一协调的学术管理体系与组织架构,特别要突出校学术委员会在整个学术治理体系与组织架构中的核心和最高学术机构的地位,厘清校内各级、各类学术组织相互之间的关系,尊重并支持学术委员会独立行使职权,用制度从组成、职权、运行程序、工作条件等方面保证学术委员会在学科建设、学术评价、学术发展和学风建设等事项上的重要作用。

当然,《规程》也为高校保留了足够的制度空间,鼓励高校从实际出发,通过制定学校章程或学术委员会章程,进行具体的制度选择和细化,做出有特色的规定。比如,学院或学科的学术分委员会如何组建、行使职权和运行,各高校可以基于《规程》原则、规则和制度,从本校实际出发,做出自己有特色的制度安排,有的高校在学院这一级通过建立"教授委员会"来处理学院学术事务就是一种值得肯定的有益探索。

4. 优化高校学术委员会的组成

高校学术委员会是教授治学的主要载体,其组成人员直接决定其作用的发挥和运行的成效,因此,对其组成人员进行一定的优化限定是必要的。为确保教授治学,在学术事务管理上去行政化,《规程》明确规定高校学术委员会委员应当具有教授职务,组成人员上要向专任教授倾斜,规定专职教授的比例不得少于1/2,"双肩挑"的学校党政领导和职能部门负责人的比例不得超过

1/4,并应当有一定比例的青年教师。而且要求委员产生程序上应经过自下而上的民主推荐、公开公正遴选等方式产生候选人,由民主选举等程序确定,充分反映基层学术组织和广大教师的意见。同时,对委员的代表性和流动性,《规程》要求学校应当根据学科、专业构成情况,合理确定院系的委员名额,保证学术委员会的组成具有广泛的学科代表性和公平性,并规定委员定期换届,连任最长不超过2届。

在实际操作中,高校肯定要遵循上述规定来建章立制,整合学术委员会。尤其要注重学术委员会组成人员在学科专业、不同年龄层次教师上的代表性,注意吸纳一定比例的青年教授进入学术委员会。但我们不主张实行校长和具有教授职务的校领导全部退出学术委员会的制度。我们认为,校长应当进入学术委员会,具有教授职务的校领导可以进入学术委员会,分管学术事务的校领导原则上要进入学术委员会,因为这样的安排有利于学术与行政的沟通,有利于校长领导的行政系统对学术委员会就学术事务进行的决策、审议、评定和咨询予以支持,也有利于学术委员会更有效发挥作用。从世界各国大学的实践来看,学术委员会的主任委员可以由校长担任,也可以不由校长担任。《规程》规定,学术委员会主任委员由校长提名,全体委员选举或者由全体委员直接选举等方式产生。这意味着,校长一般不担任学术委员会主任委员。

5. 规范高校学术委员会的运行

从高校学术委员会的定位、职权、组成不难看出,《规程》确立了在高校内部建立学术事务归学术委员会、学术事务按照学术规则处理的治理架构,突出了学术判断和学术规则的价值与作用,强调了学术与行政适度分离又相互配合的导向。这就要求高校学术委员会能够规范、有效的运行。规范、有效的运行是高校学术委员会凸显功能、发挥作用的重要环节。《规程》对学术委员会的会议规则、表决方式等提出了原则性要求,以保证学术权力的规范运行。《规程》规定,学术委员会实行例会制度,每学期至少召开1次全体会议,并应有 2/3 以上委员参加。学术委员会可以授权专门委员会处理专项学术事务，履行相应职责。为促进学术委员会决策的公正、公开，规定学术委员会议事决策实行少数服从多数的原则，重大事项应当以与会委员的 2/3 以上同意，方可通过，在一些事项可实行实名投票制。而且，《规程》还确立了委员回避、会议旁听、公示异议、学术委员会年度报告等制度，明确规定学术委员会会议可以根据议题，设立旁听席，允许相关学校职能部门、教师及学生代表列席旁听。

总而言之，我国高校要以《规程》发布实施为契机，真正树立"学术立校""教授治学"的办学理念，确立学术委员会在现代大学治理结构中不可或缺的地位和作用，认识到学术委员会制度是现代大学制度的不可或缺的重要组成部分；确立学校学术委员会在校内的最高学术机构和学术管理体系与组织架构核心的定位；确立学校学术委员会对校内学术事务的决策、审议、评定和咨询等的统筹权；确立学术委员会行使其职权的具体运行规则、程序规则，保障学术委员会制度的执行力和可操作性。特别是高校要尊重并支持学术委员会依法依规独立行使职权。学校党委、校长及学校行政系统一方面要坚决地把学校的学术事务交由学术委员会去决策、审议、评定和咨询，另一方面要从组织上、行政上坚定地支持学术委员会就学术事务独立地举行决策、审议、评定和咨询，并对其结果给予应有的尊重，充分发挥学术委员会在学科建设、学术评价、学术发展和学风建设等事项上的重要作用。

（原载于《中国高等教育》2014 年 08 期）

将法大的印记珍藏心底

母校希望你们不忘初心，守护着"公平正义"这个法治最坚韧的磐石，不要让世俗糟粕伤及你生命中最值得珍视的价值。不昧良心，恪守法治，这不仅是一种意志，更是一种境界，一种与身外周遭保持距离的智慧和超越尘世遭遇的信仰。

三年前，我们在这里以天为幕，以地作台，迎接中国政法大学2011级研究生入学。今日，我们再次与天地同庆，在这里举行中国政法大学2014届研究生毕业典礼，共同见证两千多名同学完成学业，开启人生的新征程。

同学们，当你们感怀法大三年"时间都去哪儿"的时候，也是我要问"你们都去哪儿"的时刻。我每年最幸福的是九月，最感伤的是六月。这么多年了，我早已习惯了九月，也以为习惯了六月，但今天我站在这儿，才发现还是不习惯与你们挥手离别！

同学们，作为法大学子，你们在法大三年，耳濡目染，法大的精神、传统和文化，在你们身上已经打下深深的烙印。今后，无论你们身在何处、位居何职，我希望你们将法大的印记珍藏在心底。

你们要珍藏的第一个法大印记是伸展人性的光辉。不错，法大是一所法科强校，具有法治精神是法大人的特质。但缺乏人文精神和科学理性滋养的法治精神是残缺的。所以，我们十分注重培养学生以人为本、尊重人权的人文精神和实事求是、求真务实的科学理性。我们希望法大学子成为冯友兰先生所说的"真正意义上完善的人","先成为完善的人,再成为某种人,某种职业的人"。我们法大学子应该怀揣一种真挚的人文主义关怀之情与人道主义关爱之心。大家要记住,比获得成功更有价值的是始终拥有一个敞亮的人生、一颗充盈而富有灵性的内心、一个闪烁着生生不息的人性光辉的灵魂,因为这些决定着一个人超越成败而享有幸福的能力。

当然,努力保持人性的洁净并不是一件容易的事,它需要你们在纷繁喧嚣、极度浮躁的社会中,自造一方精神自由、内心安宁的天地;需要你们在枯燥反复的生活中,挖掘出持久的温暖与感动,给予爱与宽容;需要你们在毫无生机的地方,突破时空的局限与物质的束缚拓宽精神疆域,努力寻找美好来滋润荒芜的生活与干涸的心灵。保有这份人文的光彩,正是母校留给你们的第一份礼物。心怀对人的最深沉的尊重与关爱,尽可能地表达体贴与理解,富有人情味与悲悯心,会让你活得平和而踏实,会使你成为一个真正有灵性的幸福之人。

你们要珍藏的第二个法大印记是保持奋斗的本能。古人云:"生于忧患,死于安乐。""故天将降大任于斯人也,必先苦其心志,劳其筋骨,饿其体肤,空乏其身,行拂乱其所为,所以动心忍性,曾益其所不能。"这是大家从小耳熟能详的至理名言,但真正做到并不容易。这三年,你们一直在为学业而奋斗,你们聆听了许多有力量的声音,德才学识,与日精进,你们依靠自身的综合素质赢得了尊重,用自身的聪明才智创造了神奇。你们今天毕业意味着一个奋斗阶段的结束,但同时意味着另一个奋斗阶段的开始。未来,奋斗将伴随你们终身。不辛苦劳作、不持久打拼、不触动点人的疲惫神经、不空乏几次肉身,人是打不开的。要知道,奋斗是件苦差事,要奋斗就会有牺牲。法大学子应该具有这样的本事:揪着自己的头发把自己从泥地里生生地拔出来。未来,如果在世事沧桑、人生寂寞之时,你还能够把持续的奋斗作为一件快乐的事,那你真的是地地道道的法大人。

你们要珍藏的第三个法大印记是恪守法治的信仰。法治是现代文明人的生活方式。在法大，无论你是法学生还是"非"法学生，法治都是我们共同的信仰。这三年，你们追寻法治的精义，探寻法治的良方；这三年，你们确立了做人的原则，懂得了做事的理性，看清了自由、平等、公正、民主的面孔；这三年，在你们的心底，"法治天下"的理想渐渐生根，饱受法治文明所滋养的心灵慢慢放射出了正义之光。这是法大给你们最特别的烙印，标志着你们从此有了现代文明人的共同信仰。

未来，当你们看到，人间道义在动摇、社会良知在消退、道德伦常在侵蚀、金钱权力在嚣张之时，请你们不要忘记，你我都曾在、也一直在追求文明、秩序与进步，你我都曾在、也一直在追求对尊严的捍卫、对自由的渴望、对权利的保障。这些推动人类车轮滚滚前进的力量，其实就是你我终身事业的命脉，也是你我终日追问的命题。母校希望你们不忘初心，守护着"公平正义"这个法治最坚韧的磐石，不要让世俗糟粕伤及你生命中最值得珍视的价值。不昧良心，恪守法治，这不仅是一种意志，更是一种境界，一种与身外周遭保持距离的智慧和超越尘世遭遇的信仰。

如今毕业了，你们可以卖掉教科书、扔下破床单、砸毁旧水壶、弹断吉他弦、唱尽离别曲，但我希望你们能珍藏法大的印记，终身携带。因为这些印记是你们抵御一切风暴、面对世间难题、追问人生意义的开山斧；是你们与"中国政法大学"这六个字血脉相连的红绸带，是母校"刻在你脚底板的三颗痣"，它会让你精神有根基，心灵有源头，情感有安放。如果不去坚持与呵护它，你就愧为"一生一世法大人"；如果你小心珍藏与爱惜它，"凡你在处，便是法大"。

（原载于《法制日报》2014 年 7 月 2 日）

创新同步实践教学模式　培养卓越法律人才

实践教学改革是落实卓越法律人才教育培养计划的关键,体现着教育教学理念转变,决定着教学环节设计,影响着教学资源配置,直接关系到如何提高卓越法律人才教育培养质量。为了适应培养"职业化、应用型"卓越法律人才的需要,中国政法大学实施了"同步实践教学模式",从根本上改变了实践教学在法学人才培养中的定位,在人才培养中与理论学习同步进行并成为法学人才培养的重要抓手,贯穿到了法学人才培养的全过程。

一、 同步实践教学模式的主要思路

传统的实践教学定位过窄,只是理论知识学习后验证、检验知识的环节或者手段,处于人才培养的末端环节,是法学人才培养中的形式性环节。实践教学长期以来一直和课堂教学对立,甚至很大程度上被错误地等同于专业实习。在法律人才培养过程中,没有真正和法律实务界形成互动;优质的法学教育资源无法共享,法律实务部门的优质司法资源(海量的司法卷宗、动态的庭审过程等)长期闲置,无法汇集、转化为优质的教育资源并进入高校、课堂;法律实务界不能充分进入、参与到法律人才培养中,而高校的法学人才培养跟不上司法实践发展,无法满足法律实务部门的真实需求。

2005年,中国政法大学在法学人才培养中引入"同步实践教学"模式并使之成为法学人才培养的主要抓手。改变学生"走出去"实习的传统实践教学的单一模式,将法律实务部门拥有的优质司法资源大规模地反向"请进来"引入高校,让原始案例卷宗、同步直播的庭审实况和庭审实况录像等优质司法资源进入高校、进入课堂,融实践教学和理论知识教学为一体,将实践教学贯穿于整个法学人才培养全过程,同步完成知识学习和职业技能的培养、同步完成法律职业意识和职业素养的培养、同步完成国际视野和国情意识的培养。以高校、法律实务部门等的深度协同融合为基础,以司法实践前沿的动态即时同步为平台,实现法学人才培养中优质教育资源的即时共享、法学人才培养职责的共同承担,实现法学人才培养过程中的全程学训一体,落实培养卓越法律人才的基本目标。

改变理论学习和实践教学的关系。实现教育教学观念的根本转变,理论学习和实践教学在人才培养环节、流程上的关系从传统的先后关系提升为同步进行关系,实践教学在人才培养中的性质从学生检验理论知识的手段提升为人才培养的抓手,实践教学在人才培养中的定位从人才培养的末端环节提升为贯穿人才培养的全过程。

改变课程体系、课程内容、教学方法和教学素材。课程体系从以原理课为中心改变为以"案例课""讨论课"为中心,以实况庭审观摩课程等为支撑的课程体系;教学素材从以教科书为中心,转变为以原始卷宗、动态庭审、录像资料并存的多层次、多元化状态;课程内容从纯粹的知识讲授演变为知识学习、技能学习和经验分享相结合的内容;教学方法从以讲授为主,优化为以研习、互动讨论、点评庭审为主。

在纵向和横向两个方向拓展实践教学的空间与视野。纵向上,实践教学融入理论教学并且成为了一种教学理念,贯穿于法学人才培养的全过程;横向上,总学分15%左右的实践教学学分有了更大的投放空间:保留在法律实务部门的专业实习的同时鼓励海外实习、实践,有力促进了国际化人才培养。

解决优质司法资源转化为优质教育资源的难题。将法律实务部门纳入法学教育体系之中,共同承担法律职业教育的职责;改变高校和法律实务部门合作的工作模式,从只能让学生"走出去",改变为主要将优质司法资源"请进来",填补、弥合法学院校与法律实务部门因空间距离等阻隔造成的优质司法资源难以转化为优质教育资源的鸿沟。

实现多维度同步推进人才培养目标的良好效果。通过实现法律知识与法律技能的教学同步、实现理论前沿与实践前沿的即时同步、实现法律职业意识与职业素养的培养同步,实现校内—校外(国内—海外)的教学同步、实现国际视野与国情意识的培养同步,最终实现培养面向职业的卓越法律人才的基本目标。

二、 同步实践教学模式的平台搭建

学校以"同步实践教学"理念为指导,改革课程体系,整合教学资源,搭建教学平台,培育师资队伍,形成了特色鲜明的"同步实践教学模式",构建了作为优势的"即时共享"资源汇聚平台;作为基础的"学训一体"课程体系平台;作为支撑的"协同融合"模式运行平台;等等。

1.即时共享的资源汇聚平台

传统的知识检验型实习实践,主要是向经验丰富的一线司法人员学习;熟悉文书和整个办案流程;动态地参与案件办理。"同步实践教学"的核心是全面引进以上三类优质教学资源。近年来,学校通过创设动态庭审过程的同步直播观摩体系,引进原始案例卷宗副本,建立了"即时共享"司法资源汇聚平台,突破了优质司法资源分散于全国各地、无法汇聚于校园和转化为优质教学资源的瓶颈;让最优质的司法资源能够在第一时间进入高校、进入课堂;让全国各地的优质司法资源,能够突破空间距离限制,汇集到高校,转化为优质教育资源。

"实况转播庭审"的合作体系。学校建设了墙幕式教室,和全国30多家各级法院签署协议,实现每天上下午各转播一个法院庭审,供全校学生观摩学习,实时引进、汇集各地优质的动态司法资源,转化为优质教育资源,向学生展现动态的司法前沿;突破过去学生只能就近实习,无法了解远距离的司法动态的瓶颈;解决学生只能去一个地区实习的问题,学生可以同步感受不同地区的司法风格,利用差异化的地方庭审特色和经验,实现实践教学和国情教育的二位一体。

创建"审判案例卷宗副本阅览室""检察案例卷宗副本阅览室"。学校接受了法院、检察院捐赠的原始案例卷宗副本累计超过5万套,明显改变了过去全国法学院校全部使用改编或者生造的"学理案例""人造案例"进行案例教学的状态,开创了真实案例教学的先河;通过课内外使用真实案卷材料,让学生对于案件诉讼全过程感同身受,实现理论知识、实践能力、国情教育等的同步培养;推动了教材编写、教学方法、课堂教学内容、课程辅助材料等环节的变革。

创建"公益法律援助卷宗副本阅览室"。学校接受全国公益法律援助机构捐赠的卷宗近万套。让学生在关注社会底层疾苦中切实建立起社会责任感,防止未来的法律职业和实务纯粹成为"法律技巧"的"竞技和表演";让学生在法律扶弱救贫感受中建立法律信仰和法治意识,有效地进行法律职业伦理教育。

建成"庭审实况录像资料库"。学校接受多家法院捐赠的庭审实况录像2000多套。学生通过校园网调取庭审视频,自主观摩学习,提高了学习兴趣和法庭技能的模仿学习效果;教师备课、课堂与实务教学现场即时调用,提高学生职业技能训练、教师法律实务教学的信度和效度。

建成"司法案例卷宗电子阅览室"。利用信息化手段将经过专家选取出的疑难和典型案例卷宗上传引入课堂教学。馆藏卷宗大批量、无缝隙地进入人才培养的流程和环节,学生在科研和学习中随时随地使用。原始卷宗以原生态形式进入了课堂,师生可以随时在教室内调阅使用电子文本化。

2. 学训一体的课程体系平台

在"即时共享"的优质司法资源基础上,学校引入和坚持情境教学、翻转课堂等先进教学理念,设置递进式、优势互补的实践教学的五大传统课程模块、具有突出亮点和特色的同步实践教学"翻转课堂"课程模块,以及分站式实践教学的课程体系。

基础式递进。坚持"理论教学—模拟教学—仿真教学—全真教学"的递进式课堂实践教学思路,设置实践教学的五大传统课程模块。实务技能课程(10门)由检察官、法官、公证员、律师等为主讲教师,以研讨和案例分析为主要教学形式,训练学生案例分析能力和收集、整理、分析信息与表达等方面的能力。双师授课课程(19门)实施"双教师制",法官、检察官、律师等实务专家主讲、专职教师理论补充,将理论教学与最前沿司法动态结合,让学生接触到最新的办案线索和理论成果。模拟法庭课程(9门)从简短活动发展为课程,让学生熟悉庭审业务,掌握基本诉讼技巧,受到多学科的综合训练。学校所有法学学生在校期间均参加模拟法庭教学,80%的学生参加过各种国内或国际模拟法庭竞赛。角色体验课程(7门)让学生扮演争议双方的代理人,在课堂内完成以角色体验为形式的法庭技能训练,在角色准备、体验、冲突、转换中互动学习。法律诊所课程(6门)由学生通过代理真实案件,从实践和经验中学习法律实战技能。全校现有6大法律诊所,是国内设有法律诊所最多的法科院校,诊所学生累计接待法律咨询1.6万多人次,受理案件2800多件。

翻转课堂。依托"即时共享"的优质司法资源,以情境教学为理念,以翻转课堂为思路,开发了具有法大亮点和特色的课程模块。实况庭审观摩和点评课程(5门)通过师生共同观摩实况庭审,主审法官通过视频讲解庭审过程的形式,让学生在旁听庭审中形成"情境教学"部分,开设"翻转课堂",庭审结束后学生回去思索、提出问题,下次课教师根据问题分析庭审和点评案件。庭审录像观摩课程(4门)上,教师指定庭审实况录像,学生事先观摩录像、提出问题,在课堂教学中师生共同讨论和分析庭审,司法卷宗课程(5门)上,教师指定卷宗,学生事先阅读卷宗,就诉讼过程、证据规则等方面提出问题,课堂教学中师生共同讨论和分析法律文书、诉讼过程中每个环节的问题。

"教、学、练、训"一体。以证据科学(教育部)重点实验室、侦查学实验中心、六大法律诊所和四大模拟法庭为主体,建设了实体化的法学实验教学中心,形成集教学、实验、创新、竞赛为一体的集成练、训综合平台,开设了30门实验课程、15门含实验环节的课堂教学课程、161项实验教学项目。开展"国家级大学生创新训练项目"等学生实践项目,每年主办、承办国际刑事法院模拟法庭竞赛等国际学科竞赛、省部级学科竞赛近10项。主动建立学生法律援助中心,向中纪委信访室来访接待处派遣志愿者,为多位来访者提供涉法涉诉法律咨询。

"分站式"实习。根据典型法律职业设置、司法流程和环节,设置法院、检察院、律师事务所等不同的专业实习站点,实行"分站式"实习。学生必须至少在两个实习站点实习,实习过程实施专业教师和实习导师共同指导的双导师制。

3. 协同融合的模式运行平台

搭建"校内—校外"直通的"协同融合"式实践教学平台。在校内,建立"协同融合"式实践教学平台,实现高校、司法机关、科研单位的协同育人。"网络犯罪侦查专业共建中心"成为国内法学教育中第一个高校和科研院所、司法机关共同设立的教学平台。和北京市法院共建法庭进校园平台,定期挑选典型案件进入校园开庭审理供学生现场观摩。在校外,与实践基地实现"协同融合",实施双向、互动式资源共享。在200多个校外人才培养基地中遴选10个高质量、高层次的实习基地,共建"国家教育体制改革试点项目——'高级法律职业人才培养体制改革'联合培养基地",让一线法律业务专家深度参与人才培养工作和进入教学环节。探索"双向互动"式资源共享,推进司法数据同步进入教学环节,建设检察、审判信息系统实训教室,由实践基地向学校定期传送案件数据,让学生在教室内实现司法系统任何角色、岗位和办案环节、流程的模拟和实训,模拟法官、检察官去还原、重走每个案件的实际流程。

搭建"国内—海外"直通的"协同融合"式实践教学平台。学校构建高起点的海外同步实习实践模式和成体系的海外实习实践合作平台体系,每年出国实习的学生人数在 500 人以上,派出国家遍及欧美主要发达国家。首先,建立海外实习实践的合作体系。学校与美国密歇根州合作,选派学生到密歇根州最高法院、地方法院和巡回法院实习,实习导师均由密歇根州最高法院大法官、密歇根州地方法院和巡回法院法官担任。4 年来已经派出了 230 名学生。每年派出 10 名本科生到德国联邦议会,在议员办公室进行为期 3 个月的海外实习。其次,与海外大学"协同融合"。让海外大学的实习实践基地体系向学校学生开放,成为学校海外实习实践平台体系的一部分,实现了海外同步实践教学的规模化。第三,建设在国内的国际化联合实习平台。建立在国内实施的国际实习实践项目,例如,与"致诚公益"等合作建设国内的国际化实习平台,每年接收 20—30 名耶鲁大学、哈佛大学等国外一流大学学生,与在校生采取"一对一"的"结对子"形式共同联合实习。第四,率先建立海外实践教学的资助体系。资助成绩优秀、家庭经济条件欠佳的学生赴海外实习实践。筹资建立"本科生国际交流基金",建立国际学科竞赛资助机制,承担学生每年赴国外参加 20 余项国际学科竞赛的费用。

三、 同步实践教学模式的"专兼互补"师资队伍

师资队伍是法学教育事业发展的基础,是提高法学人才培养质量的关键,

也是法学专业校内实践教学的传统瓶颈。学校建立了五种类型"专兼互补"的同步实践教学师资队伍。

专职的实践教学师资队伍。实践教学师资需要强化针对实践教学的专门技能,在队伍管理、考核等方面与传统法学师资均有所不同。学校法学实践教学师资长期以来分散在不同教学单位,难以形成合力解决法学实践教学中的特殊问题。为此,学校设置了专门的"法学实践教学教研室",建立了专门的职称评定配套政策的措施,旨在强化实践教学师资队伍的专门化发展,切实提高实践教学水平。

专职的实验教学师资队伍。法学专业实验教学师资队伍建设是法学专业建设的新问题,更好地开展法学专业实验教学是同步实践教学模式的重要环节,专职的法学实验教学师资队伍是完成这一教学任务的基础。目前,学校建立了包括61人在内的专职实验教学师资队伍,有力地保障了法学专业实验教学。

培养法学双师型的实践教学师资队伍。鼓励支持高校教师到法律实务部门挂职,努力建设一支专兼结合的法学师资队伍是卓越法律人才教育培养计划的重要任务之一。学校着力培养法学"双师型"教师,组织、安排法学教师赴法院、检察院等法律实务部门挂职锻炼,丰富教师的法律实践经验,以此形成实践教师的体系化培养。截至2013年,累计派出90多人次的青年教师到实务部门挂职。

建立半专职的实践教学师资队伍。卓越法律人才教育培养计划提出了探索建立高校与法律实务部门人员互聘制度,鼓励支持法律实务部门有较高理论水平和丰富实践经验的专家到高校任教的任务。学校和最高法院、最高检察院联合招录培养"应用型法学博士",录取经验丰富的审判业务专家、检察业务专家攻读博士学位期间受聘成为"半专职"实践教学教师,为本科生开设法律实务课程。这些"半专职"实践教学教师凭借着在审判业务、检察业务上的丰富经验和理论素养,大大提高了司法实务课程的教学质量。

建立兼职的实践教学师资队伍。绝大多数司法实务人员不可能到高校专职从事人才培养工作,兼职担任实践教学工作就成为司法实务人员参与卓越法律人才教育培养的重要途径。近4年,学校聘任超过200人的一线专家型领导担任实践教学的兼职教师,为学生讲授实务课程或者进行讲座,宋鱼水等70多人担任实务课程的主讲教师,河南高院院长张立勇等50余人为学生开展"司法实务前沿"等系列讲座。这些兼职实践教学师资涉及的法学知识面广,实践经验多样化,极大地丰富了法学专业同步实践教学。

实施"同步实践教学"模式以来,学生的专业知识水平、法律思维、法律职业素养和法律职业技能较之以前显著提升,国内、国际竞争力不断增强,法律职业责任感和社会责任感更为强烈,人才培养质量和效果受到国内外高等院校、法律实务部门和国际机构的高度评价与认可。

(原载于《中国高等教育》2014 年 17 期)

政法院校全面推进依法治国的责任与使命

　　党的十八届四中全会决定,全面推进依法治国,建设中国特色社会主义法律体系,建设社会主义法治国家,建设社会主义法治文化。政法院校在法学领域担负着培养人才、科学研究、社会服务和文化传承创新的重任,在全面推进依法治国进程中,理应发挥其法学和所在大学的多学科优势资源,传承优秀法治文化、创新先进法治文化,践行科学法治文化,普及大众法治文化。可以这样说,积极投身于全面推进依法治国,建设中国特色社会主义法律体系,建设社会主义法治国家,建设社会主义法治文化,是政法院校肩负的社会责任和光荣的历史使命。

　　政法院校全面推进依法治国的责任与使命,表现在如下五个方面:

　　一是要做法治思想的引领者。大学是出思想的地方。一个出不了思想的大学,一定是一个平庸的大学。政法院校要结合我国国情,考虑我国经济、社会转型的现实需求,联系中华民族伟大复兴与国家和平发展的历史使命,组织力量,深入研究,在传承的基础上进行创新,不断出产对法学理论和法治建设产生重大影响的思想,推进完善中国特色社会主义法治理论与法学理论,推动中华法系的重塑与复兴。

　　二是要做法学理论的创新者。政法院校要结合我国日益丰富的中国特色社会主义法治实践,坚持基础研究与应用研究并重,鼓励和支持跨学科研究和学科交叉，坚持以经济社会发展中的全局性、战略性、前瞻性重大理论和现实问题为主攻方向，不断推进法学学术观点、学科体系、科研方法创新，为构建具有中国特色、中国风格、中国气派，与中国特色社会主义法律体系、法治体系相匹配的法学理论体系做出突出的贡献。

三是要做法治体系的建设者。中国特色社会主义法律体系的形成和中国特色社会主义法治体系的构建，表明我国法律制度的框架结构已经基本搭建完成，但并不意味着我们的法律体系和法律制度是十全十美的，而法治体系的构建更是还有很长的路要走。事实上，现有的法律体系还有很多不完善的地方，有的法律制度需要修订，有的法律制度需要补充，有的法律制度尚付阙如，所以，四中全会决定，要"完善以宪法为核心的中国特色社会主义法律体系"。因此，政法院校要始终积极参与国家的各项立法工作，为我国法律制度的优化和完善做更大的贡献。在中国特色社会主义法治体系的建设中，大学法学院系不仅要在科学立法中再立新功，而且还要在严格执法、公正司法和全民守法方面有所作为，发挥自己应有的作用。

四是要做法学教育的创新者。全面推进依法治国，必须建设一支思想政治素质高、业务工作能力强、职业道德水准优的法治工作队伍。对培育和建设法治工作队伍来说，高质量的法治人才的培养至关重要。政法院校要率先做出探索，创新法治人才培养机制，坚持立德树人，完善课程体系，优化培养方案，选用优质教材，强化教师队伍，实施国家"卓越法律人才教育培养计划"，引领我国法学教育教学的改革，构建卓越法律人才培养、法律职业培训与全民普法的新体制与新机制。

五是要做法治生活方式的布道者。四中全会指出："法律的权威源自人民的内心拥护和真诚信仰。"政法院校要组织专家学者深入研究现实生活中有法不依、执法不严和违法不究等法的运行问题，提出切实可行的解决问题的建议，通过卓越的法治人才培养和法学学术，努力去营造政府依法行政、司法

机关严格依法司法、企事业单位和民众自觉依法行为、整个社会都依法办事的
环境,引领全社会信仰法治、敬畏法律、遵守法律、捍卫法治,让法治成为中国
人的生活方式,让法治真正成为中国社会的一种文化。

（原载于《中国政法大学学报》2014 年 06 期）

全面推进依法治国与高校办学治校

党的十八届四中全会通过的《关于全面推进依法治国若干重大问题的决定》(以下简称《决定》),明确提出了全面推进依法治国的指导思想、总体目标、基本原则、主要任务,对立法、执法、司法、守法、法治队伍建设、加强和改进党对依法治国的领导作出了全面部署,是党的历史上第一个关于加强法治建设的专门决定,是指导新形势下全面推进依法治国的纲领性文件,对建设中国特色社会主义法治体系、建设社会主义法治国家、建设社会主义法治文化,具有重大而深远的意义。高校要深入学习贯彻《决定》精神,牢固树立依法办学、依法治校的理念,完善学校内部治理结构,建立健全依法治校的规章制度体系,努力构建现代大学制度,积极履行人才培养、科学研究、社会服务和文化传承创新的职能,全面深化高等教育综合改革。

一、 中国特色社会主义法治理论与实践的新发展

1. 全面推进依法治国的总目标

目标引领方向,目标凝聚力量。全面推进依法治国,必须走正确的道路,必须树立明确的目标,才能汇磅礴之力、收长远之功。《决定》指出:"全面推进依法治国,总目标是建设中国特色社会主义法治体系,建设社会主义法治国家。"主要包括以下几个方面:一是坚持正确的法治方向,在党的领导下,坚持

中国特色社会主义制度,贯彻中国特色社会主义法治理论。二是要形成完善的法治体系,包括完备的法律规范体系、高效的法治实施体系、严密的法治监督体系、有力的法治保障体系、完善的党内法规体系等五大体系。三是坚持依法治国、依法执政、依法行政共同推进,坚持法治国家、法治政府、法治社会一体建设。共同推进强调的是党政机关及其活动的共同法治化;一体建设强调的是公权力机关与社会组织和个人均受法治所规约。四是针对法治的立法、执法、司法和守法等基本环节提出了坚持科学立法、严格执法、公正司法、全民守法的要求,强调通过全面推进依法治国促进国家治理体系和治理能力的现代化。

2. 全面推进依法治国的重大任务

《决定》从立法、执法、司法、守法、法治工作队伍建设以及加强和改进党的领导等方面明确了依法治国的重大任务。首先要完善以宪法为核心的中国特色社会主义法律体系,加强宪法实施。进一步健全宪法实施和监督制度,完善立法体制,深入推进科学立法、民主立法,加强重点领域立法,努力使每一项立法都符合宪法精神、反映人民意愿、得到人民拥护。二是要深入推进依法行政,加快建设法治政府。各级政府加快建设职能科学、权责法定、执法严明、公开公正、廉洁高效、守法诚信的法治政府。三是要保证公正司法,提高司法公信力。确保法院和检察院依法独立公正行使审判权和检察权,建立领导干部干预司法、插手具体案件处理的记录、通报和责任追究制度。优化司法职权配置,推进严格司法,加强人权司法保障,全面启动司法体制改革。四是要增强全民法治观念,推进法治社会建设。推动全社会树立法治意识,推进多层次多领域依法治理,建设完备的法律服务体系,健全依法维权和化解纠纷机制,使人民发自内心拥护和真诚信仰法律的权威。五是加强法治工作队伍建设。推进法治专门队伍正规化、专业化、职业化,提高职业素养和专业水平。完善法律职业准入制度,规范法律职业人员遴选机制。加强律师、公证员、基层法律服务工作者、仲裁员、人民调解员等法律服务队伍建设。六是加强和改进党对全面推进依法治国的领导。坚持依法执政,健全党内法规制度建设,提高党员干部法治思维和依法办事能力,将法治 GDP 纳入政绩考核指标体系,把能不能遵守法律、依法办事作为考察干部重要内容。

3. 全面建设社会主义法治文化

法治文化就是国家依法治国、政府依法行政、司法机关依法司法、所有社会成员依法行为的社会生活方式。当法治成为民众的习惯,内化为一种自觉的意识,形成一种文化,才能实现真正的良法善治。法治文化是现代国家的必需品,正是这种文化奠定了一个国家的法治水准,也正是这种文化滋养和培育了一个健全的法治社会。法治成为文化,关键是要消除人治。因为法治的对立面是人治以及人治背后的封建文化,正是人治封建传统阻碍了法治。破除封建人治意味着不仅要破除封建特权的思想,还要触动某些特权者的利益,不仅要建立平等民主的文化制度,还要清除封建等级制的思想基础。法律的权威源自人民的内心拥护和真诚信仰。人民权益要靠法律保障,法律权威要靠人民维护。必须弘扬社会主义法治精神,建设社会主义法治文化,增强全社会厉行法治的积极性和主动性,形成守法光荣、违法可耻的社会氛围,使全体人民都成为社会主义法治的忠实崇尚者、自觉遵守者、坚定捍卫者。

4. 全面推进依法治国与党的领导

党的领导是中国特色社会主义最本质的特征,是社会主义法治最根本的保证。我国宪法确立了中国共产党的领导地位。坚持党的领导,是社会主义法治的根本要求,是党和国家的根本所在、命脉所在,是全国各族人民的利益所系、幸福所系,也是全面推进依法治国的题中应有之义。正因为这样,《决定》提出:"党的领导是全面推进依法治国、加快建设社会主义法治国家最根本的保证。必须加强和改进党对法治工作的领导,把党的领导贯彻到全面推进依法治国全过程。"坚持党对全面推进依法治国的领导,关键在依法执政,领导立法、保证执法、支持司法、带头守法,把依法治国基本方略同依法执政基本方式统一起来。党必须在宪法和法律范围内活动,从严治党,依据党内法规管党治党。确信维护宪法法律权威就是维护党和人民共同意志的权威,捍卫宪法法律尊严就是捍卫党和人民共同意志的尊严,保证宪法法律实施就是保证党和人民共同意志的实现。

二、 全面推进依法治国对高校办学治校提出了新要求

党的四中全会《决定》对全面推进依法治国进行了总体部署,对高校办学治校也提出了新要求。高校要认真学习领会《决定》精神,坚持依法办学和依法治校,将法治教育纳入教育教学体系和校园文化建设,构建高素质、高水平的法学教师队伍,创新法治人才培养机制,繁荣发展社会主义法治理论和法学理论,用法治思维和法治方式深入推进高等教育的综合改革。

1. 推进高等教育建立和完善依法办学的法律体系

从宏观层面来看,依法办学就是国家对高校实施管理的法治化。其前提就是要建立一套从法律、行政法规、规章到规范性文件符合现代大学制度的法律体系,用法律制度明确厘清大学与政府、社会的关系,以及大学内部治理结构。《决定》提出:"加强重点领域立法。""加快完善体现权利公平、机会公平、规则公平的法律制度。""保障公民经济、文化、社会等各方面权利得到落实"。教育行政部门要加快推进教育法律法规的"立、改、废、释",以法治思维和法治方式推进和保障教育综合改革,解决教育管理的热点难点问题。

我国现行的高等教育法律是改革开放以来逐渐建立起来的,先后制定了《学位条例》《教育法》《高等教育法》等。但是,与人民群众的期待、与当前国家高等教育综合改革的需求还有一定差距,必须加快进行修订和完善。例如,1980年制定的《学位条例》是根据30多年前的情况制定的,学位制度的改革势在必行。而且,有些教育领域还没有建立相应的法律制度,需要加紧制定。

另一方面,就是要厘清教育行政主管部门与高校的关系,依法明确政府权力清单、责任清单和负面清单,依法保障高校办学自主权,明确各自的权利和责任。对高等教育的管理也应该采取法治的方式,运用法治思维和法治方式来深化高等教育综合改革,由行政审批转变为服务行政。

2.全面推进大学依法治校的内部治理结构建设

从微观层面来看,依法治校就是大学自我管理的法治化。现代大学制度的核心内容是建立科学、合理、完善的大学内部治理结构。各高校正在进行的大学章程制定是推进学校治理体系和治理能力现代化的有效载体。高校要将促进高等教育法治化、规范化作为当务之急,按照法律赋予的办学自主权,大力推进内部治理结构改革。积极主动以"立法"的方式确立章程在校内的"宪法性"地位。在章程中明确内部权力结构体系中的领导权力、行政权力、学术权力、教职工和学生权利与义务,构建有机统一整体。同时,要注重在章程中体现各方"利益相关者"的权利和诉求,明确界定学校内外部关系,正确处理学校与政府、社会关系,为实现章程运行过程中内外部关系协调发展,提供有力支撑。

我国公办高校内部治理结构的基本制度是党委领导下的校长负责制,即党委领导、校长负责、教授治学、民主管理、社会参与。党委领导是核心,统领思想政治领导权、重大问题重大事项决策权、重大决议执行情况监督权,着力提高学校内部各级党组织科学决策、民主决策和依法决策的能力和水平,确保高校办学坚持正确的政治方向。校长负责是关键,充分发挥校长的行政领导作用,使校长独立负责行使行政管理职权。改革学校行政权力的制度环境及其运行机制,通过完善校长办公会议制度,优化决策程序,确保校长通过校长办公会议行使行政权力,保证高校行政管理组织系统的执行效率。教授治学是根本。改革学术权力运行机制,确保学者能通过各类学术管理机构行使学术权力。教育部近期出台的《高等学校学术委员会规程》进一步完善了以学术委员会为核心的学术权力体系,形成学术权力与行政权力相对独立、相互促进的机制。此外,还要依法建立学校与社会合作模式,健全社会支持和监督学校发展的长效机制。改善社会参与高校的制度环境及其运行机制,扩大社会参与学校管理的领域和范围,建立适应社会发展、回应社会需求的新型治理模式。目前,高校建立的基金会、校董会在这方面进行了探索和实践,取得了良好效果。

3. 将法治教育纳入教育教学体系和校园文化建设

《决定》提出:"把法治教育纳入国民教育体系"。这对高校提出了把法治教育纳入本科生和研究生教育教学的要求。面对全面推进依法治国的新要求,高校要认真思考如何构建符合增强法治观念、树立法治意识,引导师生自觉守法、遇事找法、解决问题靠法的教育教学体系和校院法治文化。高校的根本任务是人才培养,必须坚持立德树人,大力弘扬社会主义法治精神,建设社会主义法治文化,培养社会主义事业的建设者和接班人。高校法治教育是衡量个体社会化程度的一项基本标准,关系着我国未来的整体国民素质,关系着依法治国方略的实施,关系着国家经济发展的速度以及社会主义和谐社会的实现程度。高校应该把法治课程放到与思想政治教育课程同等重要的地位,让学生接受法治教育,增强规则意识、程序意识、责任意识和诚信意识。要充分利用现代多媒体技术,把传授法律知识与培养法治观念结合起来,把专业教育和品德教育结合起来,把课堂教学和实践教学结合起来,将法治教育融入教育教学体系全过程。要充分利用第一课堂和第二课堂,加强普法志愿者队伍建设。

大学是传播精神文明的摇篮,而校园文化则代表着一定容量的先进文化。在现代社会,法治也是一种文化,大学也要做法治生活方式的布道者,引领全社会敬畏法律,信仰法律,遵守法律,让法治成为中国人的生活方式,让法治成为中国社会的文化。要将法治文化内化于校园文化,增强师生员工厉行法治的积极性和主动性,形成守法光荣、违法可耻的校园氛围,引导师生员工自觉遵循法律,承担社会责任和家庭责任,理性表达诉求和依法办事,使全体师生员工都成为社会主义法治的忠实崇尚者、自觉遵守者、坚定捍卫者。

4. 构建高素质、高水平的法学教师队伍

百年大计,教育为本;教育大计,教师为本。法学师资队伍是法治人才培养工作中最为宝贵的资源。在高校建设一支"有理想信念、有道德情操、有扎实知识、有仁爱之心",而且政治立场坚定、理论功底深厚、熟悉中国国情的高水平法学师资队伍是实现法治人才培养质量提升的重要保障。优化法学师资队伍,首先要坚定法学师资队伍的理想信念,让法学专业的教师成为马克思主义法学思想和中国特色社会主义法治理论的坚定信仰者、积极传播者和模范践行者,保证法学教育综合改革旗帜、道路与方向的正确性。其次要优化法学师资队伍的结构,要根据中国特色社会主义法学理论体系、学科体系、课程体系的建设需求,从学科建设的龙头地位和教学工作的中心地位出发,培育高层次人才队伍和学术创新团队,推动法学理论研究的发展与法治人才培养机制的创新。加强培育建设法学基础理论、法律职业伦理与实践教学、国际法学等教学科研队伍。三是要鼓励支持法治实务部门有较高理论水平和丰富实践经验的专家到高校任教,鼓励支持高校教师到法治实务部门挂职,实现高校与法治实务部门的人员的双向交流机制,实现法治实践与法学教育之间协同发展,提升法学师资队伍的素质与水平。

5. 创新法治人才培养机制

孟子曰:"徒善不足以为政,徒法不能以自行。"全面推进依法治国离不开法治工作队伍建设。《决定》提出要"创新法治人才培养机制",加强法治工作队伍建设,为全面推进依法治国,加快建设社会主义法治国家提供强有力的组织和人才保障。《决定》明确提出如下要求:一是坚持用马克思主义法学思想和中国特色社会主义法治理论全方位占领高校、科研机构法学教育和法学研

究阵地,加强法学基础理论研究,形成完善的中国特色社会主义法学理论体系、学科体系、课程体系,组织编写和全面采用国家统一的法律类专业核心教材,纳入司法考试必考范围。二是坚持立德树人、德育为先导向,推动中国特色社会主义法治理论进教材进课堂进头脑,培养造就熟悉和坚持中国特色社会主义法治体系的法治人才及后备力量。三是建设通晓国际法律规则、善于处理涉外法律事务的涉外法治人才队伍。四是健全政法部门和法学院校、法学研究机构人员双向交流机制,实施高校和法治工作部门人员互聘计划,重点打造一支政治立场坚定、理论功底深厚、熟悉中国国情的高水平法学家和专家团队,建设高素质学术带头人、骨干教师、专兼职教师队伍。这些要求很具体,很有针对性,高校要按照《决定》的要求,在优化法学教授队伍、优化法治人才培养模式、优化法学课程体系、优化法学教材编写和选用、优化法学实践教学、优化法学教学方法等方面下功夫。

6. 繁荣发展社会主义法治理论和法学理论

《决定》提出:"坚持中国特色社会主义制度,贯彻中国特色社会主义法治理论","形成完善的中国特色社会主义法学理论体系、学科体系、课程体系,推动中国特色社会主义法治理论进教材进课堂进头脑"。法治理论和法学理论要回应并指导依法治国的伟大实践。形成具有中国特色、中国风格、中国气派的社会主义法治理论体系和法学理论体系,不仅是坚持走中国特色社会主义法治道路的理论支撑,衡量国家法治水平的重要标尺,也是中国在国际法治话语体系中赢得话语权的理论基础。

繁荣发展中国特色社会主义法治理论和法学理论,首先要在实践中实现理论创新。我国法治实践非常丰富、十分复杂,在实践中出现的重大问题都需要理论界及时进行回应、论证、阐释。任何现成答案和照抄照搬都不能解决中国的现实问题,唯有实践出真知,实践长智慧,在实践中发现问题并解决之最为可靠、科学。为此,要大力倡导法学理论界深入社会、融入实践,大兴调查研究之风,在实践中去推进理论创新。其次要在国际竞争中赢得法治话语权。法治话语权是国家软实力的体现。衡量国家治理体系与治理能力现代化的核心指标就是法治水平。中国特色社会主义法治道路是一条与西方国家所走的不同的法治发展道路。中国的法治理论和法学理论要放眼全球,走向世界,将赢得国际法治话语权作为目标。再次要在协同创新中推进理论发展。中国特色社会主义法治理论和法学理论是一项庞大的系统工程,这项工程无法单纯依靠法学理论界或法治实务界完成,它需要理论界和实践界的协同创新。这项工程也无法仅仅依靠法学法律界完成,它也需要社会各界参与的协同创新。目前,国家正在通过"2011 计划"等举措搭建法治协同创新的平台和机制,由此推动法治实践与理论的创新和发展。我们有理由相信,通过广泛、深入的探索、实践、协同创新,中国将为人类法治建设探索出一条新的成功之路。

(原载于《中国高等教育》2014 年 22 期)

校训是大学精神的精华

——法大校训解读

大学校训是一所大学的精神和价值取向的集中体现。法大"厚德、明法、格物、致公"的校训可以说是法大精神的精华，集人文精神、法治精神、科学精神和公共精神为一体。

中国政法大学的校训四词八字，也可以说是四目，即"厚德、明法、格物、致公"。尽管法大的校训与当下中国许多大学的校训一样，也是四词八字，但其格局与众不同，内容颇有特色。

法大原有一个校训，即"团结、勤奋、严谨、创新"，是建校 40 周年时确定的。但随着时间的推移，越来越多的法大师生和校友感到，这个校训过于宽泛，没有反映法大的办学传统和特色，也没有提炼出法大的核心文化和精神，不能发挥校训的应有作用。不少师生和校友还在不同场合提出过修改校训的建议。

2001 年，学校决定重新拟定校训，并向全校师生和广大校友征集之。整个征集活动历时半年，先后发放 500 份书面征集校训启示，征集到校训建议一百多条，召开了 7 次师生和校友征询意见座谈会，在校报、广播台、橱窗、校园网进行了广泛的宣传，直接参与者达三千余人次。学校先后有三次会议专题讨论校训征集工作，并最后决定采用"厚德、明法、格物、致公"为新校训。新校训在 2002 年 5 月法大建校 50 周年校庆期间正式发布。从某种意义上讲，新校训的征集过程实际上是法大人对法大精神的再思考的过程，也是进一步凝炼、总结的过程，它的诞生不仅是法大人集体智慧的结晶，更是法大人对法大精神的拓展与升华。

大学校训是一所大学的精神和价值取向的集中体现。法大"厚德、明法、格物、致公"的校训可以说是法大精神的精华，集人文精神、法治精神、科学精神和公共精神为一体。其"厚德"源自《易经》的"天行健，君子以自强不息""地势坤，君子以厚德载物"，意在培养师生优良的公民道德、职业道德、政治道德，增厚美德，容载万物。这是人文精神的凸显。其"明法"取自《管子·明法》，意求师生学法、懂法、守法、护法、用法，以法治天下、建设法治中国为己任。这是法治精神的体现。其"格物"出自《礼记·大学》的"致知在格物""格物而后知至"，意促师生实事求是，求真务实，养成科学的思维和理性。这是科学精神的写照。其"致公"取法于《礼记·礼运》的"大道之行也，天下为公"。此处"致"从"至"，"致公"也为"至公"，出自《管子·形势解》的"风雨至公而无私，所行无常乡"，意为师生要坚持和弘扬公平正义的价值观，要有仁爱亲民，献身公益，服务公众的社会责任感。这是公共精神的张扬。

法大的校训反映了法大的办学理念。办学理念从根本上说就是办什么样的大学及怎样办大学和培养什么样的人及怎样培养人的观念。法大自 1952 年建校以来，筚路蓝缕，栉风沐雨，已经走过六十多年的辉煌历程。在六十多年的办学历程中，法大坚持"学术立校、人才强校、质量兴校、特色办校、依法治校"的办学理念，坚持走以质量提升为核心的内涵式发展道路，始终以"经国纬政，法治天下"和"经世济民，福泽万邦"为自己的两大办学使命，致力于以卓越的人才培养、科学研究和社会服务来推进国家的法治昌明、政治民主、经济发展、文化繁荣、社会和谐及生态文明，造福于全人类，致力于培养品德优良、人格健全、学识渊博、能力卓越、智慧不凡、身心健康的"复合型、应用型、创新型、国际型"精英人才,致力于打造"开放式、国际化、多科性、创新型的世界知名法科强校"。从上述法大逐渐探索形成的办学理念不难看出,"厚德、明法、格物、致公"的校训精神不仅贯穿其中、融入其中,一脉相承,而且是其核心价值和精华。

法大的校训展现了法大的办学特色。法大建校之初并在随后很长一段时间里一直是一所法科单科性大学,改革开放后才逐步走上多科性大学发展之路,到如今已经发展成为一所以法科为特色和优势,包含政治学、经济学、管理学、社会学、哲学、文学、历史学、教育学、理学等学科的多科性大学。尽管如此,法大的法学教育和法律人才培养仍占法大的半壁江山,其特色和优势十分明显,被誉为"中国法学教育的最高学府"。所以,法大的校训有特别的"明法"一目,它不仅是对法科师生提出的要求,而且是对所有法大人提出的要求。法大人"明法",意味着所有法大人要有法治信仰、法治理念、法治意识和法治思维,其中法律人还要有法律职业技能和职业伦理。在法大,法学教育和法治的氛围很浓,新生入学的誓词是"我自愿献身政法事业,热爱祖国,忠于人民……挥法律之利剑,持正义之天平,除人间之邪恶,守政法之圣洁,积人文之底蕴,昌法治之文明"。校园内不仅塑有法鼎、法镜,还有镌刻着江平先生题写的"法治天下"的石碑;不仅有宪法大道、婚姻法小径,还有镶嵌着《世界人权宣言》全文的法治广场;不仅有当代中国法治人物钱端升、谢觉哉、彭真、雷洁琼等人的塑像,更不用说还有法学法律专家学者不断上演的一场又一场的有关法治的精彩讲座。具有法治精神可以说是法大人的特质。正是在"明法"校训精神的激励下,一代又一代法大人走出校门、走向社会,在各行各业恪守法治信仰,践行法治,为法治中国建设做出了突出的贡献。

既然校训体现了一所大学的核心价值理念和文化精神内核,那么,对这所大学来说,校训无疑是全体师生应当共同遵守的基本行为准则与道德规范,需要全体师生身体力行。一旦师生把校训精神内化于心、外践于行,校训就成为这所大学的学风、教风和校风的集中表现。法大十分注重发挥校训对师生引导、评价和激励作用,在学校醒目的地方、在学校重要的场合、在学校的证件证书(如新生录取通知书)上都设置校训,使每一个师生能经常性地看到它,受其潜移默化的心理脉冲,受其感染和激励,逐渐内化为自己的价值尺度,并以此来自觉地衡量、调整和校正自己的行为。

法大校训的四目是一个整体,"厚德"强调的是为人,把立德树人放在首位,"明法"强调的是为事的规矩、法度,"格物"强调的是为学,而"致公"强调的是为人、为事、为学之鹄的。所以,我们在校训的传播和教育中强调对校训的整体把握和全面践行,不能有所偏废。比如说,法大人天然"明法",具有法治精神的特质,这固然很好,但万万不可忽略"厚德"的培养、"格物"的训练和"致公"的追求。不然,难免有人会陷入法治形式主义、法治机械主义、法治文牍主义的泥潭。所以,法大在人才培养过程中,注重"全人全程培养",坚持"德才兼修、教学互动、通专并举、虚实结合、内外联动",强化通识教育和实践教学,促使学生不仅具有法治素养和法治精神,而且还要具备人文情怀、科学理性、健全人格和社会责任感,成为完全的人、完整的人、全面发展的人。

总而言之,法大校训是法大精神的精华。法大校训的确立和践行,在法大的人才培养、科学研究、社会服务及文化传承创新中发挥了很好的作用。法大校训与国家确立的"富强、民主、文明、和谐,自由、平等、公正、法治,爱国、敬业、诚信、友善"的社会主义核心价值观是高度一致的,它不仅是社会主义核心价值观在法大办学中的具体化,而且也是社会主义核心价值观在法大师生中的内在强化。

(原载于《法制日报》2014 年 12 月 3 日)

打造法大智库　推进依法治国

一、　对法大智库建设的思考

当今世界,智库作为政府的"外脑",作用日益凸显,影响着政治、经济、社会、军事、外交、科技等方面的重大决策。智库是国家"软实力"和"话语权"的重要组成部分。习近平总书记对加强中国特色新型智库建设的重要批示、刘延东副总理关于高校特色新型智库建设的讲话以及教育部出台的《中国特色新型高校智库建设推进计划》,无不释放出一个强烈信号———新型智库建设是高校深化综合改革的一个引领性发展方向。同时,高校新型智库建设也是继"2011 计划"之后又一个重要战略部署,将引导高校教育资源的重新整合和优化配置。对于高校而言,理应抓住机遇,积极作为,加快发展。

中国政法大学作为一所以法科为特色和优势的多科性大学,始终以"经国纬政、法治天下"为己任。长期以来,法大充分利用自身法学优势学科资源,一直在为国家科学立法、行政执法、公正司法提供智力支持,已经在国家法治建设中起到了智库的重要作用。

对于国家推进中国特色新型智库建设,法大高度重视,并迅速做出决策和部署。2013 年 12 月,学校通过了《中国政法大学智库建设若干意见》,随后出台了《法大智库研究团队支持办法》,并明确提出把"法大智库"建设成"国家级智库"的目标。

在法大智库建设过程中,我们坚持以问题为导向,以服务国家经济社会发展,特别是以服务全面建设小康社会、全面深化改革、全面推进依法治国、全面从严治党的新要求为目的,以提升服务决策、传承文明、创新理论、资政育人能力为重点,以学校法学和政治学优势学科和重点研究基地为主要依托,充分整合校内外学术资源,着力培育和建设一批高水平智库研究团队,加强重大理论和实践问题的深入研究,力争取得高质量、高水平、高品位的研究成果,为建设中国特色社会主义法治体系,建设社会主义法治国家,推进国家治理体系和治理能力现代化,实现中华民族伟大复兴的中国梦献计献策。

二、 法大智库建设的主要进展

经过一段时间的建设,法大智库目前形成"三位一体、协同创新"的格局,即"法大智库""司法文明协同创新中心智库"和"教育部《高校智库专刊》政法编辑室"三者协调发展,各司其职、各负其责、互相配合、有效运行。

1.学校集中力量整体打造"法大智库"品牌

根据学校出台的《中国政法大学智库建设若干意见》和《法大智库研究团队支持办法》,2014年4月学校学术委员会遴选出10个"法大智库研究团队"以及5个培育团队。具体做法是:

以"法大智库"作为学校整体智库面世,各"法大智库研究团队"是"法大智库"的一部分;同时,以突出在法治建设领域的咨政育人启民作为"法大智库"的鲜明特色。

入选的智库研究团队建设期限为4年,学校每年为每个智库研究团队提供20万元的经费支持。入选培育计划的智库研究团队培育期限2年,学校每年为每个培育团队提供10万元的经费支持。

智库研究团队实行首席专家负责制,首席专家负责制定和实施智库研究团队建设方案。

每个智库研究团队每年提交的咨询建议稿件不少于 10 篇。

学校统一编制《法大智库建议》,成立编委会,统筹智库研究团队咨询建议的报送工作。

截至目前,《法大智库建议》编辑部共收到稿件 57 篇,已编发 6 期。

2. 学校着力重点打造"司法文明协同创新中心智库"

中国政法大学牵头组建的"司法文明协同创新中心",是首批进入国家"2011 计划"的协同创新中心。为了充分发挥该中心在"资政育人"方面的引领和示范作用,利用其广泛、深入、高度协同的优势,学校着力重点打造"司法文明协同创新中心智库",使其成为"法大智库"的拳头产品。

首先,在建设思路方面,以中心的研究成果为基础,以创新团队为依托,以提升中心咨询服务能力为目标,积极为国家法治建设和司法文明工作提供咨询建议。

其次,中心不定期编辑《成果要报》和《研究报告》。《成果要报》参照国家社科基金项目规划办《成果要报》和教育部《专家建议》的要求编写,报送教育部、全国人大、中央政法委和国家司法机关等国家党政机关;《研究报告》作为交流读物赠送相关研究机构、教育部社科委委员和知名专家学者。

第三,强化考核,要求每个创新团队每年应提供不少于 4 篇政策咨询建议稿和 4 篇研究报告。其中,被采纳编入中心《成果要报》的不少于 2 篇,编入《研究报告》的不少于 2 篇。

截至目前,司法文明协同创新中心智库编辑部共收到稿件 108 篇,已编发《成果要报》12 期,《研究报告》4 期。

3. 学校全力支持教育部《高校智库专刊》政治法律编辑室的工作

根据教育部社科司关于设立《高校智库专刊》编辑室的要求,《高校智库专刊》"政治法律编辑室"设在中国政法大学。这是教育部社科司对法大社科管理工作和智库建设的肯定和信任。法大副校长张保生教授担任"政治法律编辑室"的负责人。

《高校智库专刊》"政治法律编辑室"设立了编委会和编辑工作室。编委会由全国法学、政治学、行政管理学的知名专家组成,专家的主要职责是决定年度选题,作为专家参加稿件的审读。编辑工作室负责选题的发布、稿件征集以及稿件送审和报送等日常工作。中国政法大学为编辑室提供了办公场所以及经费支持。

编辑室建立了自己的运作机制。每年1月份召开编委会,确定当年选题,7月初根据情况调整下半年选题。稿件征集采取公开和约稿方式,前者根据选题情况在一定范围内公开征集稿件,后者向特定专家约稿。

党的十八届四中全会之后,围绕"全面推进依法治国"这一主题,学校各智库研究团队以最快速度作出反应,就贯彻落实四中全会决定建言献策。教育部《高校智库专刊》"政治法律编辑室"已经面向全国征集了两批共85篇以全面推进依法治国为主题的稿件;"法大智库"也征集了30篇稿件。以上稿件已经走完编辑程序,正在向各相关决策机构报送。

三、 进一步推进法大智库建设的设想和主要举措

1.整合三大智库资源,建立高效顺畅的智库成果编发体制

中国政法大学现在已经开展的三大智库建设工作,目前在编辑人员、成果编发程序上各自独立,在沟通、协作和资源共享上还存在一些问题。学校拟将三大智库资源进行整合,建立一个统一的智库编辑团队和一套统一的智库成果编发机制,既可以提升人力资源利用效率,又可以在更大范围内合理调配成果,从而推进打造"法大智库"整体品牌。

2.借助校外和社会力量,建立智库成果购买政策

仅靠单个学校自身科研力量建设智库,资源和优势毕竟有限。若能打开

视野,加强协同创新,通过"借外脑"的方式吸纳校外和社会成果,以求集众智为我所用,可望能够更快更好地推动智库成果在数量和质量上的提升。因此,学校拟建立智库成果购买政策,以具有吸引力的条件和方式将校外研究力量和研究成果吸纳进来,将"法大智库"打造成为国家级智库成果发布平台。

3.将智库成果纳入教师评价指标体系,增强高品质成果产出内在驱动力

引导教师以问题为导向面向国家重大需求和经济社会发展实际开展研究的有效方法,是将智库成果纳入教师评价指标体系。智库成果的采纳、登载、反响及获得批示,应当与教师的考核、晋职、奖惩等挂起钩来,并建立与不同层次、程度的社会效果相适应的分级激励机制。现在,法大已经把智库成果列入学校科研成果予以奖励和评奖,并作为学校"青年教师学术创新团队"的考核标准之一,以后还要在更大范围内推广。

4.加强智库成果的传播推广,增强对政府决策和社会舆论的渗透力和影响力

世界知名智库的一个共同特点,就是高度重视成果的传播推广。法大智库建设不仅要推进出好思想、好理念、好成果,而且还要建立向政府决策部门、社会有需求的组织输送智库成果的有效途径,善于运用各种媒体特别是新媒体,加大对智库成果的传播推广,增强对政府决策和社会舆论的渗透力和影响力。

总而言之,服务决策、传承文明、创新理论、咨政育人,是高校在建设中国特色新型智库中的历史使命。中国政法大学在完成这一使命的过程中,将继续发挥其在法学、政治学等学科领域的传统优势,为全面推进依法治国,推进国家治理体系和治理能力现代化,建设法治中国建言献策,做出贡献,为将法大智库打造为国家一流智库而努力奋斗!

(原载于《中国高等教育》2015 年 07 期)

关于加强和改进高校思想政治工作和意识形态工作的几点想法

　　不久前，习近平总书记就全国高校党的建设工作作出重要批示，要求全国高校强化思想引领，牢牢把握高校意识形态工作领导权，加强和改进思想政治工作。紧接着，中共中央办公厅、国务院办公厅印发了《关于进一步加强和改进新形势下高校宣传思想工作的意见》（以下简称《意见》），强调指出，意识形态工作是党和国家一项极端重要的工作，高校作为意识形态工作前沿阵地，肩负着学习研究宣传马克思主义，培育和弘扬社会主义核心价值观，为实现中华民族伟大复兴的中国梦提供人才保障和智力支持的重要任务。做好高校宣传思想工作，加强高校意识形态阵地建设，是一项战略工程、固本工程、铸魂工程，事关党对高校的领导，事关全面贯彻党的教育方针，事关中国特色社会主义事业后继有人，对于巩固马克思主义在意识形态领域的指导地位，巩固全党全国人民团结奋斗的共同思想基础，具有十分重要而深远的意义。下面，我根据习近平总书记的重要批示和系列讲话精神以及《意见》的精神，结合高校工作实际，就加强和改进高校思想政治工作和意识形态工作谈几点想法。

一、 要客观真实地分析和估计当前高校思想政治工作和意识形态工作的形势

我认为,我们高校的党委和校长是高度重视这项工作的,高校宣传思想战线始终坚持了正确政治方向和舆论导向,学校党政工团齐抓共管,也采取了一系列得力措施;高校总体上是稳定的(已连续25年保持稳定);绝大多数师生积极健康向上,拥护党的领导、拥护社会主义制度、遵守宪法法律;绝大多数师生认同和肯定党的十八大以来以习近平同志为总书记的党中央在反腐、全面建成小康社会、全面深化改革、全面推进依法治国、全面从严治党方面所开展的工作;绝大多数师生对建设富强、文明、民主、法治、和谐的社会主义现代化强国和实现中华民族伟大复兴的中国梦充满信心。

但高校在这方面也存在一些问题:比如说,极少数教师比较偏激,混淆言论自由和学术自由的界限,甚至突破法律和师德底线,在课堂和媒体上发表了一些违反宪法法律的言论,在学生中造成不良影响;再比如说,一些高校可能对上面提到的有这样言行的教师,管理不严格、不到位、不及时,失之于宽、失之于软;还比如说,我们没有牢牢掌握意识形态的主动权和话语权,日常师生看到、听到、读到的都是别人的东西,我们要么说得不多,要么说得不好,要么说得好又做得不好,或者说的与现实不符;还比如说,不少思政课教学水平不高,教学效果不好,不受学生欢迎,甚至引起学生的反感;还比如说,思想政治工作和意识形态工作方式方法不接地气,灌输、说教的多,不能做到贴近师生,不能做到生动活泼,不能做到潜移默化、自然而然。

可以肯定地说,党的十八大以来高校党建工作和思想政治工作进一步加强,主流积极健康、趋势不断向好。但同时,也要清醒认识面临的新情况、新问题,采取有效措施加以解决。

二、 对高校师生要有正确的认识和评价

据我所知，目前高校在岗教师大多是在改革开放后读大学上研究生成长起来的，改革开放前 30 年培养的教师还在岗的已经很少了，也就是说，高校在岗教师是我们自己培养出来的，经历了改革开放、市场经济等经济社会巨大转型的过程和考验，是高校教师主体。总体上讲，他们绝大多数人注重教书育人、立德树人，爱国、敬业、遵纪、守法，有教师的职业操守。当然，也有少数人较为散漫、对工作不投入、在外过度兼职，干一些违反职业伦理、违反学术规范，甚至干一些学术不端和违法乱纪的事情。但这样的教师毕竟是极少数。

而目前在校的大学生大多是 90 后、独生子女，都是在应试教育、互联网环境下成长起来的，他们大多活跃、阳光、积极向上，有爱心，个性比较张扬，接受新鲜事物能力强，积极参加学生社团活动和公益活动，但比较自我、比较现实、自信又脆弱，敏感而自私，有网瘾，是追星一族，系统读书不多，从网络接受的知识和信息比较碎片化。他们正处在世界观、人生观、价值观形成的重要时期，只要我们引导得好，他们绝大多数人健康成长是没有问题的。我认为，他们是"玩得酷，靠得住"的一代。

在对师生有正确的认识和评价的基础上，高校开展思想政治工作和意识形态工作，首先要相信师生、依靠师生、服务师生，不要把高校师生看得一塌糊涂，不要把高校看成一片漆黑，不要把师生往对立面推。无论是按照马克思主义群众观，还是根据高等教育规律，我们要认识到，高校师生是学校的主人，是学校的主体，教师是教学的主体，学生是学习的主体，办好大学关键靠教师，办好大学重点看培养的人才。如果高校师生同我们认识差距大、感情格格不入，只能说明我们脱离了群众、脱离了师生，只能说明我们的宣传教育不接地气，没有讲到师生的心坎上，不能引起共鸣。

三、 就改进高校思想政治工作和意识形态工作提几点建议

一是高校要营造较为宽松的学术环境。高校是以学术活动为中心的社会组织,不是行政机关,不是工商企业。蔡元培先生曾说:"大学者,研究高深学问者也。"所以,高校要讲学术立校,要把教书育人和科学研究作为学校的中心工作,把提升学术水平和学术创新能力作为提升学校综合实力和核心竞争力的根本途径,围绕学术生产和创新系统来设计学校的组织、制度和政策,建立以学术质量和水平为导向的学校评价体系,不断增强校园生活与校园文化中的学术含量。高校作为学术组织,如果没有思想自由、学术自由、批判性思维、科学理性思维,就不可能有创新。没有创新的环境何以产生先进的思想、先进的制度、先进的文化、先进的科学技术? 高校要加强宣传思想阵地的管理,不管是不行的。但是,加强管理不是堵,不能管死,要注重疏导。现在,在高校,召开学术会议、举办学术讲座、出国参加学术活动受到诸多繁琐的限制,在一定程度上挫伤了教师的学术积极性。

二是高校要加强宣传教育,积极引导,有所作为,牢牢掌握思想阵地的领导权、话语权、主动权。思想这个阵地你不去占领,就会被别人、别的东西占领。讲宽松,不是自己不讲话、不发言,而是允许大家都发言,允许提出不同的意见,我们自己也要讲好中国故事,发出正能量的声音,摆事实、讲道理,不断壮大高校主流思想舆论。当然,要掌握话语权,必须造就和依靠一支政治坚定、学养深厚、有影响力的思想理论建设队伍,要不断提升研究回答重大问题的能力。邓小平同志曾说,改革开放十年,"我们最大的失误是在教育方面,思想政治工作薄弱了,教育发展不够。我们经过冷静考虑,认为这方面的失误比通货膨胀等问题更大。"这一讲话对当下仍然是适用的、有意义的,它提醒高校要深入开展中国特色社会主义宣传教育,切实推动中国特色社会主义理论体系和社会主义核心价值观进教材进课堂进头脑,把师生团结和凝聚在中

国特色社会主义伟大旗帜之下,积极培育和践行社会主义核心价值观,全面提高师生道德素质,培育知荣辱、讲正气、作奉献、促和谐的良好风尚。而且,高校要旗帜鲜明、大张旗鼓地开展宣传教育,还要讲得好,讲得生动,让师生喜闻乐见,发自内心认同。

三是高校要运用底线思维和法治思维来应对思想政治工作和意识形态工作的难题。高校开展思想政治工作和意识形态工作,难免遇到一些困难和问题。应对这些难题,强化底线思维和法治思维,提升治理能力就很重要。在我看来,底线思维就是明确底线、坚守底线,底线不能突破。在思想政治工作和意识形态工作领域,底线是什么?就是宪法法律,就是党的领导和社会主义办学方向,就是教师职业道德规范。这是不能突破的。要引导师生有底线意识,恪守底线。一旦出现突破的情况,就要善用法治思维,以法治的方式来处理。违反国家宪法法律的,依法处理;违反校纪校规的,依规处理,绝不能含糊。

人才培养之道

法治工作队伍是中国特色社会主义法治体系与社会主义法治国家重要的建设者，是实现全面推进依法治国总目标的强有力的人才保障。加强法治工作队伍建设，为加快建设社会主义法治国家提供强有力的组织和人才保障。法学教育与法治人才培养是法治工作队伍建设的基础性工作。创新法学人才培养机制，培养造就一批熟悉和坚持中国特色社会主义法治体系的法治人才和后备力量，是法学教育肩负的重要历史使命。

法治国家建设呼唤卓越法律人才

　　总结近年来中国法学教育改革实践,我们不难发现,将法学教育定位于法律职业人才培养,已经逐渐成为法学教育界的共识。在这一共识的基础上,培养模式改革、课程体系改革、教学内容改革、教学方法改革等一系列的法学专业教育教学改革已经展开。随着改革的进一步深化,我国的法学教育必将培养出更多高质量的卓越法律人才,更好地为全面落实依法治国基本方略、加快社会主义法治国家建设作出贡献。

　　法学教育在中国民主法治建设中具有基础性、先导性、战略性的重要地位。新中国成立 60 多年来,尤其是改革开放 30 多年来,中国法学教育已经培养了一大批人才,为社会主义法治国家的建设作出了重要的贡献。但不可否认,目前中国法学教育还存在着人才培养目标定位模糊、整体办学水平较低等一系列问题,法学教育不能满足经济社会发展对于卓越法律人才的需求。因此,积极推进法学教育教学改革、创新法学人才培养模式、切实提高法学人才培养质量势在必行。

法学教育定位于法律职业人才培养

　　法学教育是面向学生开展的以传授法学知识、培养法律思维、训练法律职业技能、培育法律职业伦理为内容的教育活动。法学教育是人类高等教育中最古老的专业教育之一,世界各国法学教育从来就是法律职业教育 (professional education),法律职业本身规定了法学教育的人才培养目标,决定了法学教育改革的发展方向。长期以来,中国法学教育将主要教育资源集中于知识传授,在人才培养过程中缺乏清晰的法律职业教育目标定位,导致课程体系、教学内容、教学方法、实践教学等教学环节忽视了对学生分析处理实际法律问题和案件的能力训练。培养出来的学生不时被法律实务界抱怨,认为其知识应用能力和职业技能不能满足实务需要。

法律职业人才的成长有其特殊规律

一般来讲,法律职业是从事直接与法律相关的各种工作的总称,从事法律职业的人才就是职业法律人。职业法律人包括三类:一是法律实务人才,包括法官、检察官、立法人员、律师、仲裁员、政府工作人员及企事业法律顾问等;二是法学学术人才,包括法学教授、法学研究人员等;三是法律职业辅助人才,如书记员、律师助理、司法警察等。由于具有鲜明的高度专业化的行业特点,职业法律人在发展过程中逐渐形成法律职业共同体,而在法律职业共同体中,法官、检察官、律师是最具典型性的法律职业。

通常,法律职业人才的成长要经历大学通识教育、大学法学专业教育与法律职业继续教育三阶段,其中,大学通识教育是基础,大学法学专业教育是主体,法律职业继续教育是大学法学专业教育的延伸。法学专业学生进入法律职业共同体并成为合格的法律人,必须掌握完整的法学理论知识,接受专业化的法律思维与法律推理能力训练,接受系统化的实务技能训练,养成法律人必须具备的道德品格与职业操守,通过国家统一的司法考试。进入法律职业后的法律职业继续教育的目的是法律职业经验的积累与法学理论知识的更新,不能替代大学法学专业教育。

以培养模式改革促进培养质量提升

法学教育的改革,核心在于法学人才培养模式的改革与创新。科学的法学人才培养模式应当建立在法律职业人才培养目标基础之上,并体现为课程体系、教学内容、教学方法、实践教学等系列要素的规律性设计。具体内容包括:将法学教育定位于法律职业教育;在课程体系方面要实现理论教学与实践教学相结合,以系统的法学理论知识教育为基础,以实务技能类课程、案例课程为重要组成部分;在教学内容方面要实现法学基础知识、基本理论、基本技能教育与法学方法、法律思维、法律语言、法律推理能力教育相结合;在教学方法方面充分发挥教师和学生的主体性和能动性,广泛运用启发式、讨论式、参与式教学方法与案例教学方法;在实践教学方面要将课堂教学实践教学环节与独立实践教学环节相结合,设置独立的应用学习阶段进行系统的职业技能训练,将法律实务部门纳入法学教育体系,使其承担实践教学任务;在职业伦理教育方面要培养学生信仰法律、忠于法律的职业伦理与公平正义的价值观。

作为以法科为特色的大学,中国政法大学始终将人才培养模式的改革创新作为提升法学专业人才培养质量的重要途径。2008 年,学校经教育部批准招收"法学人才培养模式改革实验班"。实验班将人才培养目标定位于法律职业人才,整合法学本科教育与法律硕士专业学位教育,实行六年两阶段的培养模式(以下简称"六年制模式"),将第一阶段规定为基础学习阶段,第二阶段规定为应用学习阶段。"六年制模式"改革定位于法律职业人才培养,以社会责任、职业精神、基本技能和专业能力教育培养为核心,将通识教育、法学专业教育、法律职业教育有机地结合统一起来,对培养应用型法律职业人才进行了有益的探索。

(原载于《中国教育报》2011 年 3 月 21 日)

法学教育改革和法院队伍建设

推进建设公正、高效、权威的社会主义司法制度,离不开一支高素质、高水平的法官队伍。在中国特色社会主义法律体系形成后,如何进一步加强人民法院队伍建设仍是法院面临的重要任务。法学教育在我国民主法治建设中具有基础性、先导性、战略性的重要地位。通过优质的法学教育培养大批卓越法律人才,可以为人民法院队伍建设打下坚实基础。

为贯彻落实全国教育工作会议和《国家中长期教育改革和发展规划纲要》精神,适应国家和社会发展需要,创新人才培养模式,深化教育教学改革,探索多种培养方式,培养一大批卓越法律人才,国家教育行政部门正在着手研究实施"卓越法律人才教育培养计划"。

一、 为什么要实施"卓越法律人才教育培养计划"

一是全面实施依法治国基本方略的迫切需要。依法治国,建设社会主义法治国家,是我们治理国家的基本方略。中国特色社会主义法律体系的形成,标志着我国全面实施依法治国基本方略进入一个新的阶段,国家经济建设、政治建设、文化建设、社会建设以及生态文明建设的各个方面实现有法可依,在这种情况下,有法必依、执法必严、违法必究的问题就显得更为突出、更加紧迫,需要我们培养更多高素质的执法和司法人才。

二是培养紧缺法律人才的迫切需要。当前,我国高等法学教育的规模已经不小,但有两类紧缺法律人才严重不足。一类是随着我国参与国际事务的规模和深度不断扩大,急需具有国际视野,熟悉国际规则,能够参与国际政治、经济等事务,具有国际交流能力和国际竞争能力的高端法律人才。另一类是中西部地区迫切需要的应用型法律人才。根据中央政法委的调查研究,基层法院、检察院和城市社区服务单位、农村县乡一级极端缺乏法律人才。

三是法学教育的现状和存在的问题迫切需要对法学教育进行改革,实施"卓越法律人才教育培养计划"。尽管改革开放以来我国法学教育取得了很大的成绩,但我们必须看到法学教育存在的问题:法学专业扩张迅速,低水平重复建设较多,教学质量难以得到保证,就业形势严峻;人才培养规格单一,难以满足社会对法学多样化人才的需求,尤其是应用型、复合型职业法律人才和国际型高端法律人才严重不足;等等。

二、 卓越法律人才教育培养的基本思路和目标

"卓越法律人才教育培养计划"有两个关键词:一是提高质量;二是满足需要。这里要强调的是,法学教育是法律职业教育,定位于职业法律人才的培养。法学教育是面向学生开展的以传授法学知识、培养法律思维、训练法律职业技能、培育法律职业伦理为内容的教育活动。长期以来,我国法学教育将主要教育资源集中于知识传授,在人才培养过程中缺乏清晰的法律职业教育目标定位,导致课程体系等教学环节忽视了对学生分析处理实际法律问题和案件的能力训练。今后,我们要致力于适应中国特色社会主义法治国家建设需要,培养造就一批能够坚持社会主义法治理念,自觉弘扬社会主义法治精神,具有系统、扎实的法学理论知识,较强的法律实务技能与高尚的法律职业道德的高素质法律职业人才。

三、 卓越法律人才教育培养的具体举措构想

1.适应中国特色社会主义法治国家建设需要,遵循法学教育教学规律与法律人才成长规律,探索制定法律人才培养国家标准。

2.探索"学校—实际部门共同培养"机制。以常态化、规范化的体制、机制建设为基础,加强高等学校与实务部门的合作,由高校与实务部门作为法律人才培养的共同主体,一起承担法律人才培养的职责。

3.探索"国内—海外联合培养"机制。通过政策引导与支持,鼓励高校与国外顶尖院校合作,支持高水平的中外合作项目。

4.探索应用型、复合型卓越法律职业人才培养模式。将法学教育定位为法律职业教育,将应用型、复合型卓越法律职业人才培养模式作为法学教育基础模式,培养法务、政务等各个领域的职业法律人才。

5.探索国际型卓越法律人才培养模式。采取国内与海外院校联合培养、引入外国高水平师资、为学生提供短期国外学术交流等方式,实现学生在意识、知识、技能等方面的国际化程度的提升。

6.探索中西部基层卓越法律人才培养模式。根据中西部基层法律工作特点,优化课程体系,改革教学方法,同时对中西部基层政法机关在职的政法干警进行集中实务培训,提高执法、司法水平。

7.探索建设卓越法律人才培养基地。在法律人才分类培养的基础上,根据高校法学院系原有水平和特色与区位分布,统筹布局,设置"卓越法律人才教育培养基地"。

8.探索改革课程体系和教学形式。针对不同类型的法律人才培养,制订多样化的人才培养方案等实践性课程,强化法律思维、法律推理能力训练,强化系统的实务技能训练,增加法律职业伦理课程,推广法律诊所课程。改革教学方法,全面实施启发式、讨论式、参与式教学。

9. 探索强化实践教学环节。明确专业实习的教学内容、学时要求和考评办法；探索实施"分站式"专业实习模式，根据典型法律职业设置专业实习站点，丰富专业实习教学内容；探索实施"练学交替"教学模式，采用实习基地实习—实务课程讲授交替进行的教学模式，进一步加强对专业实习的过程控制。

10. 探索建设高水平法学师资队伍。探索建立高校与实务部门人员互聘制度，建立"双师型"教师队伍。高校要有计划地选送教师到法律实务部门的实际岗位工作1至2年，积累法律实践经验。要从法律实际工作部门聘请具有丰富实践经验的法官、检察官、律师等实务工作者担任兼职教师，承担法律专业课程教学任务；聘请海外教师任教；建立校内专职实践教学师资队伍。

（原载于《人民法院报》2011年6月4日）

以提升人才培养质量为核心
悉力培育造就卓越法律人才

　　胡锦涛总书记在庆祝清华大学建校 100 周年大会上发表重要讲话,明确指出:不断提高质量是高等教育的生命线,要把提高质量作为高等教育改革发展最核心最紧迫的任务。据此,教育部新近发布了《关于全面提高高等教育质量的若干意见》,标志着我国高等教育已经进入到全面提升质量的新的历史阶段。法学教育是我国高等教育的重要组成部分,在民主法治建设中发挥着基础性、先导性作用。2011 年,教育部会同中央政法委联合出台了《教育部中央政法委员会关于实施卓越法律人才教育培养计划的若干意见》,为新时期法学高等教育的改革与发展指明了方向。当前,如何把握这一法学高等教育发展的重大历史机遇,紧密围绕提升人才培养质量核心任务,培养造就一批适应社会主义法治国家建设需要的卓越法律人才,是摆在法学高等教育面前现实而紧迫的任务。

　　中国政法大学在长期的办学实践中,树立主动适应社会主义法治国家建设需要,主动服务实务部门人才需求的人才培养观念,以提升法律人才的培养质量为核心,以提高法律人才的实践能力为重点,悉心悉力创新人才培养模式、优化课程体系、强化实践教学环节,在培养应用型、复合型、创新型法律职业人才方面进行了有益的探索。

一、 实施"有灵魂"的通识教育，奠定卓越法律人才的综合素质基础

作为高素质的专门人才，卓越法律人才首先必须具备知识、能力、德性协调发展的综合素质，形成爱智、求真、向善、至美融为一体的完善人格，因此通识教育在卓越法律人才培养的过程中具有基础性价值与决定性作用。学校确立了"孕育人文精神，增加科学素养，锤炼公共品质，拓宽知识视野"的通识教育目标，以"核心课程+均衡选修"为基本模式，打造了"有灵魂"的通识课程体系：以打造文明熔炉为目标，融合不同领域的学术内容，开设《中华文明通论》和《西方文明通论》两门跨学科、综合性的全校必修课程作为通识教育的"灵魂"，使学生获得整体性的知识，形成统合各类通识课程的逻辑主线；在通识课程体系中设置人文素质类、社会科学类、自然科学类与法学类四个通识选修课程板块，并在其中选择与学生四类基本素质最密切相关的课程，重点建设了《当代中国社会》《中外文学名著导读》《西方经济学理论》《自然科学史》等 13 门通识主干课程作为限选课程，使学生获得与公共品质、人文素养、科学精神最相关的重要领域的基础知识、基本理论与研究方法；作为通识主干课程的进一步的拓展与生发，学校还开设了四大类 190 余门一般通识选修课，要求学生均衡选修。

"有灵魂"的通识课程体系强调综合性与整体性的素质教育，形成了"核心课程（必修）+主干课程（限选）+一般课程（均衡任选）"的层次分明、覆盖全面、结构合理的通识课程体系，为卓越法律人才的培养奠定了坚实的基础。

二、 创新"四跨"人才培养模式，构建卓越法律人才的复合型、应用型知识结构

培养应用型、复合型法律职业人才是实施卓越法律人才教育培养计划的

重点。学校以人才培养模式改革为重点,着眼于学生复合型知识结构形成与应用型法律职业能力的培养,创新以"双专业双学位模式"、本科生辅修制度、"六年融贯式"人才培养模式、国内名校交流制度、国外名校交流制度为主要内容的跨专业、跨学位、跨学校、跨国家的"四跨"人才培养模式。"四跨"人才培养模式坚持学生在学习中的主体地位,尊重学生的个性发展要求,贯彻因材施教原则,变共性培养为共性与个性培养相统一的培养模式,在构建学生复合型、应用型知识结构方面取得了明显的效果。

1. 以构建复合型知识结构为目标,实施"双专业双学位"培养模式与本科生辅修制。复合型知识结构是卓越法律人才的重要的培养目标,这一目标要求学生具有运用法学与其他学科的知识与方法解决法律实际问题的能力。"双专业双学位"人才培养模式是本科生在修读入学专业的同时,修读第二专业第二学位,达到培养方案规定的要求,毕业时取得两个专业的毕业证书和两个(或相应)学位证书的培养模式。这一模式以学分制和弹性学制为基础实施,其基准学制为 5 年,修业年限为 5—7 年。其质量标准是,第二专业第二学位达到与第一专业第一学位相同的培养规格。法学专业学生可以通过修读诸如经济学或工商管理或外语专业等法学以外的其他专业,形成一种"法+X"模式,从而实现了 1+1>2 的学科知识融合和渗透。该模式还给学生们提供了开阔的知识视野和竞争意识,增强了学生们的自主学习能力和核心竞争力。在实施双专业双学位人才培养模式的同时,学校还在四年基准学制基础上实施了本科生辅修专业制度。符合条件的学生可以从在第二学年开始辅修其他专业学位。

双专业双学位人才培养模式与本科生辅修专业制度相结合,使得中国政法大学法学专业大部分学生可以在学校期间有机会接受法学以外专业的专业教育,从而实现"跨专业"的复合型人才培养,实现了多学科知识的融合与渗透,是学校在多科性大学建设中创新人才培养模式的有益尝试,得到教师、学生、家长的热烈欢迎和高度肯定。

2. 以强化法律实践能力培养为目标,实施"六年融贯式"人才培养模式改革。法学是具有高度实践性的学科,法学教育应当是法律职业教育。2008年,经教育部批准,中国政法大学开始法学人才培养模式改革试点,探索"六年融贯式人才培养模式改革"(以下简称"六年制模式")。"六年制模式"在深入分析中国法学教育存在的主要问题,系统总结当代世界主要国家法学教育的共性的基础上,将法学教育定位于法律职业教育,实施六年两阶段融贯式培养:第一阶段为四年的基础学习阶段,强调法学基础知识、基本理论与基本技能教育与法学方法、法律思维、法律语言、法律推理能力教育相结合,加大培养方案中案例课程、研讨课程的比例,在教学过程中全面推广使用启发式、探究式、讨论式、参与式教学;学生完成基础学习阶段,经考核合格,获得本科毕业证书与学士学位证书并进入到下一阶段学习;第二阶段为两年的应用学习阶段,其中,设置为期一年的固定化实习环节以及实习后职业预备阶段课程,增加现行模式缺乏的知识应用、职业技能和职业伦理训练。

"六年制模式"以培养法律职业人才为目标,以强化法律实践能力培养为重点,整合本科教育与专业学位研究生教育,实现法学教育与法律职业的深度衔接,体现出了鲜明的法律职业教育特色。经过 4 年多的实践,"六年制模式"改革在课程体系、教学内容、教学方法、实践教学改革方面取得了显著的成果,各项改革措施日趋完善。2010 年以"六年制法学人才培养模式"为基准模式的"高级法律职业人才培养体制改革"被确定为国家教育体制改革试点项目。

3. 以拓宽国际国内多重文化视野为目标,实施国内国外名校交流培养模式。为使学生了解国内外不同区域文化和民族文化,促进学生形成国际国内多重文化视野,拓宽学生国际视野,提高学生国际交往能力和国际竞争力,学校实施了国内名校交换交流培养模式和国境外名校交换交流培养模式。目

```
                  ┌─ 基础学习 ─┬─ 第一年  通识课为主（必修 选修）
                  │  阶段四年  │
                  │           └─ 第二至四年  专业基础学习（必修 选修）
                  │                          司法考试辅导
  六年制学习 ──┬──│
  阶段划分      │  ├─ 基础学习 ─┬─ 经考核合格，获得本科毕业证书与学士
                  │  阶段考核   │   学位证书并进入应用学习阶段
                  │           └─ 学生可以自愿选择毕业或考入其他专业
                  │
                  └─ 应用学习 ─┬─ 第五年  实务部门实习
                     阶段二年  │   （分站式实习课程体系与"练学交替"教学模式）
                              └─ 第六年  专业方向课程
                                         毕业学位论文
```

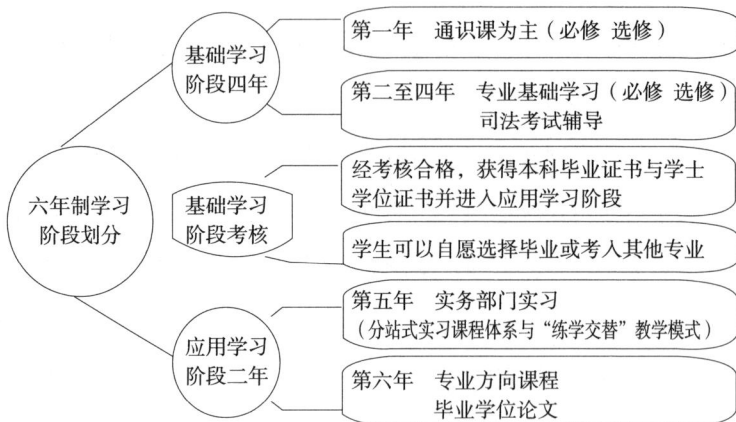

"六年制模式"学习阶段划分图解

前,学校已经与武汉大学、浙江大学、山东大学、吉林大学、中山大学、厦门大学、华东师范大学 7 所国内名校签订本科生交流交换培养模式合作协议。近三年来,学校累计派出 659 人参与国内名校交流。2009 年,学校《"第二校园经历"人才培养模式的探索与实践》被评为国家教学成果二等奖。

学校将国际化作为自己重要的发展战略,并围绕这一战略目标实施项目保障、模式保障与教学资源保障。在项目保障方面,中欧法学院是迄今为止唯一获教育部批准的"中外合作办学"的法学院。学院目前国际化培养项目包括:中国政法大学法学硕士/法律硕士和汉堡大学"欧洲—国际法硕士"双学位(双硕士)、"欧洲—国际法硕士"、法学博士项目。自 2008 年 10 月成立以来,中欧法学院先后接待了 13 所欧洲大学法学院与 20 多个协作单位的教师、律师、法官、检察官多达 300 余人。此外,学校还与英国的牛津大学、德国汉堡大学、美国加州大学戴维斯分校等 33 个国家和地区的 119 个学校及机构建立了学生联合培养机制。近三年来已有近 750 余名学生到境外大学交流学习。

在模式保障方面,学校在英语专业与德语专业创新"双学位加硕士连读培养模式":学生同时修读德语(英语)专业与法学专业,在获得文学学士和法

学学士两个本科专业的学位后,学校对其综合考核并择优各选拔 10 名学生,进入比较法学研究院,学习两年,完成学业,准予毕业并授予法学硕士学位。

在教学资源保障方面,学校改革大学英语教学模式,开设《大学英语视听说》与《大学英语读写译》模块课程,以强化学生英语应用能力。在法学专业培养方案中,共开设有法学双语课程 37 门,其中《国际经济法案例评析》《国际货物买卖与支付》《公司法(英语)》等 6 门课程先后被评为国家级双语教学示范课程。

三、 强化实践教学环节,提升卓越法律人才的法律实践能力

强化实践教学环节是提升法学人才培养质量,尤其是提升学生法学实践能力的核心环节。学校在人才培养的过程中始终将实践教学环节作为人才培养工作的重点,对于实践教学工作中的各个环节进行系统设计,形成了以"校内(案例研讨课程、实务技能课程、法律诊所课程)+校外(实习基地建设、分站式专业实习模式)"为主要内容的多模块整合的法学实践教学体系。

1. 优化课程体系、改革教学方法,强化校内实践性课程建设。实践性课程是进行校内实践教学的主要载体,学校参照教育部高等学校法学学科教学指导委员会确定的核心课程以及国外著名大学的成功经验,制定了一套包含有案例课程组、研讨课程组、实务技能课组、法律诊所课程组在内的人才培养方案,在课堂教学中突出强调了学生法律思维、法律推理能力、法律实务技能与法律职业伦理的培养。

学校 2010 年修订的法学本科专业人才培养方案中,专设有案例课程组(包括 19 门案例课程),实践性较强的基础理论课程均对应设置相应案例研习课程供学生修读。在"六年制模式"基础学习阶段的培养方案中,学校首次确定了 15 门案例课程作为专业必修课程。法学专业人才培养方案中还设有研讨课程组(包括 15 门研讨课程),研讨课程的教学内容是由教师带领学生

在课堂上围绕固定主题进行专门研讨。案例课程和研讨课程以鼓励学生积极参与讨论、研究为主,旨在通过训练学生收集信息、整理信息、分析信息和表达等方面的能力,提升学生以法律思维提出问题、分析问题、解决问题能力。目前,学校法学专业每学期案例课程与研讨课程的开课量保持在100门次以上,课程容量超过2500人。案例课程、研讨课程的建设极大地推动了教师在课堂教学中应用启发式、讨论式、案例式等教学方法,提升了课堂教学的效果与质量。学校在培养方案中还设置了"实务技能课组"(包括22门课程),作为学生法学知识应用、职业技能训练与职业伦理养成的综合途径。"实务技能课组"课程包括审判、检察、律师以及非诉类法律实务技能课程、模拟法庭(仲裁庭)课程以及法律职业伦理与法律行为规则课程等课程,其讲授内容注重对于基础知识的"学",对于实践技能的"练",与对于法律职业行为规则"养成"的有机融合,使得法律职业伦理的教学方式由单纯的说教变为将职业伦理教育寓于专业训练之中,在实践中取得了良好的效果。

学校高度重视法律诊所教学,目前学校面向本科三年级以上学生开设行政法律诊所、环境法律诊所、劳动法律诊所、知识产权法律诊所、少年越轨法律诊所、刑事法与刑事科学诊所等6门诊所课程。每年选修法律诊所课程学生总数已经达到600多人,至今法律诊所学生累计共接待法律咨询6000多人次,受理案件1000多件。学校法律诊所还与美国福特基金会、美国国际开发署、美国太平洋大学、美国大学、杜肯大学等学校合作,开展师资培训、交流、攻读学位和教学方法研讨等合作,并与国家环保部、人保部、司法部劳改局、北京市法律援助中心等国家相关部门合作,充分保证诊所学生受理案件的案源和诊所教学的开展。由六个法律诊所为主体构成的中国政法大学法学实验教学中心,2008年被评为北京市法学实验教学示范中心,2009年被评为国家级法学实验教学示范中心。

2.着力机制建设、完善共建模式,加强校外实践基地建设。高校与实务部门共建实践教学基地,是探索"高校—实务部门联合培养"机制的重要内容,是加强高等学校实践教学工作的重要建设项目。近年来,学校致力于"政、产、学、研、用"一体化实践教学模式的探索和实践,在与实务部门共建校外实践教学基地的过程中,重点加强工作机制的建设,形成了以分工协作机制、长效运行机制与评估保障机制为主要内容的常态化、规范化的合作机制及运行模式。目前学校共建有 280 多个校外实践教学基地,共有 1600 余名实务工作者被聘为兼职教师。法学专业学生进入到校外专业实习基地集体实习率达到100%。2008 年和 2010 年,学校与北京市海淀区人民法院、北京市德恒律师事务所共建的校外人才培养基地分别被确立为北京市市级校外人才培养基地。

3. 创新教学内容、加强过程控制,探索"分站式"专业实习模式。为进一步创新专业实习的教学内容,提升专业实习教学内容的覆盖面,以加强对学生基础性法律实务技能的教育,学校创新"分站式"专业实习课程体系。其主要内容是,设置专业实习必修课课组,根据典型法律职业设置《人民法院实习与审判实务》《人民检察院实习与检察实务》《律师事务所实习与律师实务》《政府机关、企事业单位、非政府组织实习》四个专业实习站点,学生根据自身的兴趣、就业方向在专业实习必修课课组中选择参加两站进行专业实习。

"分站式"专业实习课程体系

	序号	课程名称	学分	学期	应修学分
专业实习必修课课组	1	人民法院实习与审判实务	10	9/10	20
	2	人民检察院实习与检察实务	10	9/10	
	3	律师事务所实习与律师实务	10	9/10	
	4	政府机关、企事业单位、非政府组织实习	5		5
	备注: 1.《人民法院实习与审判实务》《人民检察院实习与检察实务》《律师事务所实习与律师实务》三门课程限选 20 学分,由学校安排在实习基地统一实习。 2.《政府机关、企事业单位、非政府组织实习》在第 9 学期暑期由学生自行联系。					

为切实加强对于专业实习的过程控制,保障学生在专业实习的过程中能够参与到适合学生的、有价值的法律实务工作中,保证学生在实习过程中能够得到专业的、全过程的指导,学校在专业实习组织方面实行"练学交替"的教学模式:《人民法院实习与审判实务》《人民检察院实习与检察实务》《律师事务所实习与律师实务》三门课程,由学校安排在固定实习基地统一集中实习,6名学生组成一个实习组,每个实习组配备一名专业指导教师与三名兼职实务导师,进入实习基地集中进行实习。专业实习课程教学内容由实务技能理论课程讲授与业务实践两部分组成,将专业实习业务实践划分为若干阶段,每阶段业务实践对应一次理论课程讲授,由专业指导教师与兼职实务导师共同讲授。

4.着力队伍建设,建设专职队伍,奠定实践教学师资基础。学校在全国范围内率先建立法学专业实践教学专职师资队伍。学校在教师岗位聘任、考核和培训等方面,制订了专门的符合实践教学特点与实际情况的聘任、考核办法。目前,学校法学实践教学师资队伍共有教职员工86人,其中24%具有高级职称,47人具有博士学位。

四、 加强社会主义法治理念教育,夯实法学专业教育的思想基础

卓越的法律人才必须是社会主义法治理念坚定的信仰者、传播者和实践者。社会主义法治理念教育在法学人才培养过程中发挥着重要的导向性作用。为将社会主义法治理念的教育融入法律人才培养全过程,学校一方面加强课程建设,指派法理学研究所的骨干教师担任《社会主义法治理念》课程主讲教师,在《社会主义法治理念读本》的基础上,加强课程的理论体系建设与大纲建设,对社会主义法治理念的具体内容进行学术化、理论化的改造,以进一步增强课程解释力。同时,学校还注重将社会主义法治理念教育融入到法学专业教育的全过程,尤其是在实践类、实务类课程中贯穿社会主义法治理念

教育,强化学生对中国司法和法治实际的了解,在深刻理解中国国情,了解中国实际基础上引导学生树立社会主义法治理念,增强课程的吸引力与说服力。

实施卓越法律人才教育培养计划是中国法学高等教育发展的重要历史机遇。作为一所以法科为特色的多科性大学,中国政法大学将认真学习领会胡锦涛总书记清华大学百年校庆重要讲话精神,继续解放思想、开拓创新,不断深化高等法学教育教学改革,争取为社会主义法治国家建设培养出更多卓越的法律人才。

（原载于《中国高等教育》2012 年 09 期）

谈法学教育

[**主持人**]:各位网友大家好,欢迎收看人民网视频直播访谈。今天做客我们演播室的嘉宾是中国政法大学校长黄进。欢迎您,黄校长。[15:08]

[**黄进**]:大家好。[15:09]

[**主持人**]:黄校长,近些年咱们的高等教育越来越受到社会的关注,也同时有不少的质疑声音。有人认为,同发达国家的高等教育相比,中国高等教育有高楼而没有大师,你怎么看待这样的对比呢?在我国法学领域有没有这样的问题?[15:10]

[**黄进**]:其实不能简单地说有大楼而缺大师。在中国高等教育领域里面,我们还是有许许多多的名师、大师。当然他们可能强调的是,大师是真正非常大的思想家、非常大的科学家,比如诺贝尔奖的获得者,现在确实还没有出现。但是,应该说在我们各个大学里面,都有一批德高望重、学识渊博的名师、大师。[15:10]

[**主持人**]:在咱们法学领域,您认为存在这样的问题吗?[15:11]

[**黄进**]:法学领域里面,在一些知名的大学,我认为也是有大师、名师的。比如说我们中国政法大学有五位终身教授:江平先生、陈光中先生、张晋藩先生、李德顺先生、应松年先生,这些都是名家,在他们自己的领域都有非常大的影响,而且人品、学品都非常好。[15:12]

[**主持人**]:据我了解,咱们中国的法学教育其实是在中间中断过 20 年,您认为现在我国的法学教育最急缺的是什么呢?[15:13]

[**黄进**]:我们国家的法学教育应该说是新中国成立初期就开始有一个发展,比如说中国政法大学是 1952 年建立的,1952 年当时院系调整,就设立了中国政法大学,把当时的北京大学、燕京大学、清华大学、辅仁大学的法学、政治学、社会学等学科组合而成一个北京政法学院,那个时候就是要培养法律人才,培养政法人才。[15:14]

[**黄进**]:当然后期政治运动确实对法学教育产生了非常大的影响。比如说"文革"期间,北京政法学院在 1970 年的时候就被撤销了,到了 1978 年才恢复重建。所以,应该说我们当下的中国的法学教育是从 1978 年才真正开始的。[15:14]

[**黄进**]:经过改革开放以来 30 多年的发展,法学教育应该说取得了非常大的成绩。现在全国有 623 个大学都设立了法学的本科专业,也为国家培养了一大批优秀的法律人才。实际上在我们国家的一些政法机关,在党政机关,在企事业单位,有一批我们改革开放以后培养出来的法律人才,在发挥着中坚作用。[15:15]

[**黄进**]:当然,法学教育当中也存在着一些问题,特别是在规模方面发展过快,现在全国有 623 家大学,都有法学本科专业。也出现了教学质量下滑、法科毕业生找不到工作的问题。我认为现在法学教育最核心的问题还是质量的问题,就是如何培养高水平、高素质的法律人才。[15:16]

[**主持人**]:在这方面,我想问一下,中国政法大学有哪些推进的好的方法呢? 就是您刚才谈到法学教育质量方面。[15:16]

[**黄进**]:大学里面提高教育质量、人才培养质量,关键还是在于老师。所以我们高度重视师资队伍建设。希望我们的教师队伍,无论是品德还是学识,还是教学能力,都非常强。[15:18]

［**黄进**］：其次，我们也非常重视学生的素质。我们希望能够吸引好的生源报考中国政法大学。因为好的生源，或者素质很好的学生，对提高教学质量和水平也是很重要的。［15：19］

［**黄进**］：第三，我们在营造好的学校氛围和人文环境。让学生来到学校以后，受到文化的熏陶，能够很好地在学校学习，提升自己的能力，培养自己的综合素质。［15：19］

［**黄进**］：我们在具体的教学方面也采取了很多措施。在人才培养的模式方面，采取了一个叫作"四跨"的人才模式。"四跨"就是跨专业、跨学位、跨学校、跨国界。［15：21］

［**黄进**］：比如说跨专业，我们有一个双专业、双学位的制度，你是学法律的，或者学新闻的，你可以同时修另外一个专业的学位。比如说新闻学院的学生，也可以同时修法律。商学院的学生学经济学、工商管理，也可以同时修法律。我们是双专业、双学位，就是读到三四年级的时候，他可以开始另外一个专业的学习，到他本专业四年毕业之后，最后到第五年又可以转到另外一个学院去完成他第二专业的学习。所以，五年拿两个专业文凭、两个学位，这是跨专业。［15：21］

［**黄进**］：跨学位，当然更好理解，因为要读两个专业，就拿两个学位。［15：21］

［**黄进**］：跨学校，我们现在同国内的一些名校达成协议，就是互换本科生。比如说中国政法大学现在同武汉大学、中山大学、厦门大学、华东师范大学、山东大学、吉林大学建立了各类学生交换的合作关系，他们的学生可以到我们中国政法大学来学习，我们中国政法大学的学生可以到他们那里去学习，学半年或者一年。［15：22］

［**主持人**］：是对应的专业学习还是跨专业学习？［15：22］

［**黄进**］：一般是对应的专业，学分互认，他们的学生到我们这里学习，学

分可以拿回去,也是承认的。[15:23]

[**黄进**]:再有就是跨国界。我们把国际化作为一个学校的发展战略,就是通过学生互换,通过把学生送出去联合培养,通过暑期班,包括还有其他一些形式,让学生能够在国际交流和合作当中得到提升。[15:23]

[**主持人**]:听了您的介绍,我觉得做中国政法大学的学生还是很幸福,有这么多可以提升自己的机会,在这里不禁为黄校长、为中国政法大学做一下广告。[15:23]

[**主持人**]:听您刚才介绍了这么多,我才忽然想起,忘了一件很重要的事,就是您刚才提到中国政法大学是 1952 年建立的,今年正好是中国政法大学 60 年的一个周年纪念,刚才忘了祝贺中国政法大学。在这里也想请您为我们介绍一下,向广大网友介绍一下中国政法大学这 60 年来的发展。[15:24]

[**黄进**]:谢谢您的祝贺。中国政法大学今年正好是建校 60 周年,我们正在举行一系列的庆祝活动,主要有这么几种庆祝活动:一种是 5 月 16 日当天我们有庆典大会,有两场高端论坛,晚上有一个晚会。其次,我们为了庆祝中国政法大学建校 60 周年,我们最近举行了 60 场系列的学术活动。[15:25]

[**主持人**]:这是很盛大的一次活动。[15:25]

[**黄进**]:因为 60 周年嘛,60 场学术活动,各个学院、各个研究机构,有些也是学校组织的。[15:25]

[**黄进**]:第三,我们在国家图书馆举行"回馈社会"法治讲座,一共有四场,都是面向社会公众的。[15:27]

[**主持人**]:都是哪些专家和教授来讲呢?[15:27]

[**黄进**]:王卫国教授已经做了第一讲,讲中国土地法的改革。其次是我们学校的副校长马怀德教授,讲行政法方面的讲座。于志刚教授,讲互联网法律方面的问题。还有一位是年轻的副教授叫栗峥,讲争议解决方面的问题。[15:30]

[主持人]:都是很实用的,老百姓很关注的一些话题。[15:30]

[黄进]:对。还有一个庆祝活动,就是我们发挥中国政法大学各地校友会的作用,各地的校友,他们从去年11月份开始,也在各地举行庆祝中国政法大学建校60周年的系列活动。[15:30]

[黄进]:中国政法大学在发展的历史上,我觉得有一些很重要的节点。1952年院系调整,由北大、清华、辅仁大学、燕京大学四校的法学、社会学、政治学组合而成,成立北京政法学院。毛主席为北京政法学院题写了校名,刚开始是在老北大的沙滩红楼里面办学,1954年是一个节点,从沙滩红楼迁到了学院路办学。[15:31]

[黄进]:1970年,当时正好是"文革"期间,那个时候也是发展历史上非常重要的节点,就是北京政法学院被撤销。1978年是一个节点,1978年是北京政法学院恢复重建,1979年也是一个节点,就是恢复招生,1979年招收了本科生,招收了研究生。[15:31]

[黄进]:1983年对中国政法大学是一个非常重要的历史节点,就是当年经中央决定,把北京政法学院和隶属于中政委的中央政法干校合并,组建成中国政法大学。从1983年北京政法学院更名为中国政法大学。那个时候是邓小平同志为中国政法大学题写了校名。所以中国政法大学历史上两个校名,一个是北京政法学院,一个是中国政法大学。这两个校名,都是我们第一代或第二代领导人给我们题写的。[15:32]

[黄进]:再后来就是1985年,我们开始开辟昌平新校区。当时昌平新校区把它列入国家的"七五"规划的一个重点建设项目,两年以后,就是1987年,昌平新校区就开始招生。那时候非常艰苦,八七级的学生至今记忆犹新,当时周边都很荒凉,他们为了纪念他们那一段不平凡的生活经历,给学校捐献了一座"拓荒牛","拓荒牛"现在成了中国政法大学昌平校区非常有名的景点。[15:33]

［**黄进**］：到了2000年的时候，也是中国政法大学一个非常重要的历史节点。当时国家高等教育提出了一个改革，中国政法大学就从过去由司法部直属划归教育部直属，成为教育部直属的大学。2005年，中国政法大学成为"211工程"重点建设大学，2011年，中国政法大学成为"985"工程优势学科创新平台大学。我讲的这些是中国政法大学60年来一些非常重要的历史节点。
［15:34］

［**主持人**］：通过您介绍的这十几个重要的历史节点，我们可以看到中国政法大学这60年确实经历了很多，同时也将有一个很好的发展。您刚才提到是从2000年之后，是越来越步入正轨，到现在也将有一个更好的发展计划。
［15:34］

［**主持人**］：刚才咱们也谈到关于学生的问题，在这里也想请您跟我们广大网友谈一下您所了解的现在法学专业毕业生的就业情况，您怎么看待毕业生的就业？［15:34］

［**黄进**］：坦率地说，现在法科专业学生的就业情况，就全国而言，不是特别好。但是对中国政法大学来说没有什么问题，我们学校的就业率一直保持得很好。我们学校非常关注学生的就业，专门设了学生就业创业指导服务中心，而且从学生一进校，就给他们做一些指导，今后来怎么规划他们的职业发展。［15:35］

［**黄进**］：我觉得要做这项工作，首先在大学学习的这四年或者三年，要给他们提供一个非常好的教育，使他们在品德、知识、能力、素质和智慧方面都得到提升，有很强的就业的竞争能力，这是最重要的。如果你培养的学生质量好，不愁他就不了业。［15:36］

［**黄进**］：当然，我们也加强对学生就业创业的服务、指导，我个人始终有这样一个观念，一个大学办得好不好，你的教学水平高不高，你的人才培养质量怎么样，近期关键就看你的就业率和就业的质量，长远则看你的毕业生

在社会上的表现,对家庭、社区、单位、国家,乃至人类社会所做出的贡献。[15:37]

[**主持人**]:就业率我们很容易理解,能不能给我们介绍一下什么是就业质量?[15:37]

[**黄进**]:就业质量,我认为就是学生找到他们所心仪的工作,他们认为满意的工作。不一定是一个收入很高的职位,不一定是一个大公司、大企业或者非常重要的国家机关。因为现在我们的社会是更加开放、更加多元,社会的选择越来越多,实际上也为我们青年学生提供了广阔的空间。所以,关键是他们能够根据自身的条件,找到他们认为合适的工作、心仪的工作、满意的工作,就是高质量的就业质量。[15:38]

[**主持人**]:黄校长提的这个要求很高。刚才我们谈到毕业生,您也说了要培养好这种高质量的学生,我们政法大学也有很多这样的举措,刚才也介绍过了,从生源方面、师资方面等一系列的举措。在这里想问一下您,您个人比较喜欢什么样的学生?您认为什么样的法学专业的学生才是您所认可的法学方面的精英?[15:38]

[**黄进**]:作为校长,我对所有的学生都是要一律平等的对待,我都很爱护他们。当然,我希望我们的学生能够品学兼优,能够积极向上,能够健康阳光。[15:38]

[**黄进**]:最近我跟学生处提出了一个要求,希望学生在大学,特别是本科生大学四年,不仅要在课堂上学习理论知识,而且我觉得还要到课外参加一些社会实践活动。比如我对他们提出了一个要求,我是希望所有的本科生在大学四年都应该至少有一次参加学校社团活动的经历。参加社团活动,能够培养他们的团队精神,训练他们的策划能力、组织能力、与人沟通的能力,使他们得到全面的发展。[15:40]

[**黄进**]:大学里面培养人才,我觉得让他们得到全面发展,这非常重要。

他不一定是一个完人,但一定是全人,希望他们成为完完全全的人、健健康康的人、实实在在的人,不能仅仅是读书。读书固然非常非常重要,因为学生嘛,以学为主。所以,我们在教学安排方面,除了课堂教学以外,我们还安排了实习实践,包括暑期的社会实践,包括专业的实习,包括我们一些模拟的实践教学,比如模拟的法庭、模拟的仲裁、模拟的 ADR。比如我们在学校还有"法律诊所",学生到"法律诊所",就像医生对待病人一样,当事人有什么法律问题,他们像医生一样给他们来作出一些分析,作出一些诊断,作出一些解答,帮助他们解决一些问题。通过这些活动,最核心的就是要提升学生的能力。[15:41]

[**主持人**]:确实是。现在在校的大部分学生应该都是 90 后了吧,尤其是现在新入学的一些新生,想听听黄校长,您怎么评价这些 90 后的年轻人?[15:42]

[**黄进**]:总体上我对他们是非常积极的评价。当然要看他们现在处在一个什么样的时代。90 后,现在比较多的是独生子女多。其次,随着现代信息技术的发展,90 后和网络的接触非常得多,可以说是网络一代。第三,我们国家正处在一个经济社会急剧变革的时代,是一个社会转型的时代,也是一个日益开放的时代。在这样的时代,青年人和过去 80 后、70 后、60 后,像我这样的50 后,肯定是不一样的。所以,你认识他们,要分析他们从出生到现在成长的一个环境。[15:43]

[**黄进**]:我最近到中国政法大学参加了我们民商经济法学院一个学生自然班级的班级活动,我参加以后,我觉得非常感动,我觉得我们 90 后这些年轻人积极向上、健康阳光。[15:43]

[**主持人**]:他们是做了什么让您感动的事吗?[15:43]

[**黄进**]:这个班级活动,他们做了很多很好的安排,比如说有一个模拟的辩论,他们的辩题,就是本科毕业以后,到底是读研好还是不读研好,有一个模

拟的辩论。[15:43]

[**黄进**]:另外,他们全班的同学在一起,经常开展各种各样的活动,互相帮助,非常团结,团结互助,团队精神很强。还有一点是他们还表演了一个小节目,通过他们的表演,通过他们的发言,感觉到他们的潜质非常好,才华初露。[15:44]

[**主持人**]:是否已经符合了您心目中发展很全面的标准呢?[15:44]

[**黄进**]:我觉得至少那个班的同学给我的印象很深刻。还有一件事情非常令我感动。每年,我们学校都会组织学生献血,在中国政法大学,学生献血不需要我们做广泛的动员,同学们非常踊跃,都愿意献血。我们常常要去做思想工作,让一些同学今年你不要献血,等到明年去献。[15:44]

[**黄进**]:他们很有爱心,很有奉献精神。所以,我觉得要看到这些青年人身上的长处,看到我们国家这种希望。因为今后,国家总是要他们接上来的。当然,90 后可能也有他们自己的一些特点,比如说有的学生太迷恋网络,这可能也是一个问题,花了太多的时间。[15:45]

[**主持人**]:您在这儿对这些 90 后们有没有什么建议呢?[15:45]

[**黄进**]:我的建议是,我希望我们的学生在大学里面不仅要学好知识、掌握本领。我提出来是要品德、学识、能力、素质、智慧都能够得到提升,品德应该优良,知识应该丰富,能力过硬,综合素质高。再有就是还是一个充满智慧的人。[15:45]

[**主持人**]:刚才听了您一讲到学生,黄校长的脸上立刻就洋溢出了非常慈祥的表情。黄校长,看来您是一个比较和蔼可亲的校长,跟学生们一起参加班级活动。我想在这里请问您,您认为什么样的校长是好校长?您可不可以对自己做一个评价?[15:46]

[**黄进**]:确实是很难,因为校长,要求太高,真正要做一个好校长是不容易的。因为校长做得好不好,最终是学生、教职工和校友来评价,所以你要做

一个好校长,应该是成为一个学生、教职工和校友喜爱的校长,就是好校长。[15:46]

[**主持人**]:您做到了吗?[15:46]

[**黄进**]:我觉得应该离这个要求很远。[15:46]

[**主持人**]:您很谦虚。[15:47]

[**主持人**]:今天非常感谢黄校长在百忙之中抽出时间做客人民网访谈室,非常感谢您。由于时间的关系,我们今天的访谈就到这里。谢谢黄校长。[15:47]

[**黄进**]:谢谢大家。[15:47]

[**主持人**]:各位网友再见。[15:47]

[**黄进**]:再见。[15:47]

(人民网网络直播访谈,时间:2012 年 5 月 10 日)

到源泉中去推进法学创新

实现中国梦，法治既是重要内容，也是强大推动力和可靠保障。为此，中央明确提出全面推进依法治国基本方略，加快建设社会主义法治国家。法学作为紧随时代发展的学科，肩负着探索基础法律理论、关注重大法律问题、提供现实法律对策的重任。在法治中国建设的新形势新任务下，我国的法学研究应怎样关注重大社会现实，不断创新发展道路，承担好自己的历史使命？就此，记者采访了中国政法大学校长黄进教授。

记者：法学的发展是时代发展的缩影。改革开放 30 多年来，我国的法学研究取得了长足进展，研究成果的丰富、研究队伍的壮大都是具体表现。出现这种繁荣的原因是什么？怎样评价新时期法学研究取得的成就？

黄进：我们这一代学者是亲眼见证了改革开放以来中国法学发展的。改革开放之初，我们的大学里非常缺法学教师，很多专业课程没有人能教。如今，高校、科研机构中已经建立起比较完备的法学研究队伍，在理论法学、基础法学、应用法学等方面初步形成了法学的学科专业体系，产生了大量研究著述，并积极为国家法治建设建言献策。

30 多年来，国家经济飞速发展，首先带来了与经济相关法律部门的快速发展。社会主义市场经济目标的提出和确立更是为法学研究提供了强大推动力。法学界提出并探讨了一系列新的理论与观念，如公私法划分、市场经济与法治的关系、法律的本质属性问题等。随着依法治国确立为治国理政的基本方略，法学界又掀起了探讨依法治国、建设社会主义法治国家理论的热潮。

纵览我国法学 30 多年的发展，在以下一些方面积累了有益经验。

把握正确方向。法学研究必须坚持正确的政治方向。法学是研究法律这一特定社会现象及其发展规律的科学，是治国理政、经世致用的学问，具有很强的意识形态属性。30 多年来，法学界坚持以中国特色社会主义理论体系为指导，不断探索、研究、丰富中国特色社会主义法学理论，为推进依法治国进程作出了积极贡献。

培养良好学术规范。法学研究是一个深入、持久、理性地认识法律概念、法律理念以及法治的过程，这个过程必须遵守相应的学术规范。它既包括法学研究中的具体规则，如文献的合理使用规则、引证标注规则、立论阐述的逻辑规则等；也包括学术道德规范、学风教风规范等。可以说 30 多年来，法学研究逐渐从不规范走向规范，学术质量不断提高。

关注重大现实问题。是否关注重大现实问题，是衡量法律人的社会责任感和学术良知的重要标志。法学研究涉及现代法治的重要方面，往往事关国家文明、社会进步和公民基本权益，因而法学研究者尤其应当关注国家发展。30 多年来，法学的进步始终与关注、解决国家经济社会中的重大现实问题紧密相连。近年来，在立法、执法、司法、守法各个方面都有法学研究者的参与。比如，尊重和保障人权写入宪法、物权法制定、诉讼法修改，都有法学研究者的贡献。

记者：我国经济社会正处于急速发展时期，许多方面的法律需要完善和调整，法治中国建设任重而道远。适应时代需要，法学研究应该在哪些方面有所侧重？

黄进：改革开放 30 多年来，法学研究虽然取得长足发展，但也存在诸多问题。一是缺乏高水平的法学家。法学研究水平与中国的大国地位还不相称。

在国内,缺乏跨学科的法学大家,在国际上,缺少有国际影响力的法学家。二是创新能力不足。整体上学习国外得多,对外产生影响得少。三是精品力作还不多。虽然说法学研究成果在数量上非常可观,法律图书每年出版很多,但是能够称得上传世力作的还比较少。四是服务社会还不充分,研究现实问题、提供建设性决策咨询的法学思想库、智库作用发挥还不够。面对这些问题,法学界还应在以下几个重要方面加强研究。

完善中国特色社会主义法律体系。虽然中国特色社会主义法律体系已经形成,国家经济建设、政治建设、文化建设、社会建设以及生态文明建设的各个方面实现了有法可依,但是不断完善它的任务还十分繁重。法学研究应关注立法工作如何提高质量,使法律体系更加具有科学性、稳定性、权威性和生命力。

继续关注重大现实问题。社会主义初级阶段的民主法治建设,必须循序渐进,不可能一蹴而就。法学界应继续关注重大现实问题,正视和研究当下经济社会中的热点法律问题,总结社会主义民主法治建设方面的经验教训,在回应和研究现实法律问题中不断繁荣和发展中国法学。

加强法治文化研究。法治文化是关于法治成果和法治行为方式相统一的文化形态,体现为一个国家法治价值、法治精神、法治理念、法治思想、法治理论、法治意识等构成的精神文明成果和法律制度、法律规范、法治措施等构成的制度文明成果,它不仅对依法执法、司法有引导意义,而且对人们自觉守法、用法、普法具有重要作用。法学界应着力加强对社会主义法治文化的研究。

记者:当前,我国改革发展进入攻坚阶段,经济社会发展面临诸多问题,需要法学研究作出回答。法学研究应怎样在密切关注重大现实问题中实现自身创新发展?

黄进:创新是法学研究保持生命力的不竭动力。这就需要在传承的基础上不断创新。这个传承,既包括对中国传统法律文化精华的吸收和借鉴,也包括对西方法学的借鉴。法学研究的发展在于抓人才、抓质量、抓创新。

坚持理论联系实际。当前,在某种程度上存在法律实务与法学研究相脱节的现象。从事法律实务的工作者,不了解法学研究情况;从事法学研究的人,不了解法律运行的实际情况。理论确实存在相对独立性,但是不能脱离现实土壤。作为法学研究者,应加强对实际情况的调研,克服学术与现实两张皮的现象。

重视基础理论研究。基础理论研究非常重要。虽然它看上去与现实有距离,但是要长远深刻地解决现实问题,满足现实需求,使对策研究更有深度、高度和针对性,就必须有扎实的基础理论作支撑。应用研究主要在于解决实际问题,为国家制定和修改法律、执法和司法提供方案。基础研究与应用研究,两者都不可偏废,尤其要强调扎实的基础理论研究。

加强以问题为导向的研究。随着对法学认识的深入,我们逐渐形成了对学科的归类,形成了民法、经济法等部门法学。以这些法学学科为导向进行研究是非常重要的。但也要看到,随着时代发展,某个社会问题不是单一学科能够解决的,单一学科的视角往往具有局限性。这就需要以问题为导向,进行综合研究,打破学科壁垒。

倡导团队合作。法学研究不排斥个人自由探索,但在今天这个开放交融的时代,应更加鼓励通过团队合作去解决现实问题。因为某个单一的学科和视角,很难将某个重大复杂的现实问题解决好。这就需要团队合作,需要不同学科的学者从不同视角进行研究、协同创新。

加强国际交流。我国学者应积极参与国际交流,在对话中展现和提升自己的学术竞争能力,推动优秀学术成果走向世界、优秀法学人才走向世界。现在我国学术界与国际学术组织、世界各国大学、法学研究机构之间的法学交流已经十分频繁和深入,交流渠道也多样畅通。我们应积极学习国外的先进法学成果,同时也应提升掌握国际话语权的能力,将自己好的东西拿给世界。

（原载于《人民日报》2013 年 10 月 20 日,记者何民捷）

中国法学教育向何处去（节选）

编者按 概览古今中外的办学之道，皆以育人为本。得天下英才而育之，是大学之幸，更是大学之责。新中国法学教育六十余载，尤其是改革开放三十多年来取得了斐然业绩，然而，层出不穷的新问题和大挑战也令广众堪忧不已。

2010 年 5 月 30 日，中国法学教育的五校"航母"之中国政法大学、西南政法大学、华东政法大学、中南财经政法大学、西北政法大学成立"立格联盟"。2011 年，经甘肃政法学院提出申请，"立格联盟"发起高校及其论坛一致同意，吸收甘肃政法学院为"立格联盟"科研管理论坛 5+1 成员单位。"立格"二字，由英文"legal"音译而来，有"建立规矩、建立规格、建设制度、树立标准"的意思。"立格联盟"第五届高峰论坛于今年 7 月 12 日至 13 日在甘肃政法学院召开，我刊借此机缘对六位高校领导就政法院校如何培育英才的主题进行深度访谈，期为"中国法学教育向何处去"问道于方家。

《**中法评**》：先请诸位校长跟我刊分享一下你们各自的大学理念，特别是就政法院校应该培养出什么样的人才这一角度来谈。

黄进：中国政法大学自 1952 年建校以来，一直秉承"厚德·明法·格物·致公"的校训精神，坚持"学术立校、人才强校、特色兴校、依法治校"的办学理念，坚持走以质量提升为核心的内涵式发展道路，始终以"经国纬政，法治天下"和"经世济民,福泽万邦"为两大办学使命;致力于以卓越的人才培养、科学研究和社会服务来推进国家的法治昌明、政治民主、经济发展、文化繁荣、社会和谐以及生态文明,造福于全人类;致力于培养品德优良、学识渊博、能力卓越、智慧不凡、身心健康的"复合型、应用型、创新型、国际型"的卓越法律人才;致力于打造"开放式、国际化、多科性、创新型的世界知名法科强校"。

《中法评》:我们注意到当下比较普遍的一个教育现象是,学子们涉世尚浅,对大学生活和个人前途颇感迷惘,而法学教师也不能够安心"传道授业解惑",师生之间在为人治学上的联系相当有限。请校长们谈谈对这种错位关系的看法。

黄进:在当下,的确有你说的这种现象,有学生不安心学习,有教师不潜心教书育人。但我必须要鲜明地讲,在我们法大,大多数学生是一心向学的,学习风气很好;大多数教师是坚守自己的职业道德和良知的,在"传道授业解惑"方面下工夫很深,授课深受学生欢迎。当然,师生之间的交流互动还不够,教师的教书与育人还不统一。要解决这样的问题,我想一是要靠好的制度,激励和约束教师既认真教书,又热心育人。比如,法大规定教授必须给本科生上课,建立了教师担任本科生班主任(导师)制度,教师连续5年在教学一线工作可以享受一年的"学术假",教师的教学工作质量和数量必须达到要求才能晋升高一级职称,等等。二是要靠尊师重教的校园文化。一个好大学的风气和文化一定要好。尊师重教就是大学的好风气、好文化。法大特别强调学校领导和学校行政后勤部门职工的工作就是服务,做好服务工作,服务于教师、服务于学生、服务于院系、服务于教学科研等学校的中心工作。三是靠教师爱生敬业、为人师表的职业道德情操。一所大学要办好,需要"大师、大楼、大爱"这三个"大"来支撑。"大爱"讲的是在校园里面,大家互相尊重,平等相待:教师潜心把书教好,把学问做好,安居乐业;而学生则好学乐学,文质彬彬。如此,学校则长治久安,和谐和美。

《中法评》：相信有很多关注大学教育的人在问:老师的时间都去哪儿了？据一定了解,目前高等院校对教师的评价体系格外侧重课题申请数目和论文发表篇数,有说法是这直接导致职称有待提升的教师不得不四处找课题,发论文,难以兼顾教学和指导学生。请问各位校长:怎么来看现有评价考核体系？解决问题的出路在哪？

黄进：大学评价是衡量高等教育质量的重要手段之一。大学评价分为外部评价和内部评价,我们这里讲的是大学内部评价。在大学内部,评价可以说是指挥棒,具有价值导向作用,是大学进一步深化改革的"牛鼻子"。大学内部评价的核心是教师评价。现在的大学教师评价体系的确存在一定的问题,在各个大学或多或少都存在,主要表现在"重业务、轻师德""重科研、轻教学""重数量、轻质量"。究其原因,一是评价目标过于急功近利,评价结果与绩效、利益挂钩过于紧密,促使一些教师为了绩效考核的目标产生短期行为。二是评价内容过于注重量化,缺乏系统性、科学性,比如,教学评价看课时,科研评价看数量,缺少对教师师德表现、教学质量、论文水平和科研原创性的考量。三是评价标准过于单一、简单,没有根据工作任务、学科专业类型和特点、教师发展阶段、评价用途等对教师评价进行综合考量和系统分析。我认为,解决这些问题的出路在于,评价教师工作要更加注重教师的师德师风,更加重视教学和科研的质量,不仅要有定量指标,也要有定性指标,教学更加注重学生评教,学术成果更加注重同行专家评价。同时,更加注重建立健全教师分类评价体系,应根据不同学科专业的类型和特点、不同岗位职责、教师的不同发展阶段来构建教师分类评价标准体系,体现评价内容、重点、方式的差异性。而且,要合理使用评价结果,推进教师队伍的优化。

《中法评》：目前政法院校有这么一种现象:学生多以通过司法考试为学习目标,法学教育似乎成为一种应试教育;同时,我们法学教育中除了专业课程设置外,对通识课程安排的重视明显不够,也忽略了对学生法律理念和独立精神的培养。请问各位校长:法学学生究竟要学什么？怎么看待"实用"的考试与看似"没什么用"的法学理念与精神培养？

黄进:我们必须对法学教育的性质有正确的认识。我认为,在我国高等教育进入大众化教育阶段后,用三句话对法学教育进行定性:(1)法学教育是专业教育,而不是通识教育(或者说博雅教育);(2)法学教育不仅仅是专业教育,而且是专门职业教育(Professional Education);(3)法学教育是大众化教育时代的精英教育。要培养卓越法律人才,必须坚持"全人全程培养"理念,在培养过程中,要做到"德才兼修、教学互动、通专并举、虚实结合、内外联动",不能仅仅局限在专业教育,要坚持通识教育与专业教育并重,促使我们的法学生不仅具有法律素质和法治精神,还要具备人文情怀、科学理性、健全人格和社会责任感,成为完全的人、完整的人、全面发展的人。我校高度重视通识教育,除了面向全体学生开设"中华文明通论""西方文明通论""艺术与审美"和"自然科学通论"四门核心通识课程外,还开设了13门主干通识课程和200余门任选通识课程。

《中法评》:在高等教育体制改革背景下,不少传统的精英教育正在转为大众教育,据不完全统计,现在全国已有600多所法学院,设法律系的高校数以千计,每年法学本硕博毕业生人数在10万左右。近年来,法学就业老大难似乎反映出社会需求不足或者人才培养与市场需求严重不对接,请问各位校长:这是政法院校的人才培养方向出问题了吗？具体是什么问题？针对当下的就业难题有什么对策？

黄进:不容否认,就全国而言,近年来法学专业毕业生就业困难。其原因是多方面的,但最主要的有两个:一是大学的法学专业设置过快、过多、过滥,毕业生供大于求;二是相当一部分法学院校不具备培养的条件和能力,其人才培养质量和水平不能满足社会需要。就业是最大的民生,而大学生就业是重中之重。政法院校必须高度重视法学专业毕业生的就业。解决法学专业毕业生的就业难题,对法学院校来说,首先是要想方设法着力提高法律人才的培养质量,提升法律专业毕业生的综合素质和就业竞争能力。比如,以理论教学为基础,以实践需求为导向,以职业能力提升为重点,加强法学实践教学,着力培养法学生的法治信仰、法治意识、法治理念、法治思维、职业伦理、职业技能等。其次,要面向学生尽力做好就业辅导服务,常抓不懈,不仅学校层面要抓,院系也要专门的人员和机构做就业辅导服务工作。最后,要面向学生开展以创造教育、创新教育和创业教育为内容的"三创教育",开设相关课程,提供实验场所和条件,培养学生的创造、创新、创业的精神和能力。

《中法评》:根据不完全调查,法学毕业生的就业去向中,从事公检法工作包括律师业务的仍不在少数,法科教育的实践性由此可见一斑。在法科人才培养方面,最不可或缺的两部分就是职业技能和职业伦理。请校长们谈一谈各自所在的高校是如何达成这一培养目标的?

黄进:法大的本科生和硕士生的绝大多数以及博士生的60%左右毕业后都去了实务部门工作。既然我们培养的学生绝大多数要去做实务,那么,他们必须有很强的职业能力。也就是说,他们的实践能力应该很强,动手能力应该很强,适应能力也应该很强。同时,我们也加强了对他们进行职业伦理的培养,建立了专门的基层教学组织和师资队伍。近年来,我们在学生的职业能力培养上狠下功夫,强力推进"同步实践教学"育人模式、跨学科专业育人模式、国际合作育人模式以及跨校协同育人模式,取得了明显的育人成效。我要特别提及的是,"同步实践教学模式"是我校为了适应培养卓越法律人才的需要而创建的实践教学模式,该模式将优质司法资源(动态庭审过程、司法卷宗等)大规模地引入校内,融"实践教学"和"理论知识"教学为一体,从根本上改变了"实践教学"在法学人才培养中的定位:将"实践教学"与"理论学习"同步进行,贯穿人才培养的全过程。在这种模式下培养出来的学生在实务和务实上面比其他学校的学生更受法律实务部门的欢迎,体现了我校的法律人才培养特色。

《中法评》：以上讨论法学教育中的这些具体问题是表象，请教各位老师，你们认为这些表象背后的原因是什么？对于如何改善有何建议？

黄进：当前我国法学教育存在的种种问题，既有大学自身内部的原因，也有大学外部的原因。中国高等教育已从精英教育阶段步入大众化教育阶段，已从以规模扩张、数量增长为特征的外延式发展阶段步入以质量提升为核心的内涵式发展阶段，正面临着国家经济社会巨大转型的挑战，面临着构建现代大学制度的挑战，面临着全球化的挑战。在这种大背景下，我国法学教育的出路在于改革和创新，要从招生、培养、就业等单项改革过渡到综合改革，从试点试验性改革过渡到全面改革，从大学内部自说自话的改革过渡到内外互动、上下联动的整体改革，从浅层次的表象改革过渡到深层次的体制机制改革。改革的出发点和落脚点在于遵循高等教育规律，构建现代大学制度，提高教育质量，培养卓越法律人才。

《中法评》：我们把最后一个问题的提问权留给网友，我们从网友的众多提问中选取了六个有代表性的问题，每位校长一个问题。

请问黄校长：您如何看待当前的大学生就业问题，过多过早强调就业是否会抹杀一部分同学从事专业学术研究的热情，并增加他们的思想负担？作为法大人，我们如何做到挥法律之利剑在社会中惩恶扬善，与持正义之天平在学术海洋遨游的二者得兼？——中国政法大学学生

黄进：法大同学提的这个问题很好。我是这样看的：大学是教育教学机构，其主要职责和根本任务是培养人才，为学生提供好的教育，帮助学生做好进入社会就业创业及成就自己的准备。我赞成杨绛先生的说法："好的教育"首先是启发人的学习兴趣，学习的自觉性，培养人的上进心，引导人们好学和不断完善自己。要让学生在不知不觉中受教育，让他们潜移默化。这方面榜样的作用很重要，言传不如身教。好的法学教育就是要通过法学教授们的言

传身教,能够很好地培养学生的法治信仰、法治意识、法治理念、法治思维以及法律职业技能和法律职业伦理,让学生自由而全面的发展。如果法科学生受到很好的法学教育,他就会有坚定的法治信仰,有践行法治的能力,有全面的综合素质和较强的就业竞争力,那么,其追求法治的理想与成功就业创业是并行不悖的。我很看重大学生的就业质量,对一个毕业生来说,其就业质量的高低不在于职位、收入和地点,而在于他是否基于自己的实力而找到了自己感兴趣、钟意、愿意为之尽力投入的工作。如果是这样的话,讲就业创业与法律人的法治天下理念一点也不冲突。

（原载于《中国法律评论》2014 年 03 期）

法学教育在加强法治队伍
建设中的基础性作用

编者按 全面推进依法治国，人才是基础。法治工作队伍如何培养？是全面推进依法治国中备受关注的问题。《决定》明确提出要大力提高法治工作队伍思想政治素质、业务工作能力、职业道德水准，着力建设一支忠于党、忠于国家、忠于人民、忠于法律的社会主义法治工作队伍。这为我们指明了方向，提出了明确要求，法学界应将创新法治人才培养机制作为重要历史使命。

新形势对法治人才培养提出新要求

党的十八届四中全会以依法治国为主要议题，提出了全面推进依法治国的总目标和重大任务，对全面推进依法治国进行了重要的战略部署。全面贯彻党的十八届四中全会精神是当前法学教育改革工作的首要任务。四中全会决定明确提出要加强法治工作队伍建设，为加快建设社会主义法治国家提供强有力的组织和人才保障。法学教育与法治人才的培养是法治工作队伍建设的基础性、先导性工作。四中全会关于加强法治工作队伍建设的决策部署为法学教育与法治人才培养工作提出了新的要求。所以，创新法学人才培养机制，培养造就一批熟悉和坚持中国特色社会主义法治体系的法治人才和后备力量是法学教育肩负的重要历史使命。

　　法治工作队伍是中国特色社会主义法治体系与社会主义法治国家的重要建设者。法治工作队伍主要由法治专门队伍(包括立法队伍、行政执法队伍、司法队伍)、法律服务队伍(包括律师、仲裁员、公证员、基层法律服务工作者、人民调解员等)以及法学教育与研究队伍组成。法治工作队伍的理想信念、职业伦理、专业知识与业务能力决定了立法、执法、司法、法律服务、法学教育与研究等各项工作质量与水平。全面推进依法治国,加强法治工作队伍建设,对于法治人才培养提出了新的要求。

　　一是法治工作队伍的理想信念要求。高素质的法治工作队伍首先必须有坚定的理想信念,无论是立法队伍、行政执法队伍、司法队伍、法律服务队伍、法学教育与研究队伍,都必须认同并自觉践行社会主义核心价值观和社会主义法治理念,坚持党的事业、人民利益、宪法法律至上。这就要求在法治人才培养过程中,必须把理想信念教育放在首位,高举中国特色社会主义旗帜,用马克思主义法学思想和中国特色社会主义法治理论全方位占领高校、科研机构法学教育和法学研究阵地。将社会主义核心价值观和社会主义法治理念教育融入、贯穿到法治人才培养的各个环节之中,为法治人才的培养提供坚实的理想信念保障。

　　二是法治专门队伍的"正规化、专业化、职业化"要求。法治专门队伍的"正规化、专业化、职业化"是法治工作对于从业人员的基本要求,是由法律职业的基本特点以及法治工作在国家和社会生活中承担的重要职能与所处的重要地位决定的。推进法治专门队伍的"正规化、专业化、职业化",要求在法治人才的培养过程中实现法学教育与法律职业之间深度衔接:一方面,接受专业法学教育应当成为法律职业的准入门槛。只有系统的专业法学教育,方能保证法治专门队伍在理想信念、职业伦理、专业知识、思维方式与职业技能方面达到要求;另一方面,法律职业人才应当成为法学教育的培养目标。要将法学教育定位于法律职业教育,在法治人才培养过程中将法律职业伦理教育、法律职业技能教育与法学理论知识教育相结合,面向全面推进依法治国的现实需求设计培养方案,培养法律职业人才。

新时期如何创新法治人才培养机制

法学教育在加强法治队伍建设工作中发挥着基础性、先导性的作用。适应全面推进依法治国对法治人才培养提出的新要求,法学教育必须实现两个关键的转变:一方面要实现由粗放发展向追求质量提升的转变;另一方面要实现由法学专业教育向法律职业教育的转变。实现上述两个转变的重要抓手就是创新法治人才培养机制。

一是优化法学师资队伍。建设一支"有理想信念、有道德情操、有扎实知识、有仁爱之心"的高水平法学师资队伍是实现法治人才培养质量提升的重要保障。优化法学师资队伍,首先要坚定师资队伍的理想信念,让所有的法学专业的教师成为马克思主义法学思想和中国特色社会主义法治理论的坚定信仰者、积极传播者和模范践行者。其次要优化法学师资队伍的结构,要根据社会主义法学理论体系、学科体系、课程体系的建设需求,从学科建设的龙头地位和教学工作的中心地位出发,培育高层次人才队伍和创新学术团队,推动法学理论研究的发展与法学人才培养机制的创新。三是要鼓励支持政法部门有较高理论水平和丰富实践经验的专家到高校任教,鼓励支持高校教师到政法部门挂职,实现高校与实务部门的人员的双向交流机制,提升法学师资队伍的素质与水平。

二是优化法治人才培养模式。法治人才培养模式的优化要与法治队伍建设的现实需求充分对接,在法律职业教育的总体目标与统一规格基础上,实现法治人才培养模式的类型化。要以"卓越法律人才教育培养计划"三个类型的人才培养基地为依托,以法治工作队伍建设需求为导向,夯实基础、强化重点、突出特色。其中应用型、复合型法律职业人才培养模式要进一步强化实践教学,重点突出与实务部门在联合培养人才过程中的常态化、规范化的体制、机制建设。

三是优化法学课程体系。要逐步建立起与高素质法治人才培养目标相适应的,具有"鲜明的中国特色、完整的知识结构、适度的学分要求、丰富的选择空间"法学课程体系。首先,法学课程体系要与中国特色社会主义法学理论体系、学科体系相衔接,反映中国特色社会主义法学理论的最新研究成果,推动中国特色社会主义法治理论进教材、进课堂、进头脑。其次,要遵循教育教学的基本规律,压缩必修课程的学分要求,形成精炼的核心必修课程体系,保证法学专业知识结构的完整性。第三,形成丰富的选修课程模块(课程组)供学生选择性修读,为法治人才的成长成才创造自主学习与个性发展的空间,重点开发建设一批实务技能选修课程模块(课程组)供学生修读。

四是加强法学教材建设工作。在法治人才培养中应当切实加强法学教材建设工作。首先是组织编写国家统一的法律类专业核心教材,为法治人才培养提供能够贯彻中国特色社会主义法治理论的优质教材,其次是各高校应当全面采用优质教材。在此基础上,鼓励各高校根据人才培养实际,编写适合人才培养需要的多样化教材。

五是进一步优化实践教学。全面推进依法治国,要求法治人才具备基本的法律职业技能和较强的法治实施能力,进一步优化实践教学成为法治人才培养的关键。首先需要进一步提高实践教学学分比例,提高法治人才培养中的实践教学要求。其次需要加强实践教学过程控制,切实提高实践教学的效果。再次需要创新实践教学模式,重点是将实务部门的优质实践教学资源引入高校中,通过建立协同育人的长效机制,打破学校与社会、企业、政府部门的体制壁垒,加强校企、校府、校地、校所合作,引入政府部门、法院、检察院、律师事务所、企业等实务部门力量参与法治人才培养,真正实现法治人才培养中同步实践教学。

六是优化法学教育方法。全面推进依法治国,要求法治人才能够主动适应时代要求,法治人才培养过程应当更加注重优化教育教学方法。首先要更新教育教学观念,更加注重落实学生主体地位,更加重视学生学习,更加注重教学为学习服务。其次要充分利用现代信息技术,探索并推广利用信息技术的多样化教学模式和教学方法。优化教学方法的关键是推动小班教学,鼓励教师采用参与式、讨论式、交互式教学方法,尤其重视推广案例教学法,强调学生参与体验,培养学生自主学习能力和创造能力。

七是通过加强和完善中国特色社会主义法学理论推进法治人才培养。全面推进依法治国,要求法治人才必须掌握扎实的中国特色社会主义法学理论,要求法治人才培养应当更加注重中国特色社会主义法学理论研究。法学教育工作者应当立足中国现实,扎根中国法治实践,放眼世界,深入研究,逐步形成具有中国特色、中国气派、中国风格的中国特色社会主义法学理论,为法治人才培养提供理论与学术的滋养。

(原题为《不断创新法治人才培养机制》,原载于
《经济日报》2014 年 11 月 11 日)

全面推进依法治国　呼唤法学创新

全面推进依法治国,需要法治思想引领和法学理论支撑,强调法治体系建设,依赖法学教育的发展和法治生活方式的传播。一句话,全面推进依法治国总目标呼唤法学创新。理论上,需要重点研究法治建设的核心问题,加强法治精神的宣传引导,有针对性地创新法学理论,为依法治国提供智力支持和学理支撑;实践上,在科学立法、严格执法、公正司法、全民守法的过程中,以成熟的法学理论推动改革,优化法治资源,完善法治国家建设各个环节;在法学教育方面,培养优秀法治工作者,加强法治理念的传播,为依法治国提供人才支撑。

明确方向　承担使命

自从人类社会产生法律以来,就有法学研究,并逐渐形成法学理论。成熟的法学理论是人类社会法律实践经验的总结。中国特色社会主义法学理论,正是在总结中国法治建设实践的经验与教训并借鉴优秀传统法律文化成果和国外法治经验基础上形成的相对成熟的法学理论。

改革开放30多年来,"依法治国"的声音在中国大地上越来越响亮,依法治国的蓝图越来越清晰。这个过程凝结了法学理论创新的成果和法学理论工作者的心血。在全面深化改革的历史新阶段,面对全面推进依法治国的新使命,法学研究理应树立起理论创新的信心和勇气,努力让法学理论为全面建设法治国家提供智力支撑。

中国特色社会主义法治建设实践为中国特色社会主义法学理论研究提出了任务和方向。只有明确了依法治国和社会主义法治建设事业的目标和方向，才能有的放矢地推进法学理论创新。当前，法学理论要解决好一系列根本问题，包括什么是法治，什么是依法治国，依宪治国特别是依宪执政意味着什么，党的领导和依法治国的关系，什么是中国特色社会主义法律体系，什么是国家治理现代化，国家治理与法治的关系，等等。只有扎根于法治中国建设实践，在法学研究中进行深入思考，才能在理论上厘清这些重要关系，才能在实践中解决这些重大问题，进而带着理论自信建设中国特色社会主义法治体系，建设社会主义法治国家。

应当看到，党的十八届四中全会《决定》本身也是中国特色社会主义法治理论、法学理论的创新。全会围绕全面推进依法治国的总目标和重大任务，提出了许多重大创新观点，譬如：关于"党的领导和社会主义法治是一致的，社会主义法治必须坚持党的领导，党的领导必须依靠社会主义法治"的观点；关于"法治是国家治理体系和治理能力的重要依托"的观点；关于"法律是治国之重器，良法是善治之前提"的观点；关于"公正是法治的生命线，司法公正对社会公正具有重要引领作用，司法不公对社会公正具有致命破坏作用"的观点；关于"人民权益要靠法律保障，法律权威要靠人民维护"的观点；等等。这些观点是法学理论研究成果的积淀，也是法学理论进一步创新的基础，是法学理论为全面建设法治国家提供理论支撑的出发点。

扎根实践　深化研究

法学的精髓是浓缩的法律原则。诸如法律面前人人平等、公平公开审判等这样一些原则，是法治精神的体现，理应成为指导法治实践的标准。法学的生命也在于实践。只有正确地将中国特色社会主义法学理论付诸实践，才能有效实现全面推进依法治国总目标。

全面推进依法治国需要立法部门科学立法、执法部门严格执法、司法部门公正司法和全民守法。科学立法、严格执法、公正司法、全民守法，实际上也是中国特色社会主义法学理论的实践过程。在立法、执法、司法、守法各个环节都需要中国特色社会主义法学理论指引，通过法学研究推动解决实际问题，促进中国特色社会主义法治建设事业。

立法更科学。科学立法要求健全宪法实施和监督制度，完善立法体制，深入推进科学立法、民主立法，加强重点领域立法。对此，立法部门不能仅停留在制定一些法律规定上，而更加需要发展完善中国特色社会主义法律体系。立法不能仅限于"有无"的问题，更要解决法律"好坏"的问题；从原来侧重填补法律漏洞、增加立法数量，转变成提高立法质量，真正实现法律治理的效用。怎样健全立法体制，提高立法效率，增强立法解决实际问题的能力，这些都需要通过深化法学研究予以解决。

执法更严格。严格执法要求依法全面履行政府职能，健全依法决策机制，深化行政执法体制改革，坚持严格规范公正文明执法，强化对行政权力的制约和监督，全面推进政务公开。对此，执法部门需转变执法理念，从管理型政府逐步转变为服务型政府，简政放权，提高效率。在此过程中，依法行政是推进依法治国的基石，怎样通过法律手段制约和监督行政权力，建立权责统一、权威高效的依法行政体制，是行政法学研究的重点。此外，法治政府权限设定、决策合法性审查、政府内部权力有效配置、政务公开等问题，也是法学研究的重要领域。

司法更公正。公正司法要求完善确保依法独立公正行使审判权和检察权的制度，优化司法职权配置，推进严格司法，保障人民群众参与司法，加强人权司法保障，加强对司法活动的监督。这里实际上主要涉及法院、检察院等司法机关，法学研究更应该与司法机关的司法实践紧密结合。就法院而言，必须充分有效发挥审判职能,全面推进人民法院各项改革,坚持不懈加强人民法院队伍建设。就检察院而言,必须主动把各项检察工作融入全面推进依法治国工作布局,紧紧围绕保证公正司法、提高司法公信力,提升严格规范公正文明司法水平,进一步完善中国特色社会主义检察制度。司法改革的深入、司法公信力的提高、司法体制机制的完善、司法权的监督,都离不开法学理论支撑,需要继续深入探讨研究。

发展教育　培育精神

全面推进依法治国有赖于法学教育的支撑。作为法学教育重要产品的法律人,应做法治思想的引领者、法学理论的创新者、法治体系的建设者和法治生活方式的传播者。

加强法学教育,为法治中国建设提供高素质人力资源。全面推进依法治国,需要高素质法治工作队伍支撑。《决定》针对法治队伍建设,要求建设高素质法治工作队伍,加强法律服务队伍建设,创新法治人才培养机制。具体包括法官、检察官、社会律师、公职律师、公司律师等法律职业者的选拔和管理,并培养一批通晓国际法律规则、善于处理涉外事务的涉外法治人才队伍。故此,应深化法学教育改革,以高等法学院校为基础,联合其他法律机构,为中国特色社会主义法治国家建设不断输送高水平的法学人才。

发挥法学院校优势,加强法治队伍建设。创新法治人才培养机制,推动形成完善的中国特色社会主义法学理论体系、学科体系、课程体系,推动中国特色社会主义法治理论进教材进课堂进头脑,培养造就熟悉和坚持中国特色社会主义法治体系的法治人才及后备力量。推进法治专门队伍正规化、专业化、职业化,促进高校科研院所与法律实务部门的高层次人才"双千"计划实施。通过课题研究、学术研讨、对外交流等多种形式和平台,培养、举荐优秀人才特别是中青年法学、法律人才,不断壮大法学研究工作队伍。

推广和传播法治理念和法治生活方式。《决定》提出全民守法，推动全社会树立法治意识，推进多层次多领域依法治理，建设完备的法律服务体系，健全依法维权和化解纠纷机制。全面推进依法治国需要法治观念的深入人心，这一目标的实现同样离不开法学教育。专门法律人才的培养应交给法学院校等专门单位，但法治理念的传播需要广泛的群众基础。在全社会树立起尊法守法氛围，法治理念深入每个公民内心，法治才能得到广泛认同，依法治国才有深厚基础。

（原载于《人民日报》2015 年 1 月 12 日）

如何办好中国特色社会主义法学教育的思考

党的十八届四中全会《关于全面推进依法治国若干重大问题的决定》(以下简称《决定》)指出,全面推进依法治国的总目标是要建立中国特色社会主义法治体系,建设社会主义法治国家。要实现这一宏伟目标,显然离不开高素质法治人才队伍的建设和保障。《决定》特别提到,要培养造就熟悉和坚持中国特色社会主义法治体系的法治人才及后备力量。

一、 人民对美好生活的向往,就是我们的奋斗目标
——法学教育的办学方向

办好中国特色社会主义法学教育,首先必须深刻认识什么是"中国特色社会主义"。中国特色社会主义是由道路、理论体系、制度三位一体构成的,它以社会主义初级阶段为总依据,以五位一体(经济建设、政治建设、文化建设、社会建设、生态文化建设)为总布局,以实现社会主义的现代化和中华民族的伟大复兴为总任务。而建设中国特色社会主义的根本任务在于解放和发展社会生产力,必须坚持以经济建设为中心,坚持四项基本原则,坚持改革开放,实现以人为本、全面协调可持续的科学发展,实现全体人民的共同富裕,实现社会公平正义,实现世界和平发展,实现促进人的全面发展。中国共产党是中国特色社会主义事业的领导核心。

办好中国特色社会主义法学教育,必须要坚持社会主义办学方向,这是前提或者内在要求。而且,中国大学坚持社会主义办学方向,是坚持和发展中国特色社会主义的重要组成部分。问题的关键是如何坚持,如何让中国特色社会主义道路、理论体系、制度在大学办学活动中得到体现,如何通过办教育去实现并促进中国特色社会主义的新发展。也就是说,我们办法学教育要避免与坚持社会主义办学方向出现脱节、两张皮的问题。

按照上述对中国特色社会主义的理解,我们在办学过程中做到以下 8 个基本点,可以说就是坚持社会主义办学方向:一是以人为本,育人为本,以教师为主导,以学生为主体,以人才培养为中心,促进学生健康成长、自由而全面的发展;二是在教育教学中保证教育公平,善待学校每一个学生;三是努力提高和切实保证教育质量,满足学生对高质量教育的向往和需求;四是深化体制机制综合改革,构建现代大学制度;五是扩大教育对外开放,加强国际交流与合作;六是源源不断地推进思想、知识、理论、文化、科学技术创新;七是构建国家投资和学校自筹相结合的多元筹融资体系;八是贯彻落实党的教育方针,坚持和完善党委领导下的校长负责制。

习近平总书记说:"人民对美好生活的向往,就是我们的奋斗目标。"对于大学而言,我觉得老百姓对公平接受教育和接受高质量的教育的向往,就是我们的奋斗目标。我们高校尽最大的努力保证公平地让学生接受教育和为学生提供高质量教育教学,就是坚持了社会主义办学方向。所以,提高法学教育质量、提高法治人才培养质量,是办好中国特色社会主义法学教育的核心,而提高质量的根本标准是促进人的全面发展、适应社会需要。

二、 打铁还需自身硬——法学教育的优化与发展

办法学教育,在解决了方向问题后,最关键还是要办好学,培养好人才,把学校自己的事情做好,把学校该做的事情做好。也就是习近平总书记所要求

的,"打铁还需自身硬"。没有高质量、有特色的办学,谈不上办好中国特色社会主义法学教育。

我想从以下几个方面讨论大学"打铁还需自身硬"的问题:

首先,明了大学功能。大学功能包括人才培养、科学研究、社会服务、文化引领,最关键的是要处理好这四者的关系。这四者的关系,就是一个中心、三个基本点、一个使命。

"人才培养"是中心,"教育教学""科学研究""社会服务"是三个基本点,"文化引领"是使命,也就是说,以人才培养为中心,开展好教育教学、科学研究、社会服务,促进文化传承创新、引领社会。"文化引领"很重要,因为大学应该是社会的良心、是创造知识的地方。在大学四大功能中,要突出人才培养的中心定位。学校的领导精力、师资力量、资源配置、经费安排、工作评价等都要以人才培养为中心,服务于教育教学。既不能偏离"一个中心",也不能偏废"三个基本点"。法学教育不能脱离大学功能办学。

其次,明确办学定位。办学定位有很多说法,包括发展目标定位、学校类型定位、办学层次定位、学科专业定位、服务定向定位、培养目标定位,但是我觉得最核心的还是办学使命和办学目标定位,这两点必须明确。大学的办学使命,就是大学的价值目标。法大"厚德、明法、格物、致公"的校训是其办学使命的集中反映。加拿大的不列颠哥伦比亚大学的使命是这样表述的:"不列颠哥伦比亚大学立志成为世界最好的大学之一,把学生培养成为不凡的全球公民,促进公民社会和可持续发展的社会价值,开展杰出的研究,服务于不列颠哥伦比亚省、加拿大和世界人民。"大学的办学目标就是你这所大学要办成什么样的大学,中国政法大学的办学目标就是把法大建设成为"开放式、国际化、多科性、创新型的世界知名法科强校"。

法学教育的定位也很重要。我想用三句话来表达我的主张:一是法学教育不是大学里的通识教育,而是专业教育,就像文学、史学、哲学、数学、物理学、化学、生物学等专业教育一样。二是法学教育不仅仅是专业教育,而是专门职业教育(professional education),就像医学教育、师范教育、会计教育、工程教育等专门职业教育一样。三是法学教育是大众化教育时代的精英教育,因为其肩负着培养法治人才的责任。

第三,优化人才培养目标。总的来说,人才培养是要促进人的自由而全面发展。党的教育方针明确要求,培养德智体美全面发展的社会主义建设者和接班人。党的十八届四中全会提出要培养造就熟悉和坚持中国特色社会主义法治体系的法治人才及后备力量,这对我们培养法治人才提出了新要求。

创新法治人才培养机制,我们要注重培养"合格公民"或者说"好公民",因为教育首先是要让学生成为真正的人。培养合格公民或好公民,强化学生的公民教育,我觉得是我们高校的思想政治教育的改革方向之一。

促进学生的全面发展是人才培养的目标。如何理解"全面发展"? 要着眼于六个要素:即品德、知识、能力、智慧、身心、人格,也就是说从这六个要素入手来全面培养学生。高分低能、高智缺德的学生不是我们所需要的。所以,我们在人才培养过程中,要走"全人全程全面"的培养路径,做到德才兼修、教学互动、通专并举、虚实结合、内外联动。

普通法系国家的法学教育以培养合格的律师为目标,德国的法学教育以培养合格的法官为目标。可见,职业法律人是法学教育的人才培养目标。法学学术型人才不是法学教育的培养目标,只是法学教育的副产品。我国法学教育要加大对"复合型、应用型、创新型、国际型"的职业法律人的培养力度。"复合型"强调促进学生知识复合、能力聚合、素质综合,全面发展;"应用型"强调面向法律职业,以实践能力提升为核心,强化学生的法律实务技能和法律职业伦理培养;"创新型"强调着力培养学生的创新意识、创新精神、创新创业能力;"国际型"强调培养学生的国际视野和世界眼光,培养学生熟悉国际法律规则、善于处理国际法律事务的能力。

第四,确立办学理念。我们法大的办学理念可以用这五句话概括,那就是"学术立校、人才强校、质量兴校、特色办校、依法治校"。

第五,改进学术评价。评价是指挥棒,反映出来的是一种价值判断和价值取向,具有价值导向的作用;评价是"牛鼻子",是渔网的纲,纲举目张。评价要分类评价,评价包括对人的评价和对机构的评价,对人的评价在大学就是分别对教师、学生和管理服务人员进行评价。就是对教师评价也要仔细分类,分类评价。评价的标准要科学,质量和绩效应该是主要的标准,要处理好数量和质量的关系。对教师的评价,我们要改变重业务轻师德,重数量轻质量,重科研轻教学,重业绩轻培养的现象。对于教师的教学评价,以学生评价为主;对教师的学术水平的评价,以同行评价为主;对教师的公益服务,以同事的评价为主。

第六,追寻大学精神。大学精神是大学的"灵魂",没有大学精神的大学就没有"魂"。学的硬件可以在十几年、几十年内来完成,但是一个大学的精神、传统、文化,则需要很长时间,甚至上百年时间才能形成,没有时间的沉淀和检验,是不可能形成的。大学应当是独立的,自由的,就是人格的独立和学术上的自由。这是大学的灵魂所在。大学不是行政机关,不是工商企业,是学术机构,应当去行政化、功利化、同质化。大学目前最缺的是有效的审辩式思维(批判性思维)训练和创新精神的培养。

三、 实现中华民族伟大复兴的中国梦——法学教育的愿景

法学教育在实现中华民族伟大复兴的道路上要找准方向,实现从高等教育大国到高等教育强国和从法学教育大国到法学教育强国的转变,追寻世界一流的法学教育和一流法学学科。

我认为我们要从五个方面去追寻我们所理想的法学教育:

第一,法学教育的人本化。法学教育的人本化就是在办学过程中、在教育

教学活动中坚持以人为本。以人为本,是科学发展观的核心,是中国共产党人坚持全心全意为人民服务的党的根本宗旨的体现。人是教育的根本目的,以人为本是教育的最高价值取向,讲的是尊重师生、相信师生、理解师生、关心师生、依靠师生,就是促进人的全面发展。"教育大计,教师为本"。有好的教师,才有好的教育。因此,要提高教师地位,维护教师权益,改善教师待遇,使教师成为受人尊重的职业。党的十八届四中全会《决定》提出,要加强"双向交流机制""互聘计划","打造一支政治立场坚定、理论功底深厚、熟悉中国国情的高水平法学家和专家团队,建设高素质学术带头人、骨干教师、专兼职教师队伍。"在教育教学中坚持以学生为本,要求我们坚持"一切为了学生,为了一切学生,为了学生一切"。

第二,法学教育的现代化。教育的现代化实际上邓小平同志在"三个面向"里面提出来的,讲的非常清楚,他讲"教育必须面向现代化,面向世界,面向未来"。现代化有器物现代化与精神现代化、硬件的现代化与软件的现代化之别。器物现代化、硬件现代化的实现应该说较为容易,难的是人的思想、精神的现代化,大学文化的现代化和大学制度的现代化。构建现代大学制度尤为重要,所以要不断优化内部治理结构,推进大学治理体系和治理能力现代化。法学教育现代化的核心就是要做到"与时俱进"。

第三,法学教育的国际化。国际化不是"全盘西化",不是简单的"与国际接轨"。它是指通过国际交流与合作,着力培养师生的国际视野、世界眼光、国际交往能力和国际竞争能力;推进优秀学术成果和优秀人才走向世界,不断提升大学的人才培养和科学研究在国际上的影响力和话语权。《国际歌》唱的"英特耐雄纳尔就一定要实现",也是讲的国际化问题。加拿大的一流大学在高等教育国际化方面至少有四点考虑:一是通过国际化发展自己,提升自己的国际竞争力;二是明确将自己定位为全球性大学(global university);三是要把自己的学生培养成全球公民(global citizen);四是要以自己杰出的研究来创造知识,不仅服务于本地、本国,而且要服务于全世界。

第四,法律教育的信息化。现代信息技术日新月异,人类社会进入信息化社会,进入大数据、云计算、"互联网+"时代。法学教育不能错过历史机遇!要全方位、全领域推进信息化建设,学校一切工作,包括教学、科研、行政管理等,皆可有所作为。学校要加强统筹、加强协调,建立学校的信息管理系统,推进系统的学校信息管理。信息化的目标是打造真正的"数字校园"。

第五,法学教育的法治化。健全完善法学教育制度、法学教育体制机制,目标是"良法善治"。运用法治思维和法治方式治理学校,依法办学。科学、合理地制定学校的章程、规章制度,达到"良法"标准。开展学校规章制度的废、改、立、释工作。严格按照法律和学校的规章制度办事。建立和完善权利和诉求的救济机制,组建学校综合投诉中心和多元争议解决机制。让法治成为校园文化,成为师生的校园生活方式。

（根据 2015 年 7 月 13 日在全国政法大学"立格联盟"
第六届高峰论坛上的演讲录音整理）

黄进:书写别样的人生

一个以学为乐、目光敏锐的法学家

一个关爱学生、引领后进的"摆渡人"

一个求真务实、只争朝夕的管理者

从珞珈山麓到军都山下

变化的是工作环境和管理角色,不变的是那份执着、淡定与奉献

他就是中国政法大学校长——黄进

　　2月19日,武汉大学原副校长黄进成为中国政法大学第9任掌门人。带着好奇与崇敬,记者近日采访了上任之初的黄进,在小月河畔、蓟门烟树中真切感受了这位儒雅、谦和校长的风度与魅力。

　　访谈过程中,黄进始终面带微笑,朴实、亲切,睿智中不乏幽默。在摆设简单的校长办公室里,黄进静静讲述着他别样的人生经历。

梦想照进现实

　　黄进1958年生于湖北西南部山区利川,一个历史悠久、风景秀丽的地方。他自幼聪颖好学,从小学到高中,成绩一直出类拔萃。立志读大学的黄进,1975年高中毕业后,放弃了当地一家国营农场的

工作，选择去湖北利川凉务公社插队。因为在那个推荐上大学的年代，在农村被推荐的可能性更大，而农场的机会比较有限。

插队生活是异常艰苦的，插秧、割稻、担担子、给庄稼施肥是家常便饭，脏活、重活样样要干。生于山区小镇的黄进，虽接触过一些农活，但面对这种高强度的劳动，年仅 17 岁的他还是有些吃不消。这位坚强的青年咬咬牙，总是坚持完成各种活计。艰苦的环境、繁重的劳动没能阻挡住黄进对知识的渴求。一有余闲，他便见缝插针地读书。在他心中，一直有一个大学求知梦，这个梦从未间断过，无论身处何方。

幸运的是，梦想很快照进了现实。1977 年恢复高考的消息如同一阵春雷，响彻神州大地。黄进同许多知青一样重新获得了读书的机会，于同年考入湖北财经学院（现中南财经政法大学）法律系。当时全国只有北京大学、吉林大学和湖北财经学院开设了法学专业。

"中国法学第一班"的岁月

黄进所在的湖北财经学院 77 级法学班，被法学界戏称为"中国法学第一班"：教育部社会科学委员会 9 位法学委员有 4 位出自该班，还有两位副部长级、十几位厅局级干部，十余位博导，可谓群星闪耀，熠熠生辉。而黄进正是其中的一颗璀璨之星。

有趣的是，黄进一度因喜爱文学而想就读中文系。这要从他的高中经历说起。黄进的高中语文老师，讲课旁征博引、引人入胜，勾起了他强烈的文学兴趣。高考填报志愿时，黄进毫不犹豫地将武汉大学中文系作为第一志愿，却未能如愿，而是被湖北财经学院法律系录取。黄进坦言，报考湖北财经学院时，他填了好几个志愿，法学排在后面，但后来竟被法学专业录取，不能不说是一种机缘。

书山有路勤为径。大学时代，黄进夙兴夜寐，手不释卷。他的室友、现任中国人民大学副校长的王利明对此印象深刻，"他学习特别刻苦，每天最早到教室，最后一个离开，夜晚还经常打着手电筒在被窝里看书"。当时国际法在国内尚处研究空白，黄进在研习法律的过程中，对国际法产生了浓厚兴趣。国际法对英语要求很高，入学时黄进完全没有英语基础，但到大学毕业时，他的英语水平已遥遥领先。

"那时候，黄进成天背读英语，晚上宿舍熄灯了，他就在路灯下继续背。"黄进的同学、现任中南财经政法大学校长吴汉东道出了其中的奥秘。

大学毕业后，黄进顺利考上武汉大学国际法专业硕士研究生，师从我国著名法学家、杰出教育家、"中国国际私法学的一代宗师"、"中国法学界的镇山之石"韩德培教授。

黄进不仅勤奋上进，还有着山区人特有的朴实。据王利明回忆，黄进为人热忱，乐于助人，对班上的公益活动十分热衷；同学有困难，他总是主动提供帮助。

传奇的学术经历

黄进 1982 年考上武汉大学硕士研究生,1984 年底毕业后留校担任助教,同年考上博士研究生;1987 年升任讲师,次年博士毕业,成为中国有史以来自己培养的第一位国际私法博士,同时被破格提拔为副教授;1991 年,年仅 33 岁的黄进成为当时最年轻的法学教授之一,两年后又荣膺博士生导师……在这看似顺风顺水的坦途背后,浸透着黄进超人的付出与辛劳,珞珈山下、东湖岸边处处留下了他奋斗的足迹。

孔子云:"知之者不如好之者,好之者不如乐之者。"黄进就是一位"乐之者"。国际私法于他而言,是一个奥妙无穷的世界,他游弋其中,常常"沉醉不知归路,终入法学深处。"从事研究 20 多年来,他先后出版了《国家及其财产豁免问题研究》《区际冲突法研究》《宏观国际法学论》《中国国际私法》《澳门国际私法总论》《仲裁法学》《国际私法:案例与资料》《国际公法国际私法成案选》等一系列颇具影响力的著作,主编过《国际私法》《中国的区际法律问题研究》《区际司法协助的理论与实务》等重要书目,并在中国大陆、中国香港、中国澳门、中国台湾、荷兰、德国、美国、瑞士等国内外刊物上发表中英文论文、译作 160 余篇,在学界影响深远。

黄进不仅乐学,而且学术眼光敏锐。早在上世纪 80 年代,他就在国内系统、全面、深入地研究国家及其财产豁免和区际法律冲突问题,并在这两个领域最早出版了专著。1999 年,电子商务出现的第四个年头,黄进便主持了《中华人民共和国电子商务法》(示范法)的起草工作,对我国电子商务的立法工作起到了重要参考作用。10 年后的今天,电子商务法已成为电子商务专业的必修课,也成为国内法学院普遍开设的选修课。

该示范法的参与者之一、重庆大学法学院教授齐爱民不无感慨地表示:"回过头来看,黄进老师的学术眼界令人叹服。"

黄进的这种前瞻性学术眼界与其国外学术经历不无关系。1986—1987 年,他曾在瑞士比较法研究所、荷兰海牙国际法学院学习和从事研究工作;1993—1994 年,他又在美国耶鲁大学法学院做富布莱特访问学者。这些经历使黄进对国际法的发展有了更多了解和感受的同时,也赋予他一种十分超前的世界眼光和国际视野。在此过程中,他的国际交往能力也得以锻炼,并在国际交流方面积累不少经验和资源,这也为其日后提出高校的国际化发展战略奠定了基础。

黄进在法学研究领域硕果累累,而其在法学实践领域的卓越成就也令人瞩目。

2000 年他被推荐到国际体育仲裁院做仲裁员,后来又作为被选中的 12 名仲裁员之一,参加 2004 年雅典奥运会的仲裁工作:"我们组成了一个临时的仲裁机构,受理与奥运会有关的所有体育争议。当时案子并不多,处理完案子,就可以看比赛。我看了很多比赛,对体育越来越有兴趣了。"采访间隙,黄进还饶有兴致地告诉记者,前不久他欣然接受了中华全国体育总会的邀请,成为该会委员;最近他向国家体育总局申请获得了一个关于构建我国体育仲裁制度的课题。

黄进还积极参与国家的立法、司法咨询工作。除前面提到的有关《中华人民共和国电子商务法》(示范法)的起草外,上世纪 90 年代初,他先后与导师韩德培教授草拟了《大陆地区与台湾、香港和澳门地区民事法律适用示范条例》《中华人民共和国国际私法示范法》;2003 年,他又与宋连斌教授草拟了《中华人民共和国仲裁法(建议修改稿)》。

1996 年至 1998 年间,黄进作为澳门政府立法事务办公室法律专家,参与了澳门回归前的法律本土化工作。

丰硕的研究成果、卓越的实践成就让黄进在业内广受认可。1995 年,黄进当选中国首届十大"杰出青年法学家",一同获选的还有最高人民检察院检察长曹建明、江苏省高级人民法院院长公丕祥、中国人民大学副校长王利明等。

学生的"摆渡人"

在黄进看来,老师就像一个"学术摆渡人",把学生从知识的此岸引领到彼岸。从教 20 余载,经他"摆渡"的学生成百上千,其中仅硕士生、博士生就有一百多人。

提及老师的摆渡情,学生们满怀崇敬与感激。中国政法大学国际私法研究所副所长曾涛副教授对记者表示:"于我而言,在国际私法领域求学问学的经历,近年来的些许成长,都得益于黄老师的无私奉献与悉心指导。"

黄进从教治学,十分注重对原著的阅读与探究。曾涛依然记得当年博士入学时,黄进要求他认真阅读英文版国际私法经典著作的情景——"当时这样做了,但浑然不觉其中的好处。现在想来,对国际私法原文的探究,既澄清了之前凭借中文文献所未能彻底了解的知识背景,又养成了凡是学术论证均寻找原文出处的学术习惯,令我获益良多。"

尽信书不如无书。黄进经常鼓励学生要善于思考,为学求实,敢于挑战权威、挑战前人。武汉大学 WTO 学院副教授邹国勇回忆说:

"面对学生的质疑,黄老师向来报以鼓励,虚心接受,从善如流,可谓'千教万教教人求真'。"如今,同为人师的邹国勇在教学实践中时时处处传承着黄进的"求真"精神。

黄进的严格也让不少学生印象深刻。中国人民大学法学院副教授杜焕芳对此深有体会:"黄老师一贯主张治学严谨,学术规范。指导论文时,他大到选题、结构,小到标点符号,都严格把关,一丝不苟。"严师出高徒。事实上,正是这种高标准、严要求让许多学生在日后的工作、学习中如鱼得水、脱颖而出。

学术上黄进对学生严格要求,生活上则对他们关怀备至。2007年邹国勇家里刚装修完房子,又赶上小孩出生,无钱付梓博士论文。黄进得知后,主动出钱帮他把论文出版了。每言及此,邹国勇眼中总是充满感激之情。

对待学生,黄进向来一视同仁,无论是否是他教过的学生,无论什么专业,他都给予耐心指导,没有门户之见。据了解,有不少学生就是受到黄进的感染而投身到国际法研究中。

在学生眼中,黄进是个有"学术气度"的学者。他接过韩德培等老一辈法学家的衣钵,传承和进一步培育了一支以武汉大学国际法研究所为载体的中国国际法学术团队。该团队一直在国内居于学术前列,是教育部高等学校人文社会科学重点研究基地、"985 工程"哲学社会科学创新基地(Ⅰ类),其国际法学科是国家级重点学科,国际法团队是国家级教学团队,先后有两篇博士论文被评为全国百篇优秀博士论文。同时,他以开放的视野把握中国国际私法教学、科研和实务的发展,作为中国国际私法学会会长,积极推进中国国际私法与国外学术机构、国际组织的交流与合作,推动创设"国际私法全球论坛",大大促进了中国国际私法人才培养与科学研究的国际化。

让法大"大度、大气、有大爱"

"我会努力去了解法大、认识法大、读懂法大、融入法大,让自己尽快成为一个真正的法大人,我也会要求自己诚信为人、勤恳为事、严谨为学、廉洁为政,尽心、尽力、尽责地去履行法大校长的职责。"中国政法大学新任校长黄进在就职演讲中表示。

在前任校长徐显明调任山东大学校长3个月后,2009年2月19日,教育部党组成员、副部长李卫红在中国政法大学宣布了新任校长的人选。来自武汉的黄进成为中国政法大学第9任校长。黄进1982年考入武汉大学攻读国际法硕士学位,之后留校任教,历任武汉大学国际法研究所所长、法学院副院长、教务部部长、高等教育研究所所长、校长助理、副校长等职。27年中,他从未到其他高校任职过,此次北上,也揭开了他人生中新的篇章。

在就职演讲中,黄进称中国政法大学(以下简称"法大")"其教育教学和科学研究,尤其是法科教育教学和科学研究在国内外享有盛誉,是我国人文社会科学领域人才培养、科学研究和社会服务的重镇"。他笑称自己是这一"重镇"的"外来户"。不过这位"外来户"却"想尽一切办法"加强与"重镇"的融合。

3月4日,黄进与法大师生通过BBS进行了在线交流,这也是中国政法大学第一位做客"法大BBS校领导在线"的校长。在交流中,师生们热切地向这位新校长提出了很多问题与期待。当大家问起法大的办学目标和治学方针时,黄进的回答铿锵、坚定——"我们要把法大办成开放式、国际化、多科性、研究型、有特色、高水平的大学!"对于学校的发展方向,黄进提出"法大要依法治校!",希望"法大法学学科今后在国际上有影响力和竞争力"。

关注学校宏观层面发展的同时,黄进对于师生们提出的自习室不够、教学资源紧张、缺少体育锻炼场地等实际问题也给予了充分重视,并表示"会关注大家所指出的问题,尽最大努力来解决"。黄进是这样说的,也是这样做的。3个月过去了,这些问题有的已经解决,有的还在进一步推进。以自习室为例,昌平校区已经建成一批简易自习室,共提供1000多个座位,很大程度上缓解了自习教室紧张的问题。

除了在线交流,黄进还十分注重实地走访、调研。自上任以来,本着求真务实、只争朝夕的态度,黄进接二连三地走访了全校的各个学院,了解各学院的发展目标、专业设置、学科建设等情况,并积极与教师和学生代表交流,听取他们的意见与建议。此外,他还积极探访老领导、老干部、终身教授、知名专家学者,与学校领导班子成员、职能部门负责人和校友交流,沟通情况。

通过马不停蹄地调研、走访,黄进对法大有了更多、更全面的了解。他既认识到法大发展的显著优势和美好前景,同时也十分清楚地意识到制约其进一步发展的瓶颈。

办学条件首当其冲。法大在海淀学院路的校区占地仅150亩,校园内只有两栋学生宿舍是新建楼房,其他均为年代久远的教学楼和宿舍楼,教学、办公条件都比较简陋。法大的学生笑言,"学校虽然没有大楼,但有大师。"大师的确是一所优秀大学必须具备的首要条件,但现代化的办学条件和环境对于学校的进一步发展同样十分重要。对此,黄进提出,要大力改造学院路校区,尽力优化昌平校区,进一步拓展办学空间。黄进对记者表示:学院路校区的综合科研楼、图书馆等几座楼将陆续兴建,目前昌平校区的科研楼已经开工,他所在的联合楼办公室也将于今年10月拆迁;为了方便师生娱乐锻炼,该校区建设规划中还包括体育场所。

在黄进看来,一所优秀的大学一定要有大师、大楼,更要"大度、大气、有大爱"。——"所谓大度,就是成大事,谋大智,不与一时蝇头小利相争,志存高远。意图使法大不为形势而左右,坚定不移地走自己的发展之路。大气,就是以理服人,以德服人,一步一个脚印,不虚张声势,用自身的卓越气质来感染人,塑造人。法大有理由,也有实力成为中国法学教育的最高学府。要将这种大气融入建校治校当中去,将法大营造成为中国法学界的殿堂。大爱,是最具人本精神的一点,就是师生间和睦相处,相互关爱,营造一种尊师、重学、爱校的人文风气,用爱来促成个人价值的实现,也让法大在爱与被爱中得以不断的发展和提高。"如今,这一理念已成为法大人的价值共识。

韩愈有云,师者,传道授业解惑也。对于教师如何完成"传道授业解惑"的使命,黄进有他自己的看法:

"教师要有自己的职业操守,不仅要教好书,还要育好人,要关爱学生,视学生为子弟……我们应当重视师生间的交流沟通,形成融洽的师生关系。同时也要对教师队伍提出明确要求,让各位走上讲台的老师,都带着一颗启迪智慧、教书育人而不功利的心。"

身为著名学府的掌舵人,黄进有着儒雅的气质和渊博的学养。他十分喜欢将富有哲理的中国古语用于教学管理之中:

"'己所不欲,勿施于人',我自己都不愿意做的事情,怎么能够安排给教职工呢?所以在制定措施方面,我们要以己度人,考虑到别人的感受。"

"'学而不思则罔,思而不学则殆',要求高校管理者要勤于学习、善于思考、与时俱进、不断创新。"

而早在就职演讲中,他就提到"大学之道,在明明德,在亲民,在止于至善"这一古语，并提出和平共处、和衷共济、和而不同、和谐发展的和谐治校理念。《法制日报》记者陈虹伟说得好，"或许这也正是中国政法大学，乃至整个大学教育所亟需的一份淡定与温润。"

黄进表示，法大要努力成为"世界知名法科强校"，成为"老者安之、同辈信之、少者怀之"的大学。言谈间，黄进踌躇满志，眼中闪烁着智慧而坚定的光芒："尽管我们还会遇到各种各样的困难、曲折和挑战，但只要大家齐心协力，勇往直前，法大的未来一定会充满阳光和希望。"

（原载于《教育与职业》2009 年 16 期，记者陈曦、郭抗抗）